Ruud Koopmans

Das verfallene Haus
des Islam

Ruud Koopmans

Das verfallene Haus
des Islam

Die religiösen Ursachen
von Unfreiheit, Stagnation und Gewalt

C.H.Beck

Die niederländische Originalausgabe erschien 2019 unter dem Titel
«Het vervallen huis van de islam» bei Uitgeverij Prometheus, Amsterdam.
© 2019 Ruud Koopmans
Das Buch wurde für die deutsche Ausgabe vom Autor
ins Deutsche übertragen und überarbeitet.

Mit 16 Abbildungen und 20 Grafiken

2. Auflage. 2020

Für die deutsche Ausgabe:
© Verlag C.H.Beck oHG, München 2020
www.chbeck.de
Umschlaggestaltung: Rothfos & Gabler, Hamburg
Umschlagabbildung: Bronzetüren im Hof der Freitagsmoschee in Herat,
Afghanistan, um 1200, © Jane Sweeney/picture alliance
Satz: Fotosatz Amann, Memmingen
Druck und Bindung: CPI – Ebner & Spiegel, Ulm
Gedruckt auf säurefreiem, alterungsbeständigem Papier
(hergestellt aus chlorfrei gebleichtem Zellstoff)
Printed in Germany
ISBN 978 3 406 74924 7

myclimate

klimaneutral produziert
www.chbeck.de/nachhaltig

Inhalt

3. Die religiösen Wurzeln der Unfreiheit
83

4. Die islamischen Religionskriege
113

5. Die wirtschaftliche Stagnation der islamischen Welt
155

6. Die schwierige Integration muslimischer Migranten
189

7. Kann sich der Islam vom Fundamentalismus befreien?
225

Vorwort

Um es gleich vorwegzunehmen: Dieses Buch ist islamkritisch, aber nicht islamfeindlich. Jeder, der nicht zwischen Kritik an einer Religion – oder besser gesagt: an ihrer derzeit dominierenden Interpretation – und Rassismus unterscheiden kann, sollte dieses Buch beiseitelegen. Dasselbe gilt für diejenigen, die glauben, dass der desolate Zustand, in dem sich die islamische Welt befindet, auf unveränderliche Merkmale des Islam zurückzuführen ist. Wie bei anderen Religionen gibt es auch bei den heiligen Schriften des Islam viele Auslegungsmöglichkeiten. Eine dieser Interpretationen ist, dass alles, was darin steht, wörtlich genommen werden sollte und im einundzwanzigsten Jahrhundert genauso anwendbar ist wie vor fast anderthalb Jahrtausenden. Wir nennen diese Interpretation Fundamentalismus, und sie findet sich auch in anderen Religionen. Nicht der Islam, sondern seine fundamentalistische Interpretation ist die Wurzel der Krise, in die die islamische Welt in den letzten fünfzig Jahren immer tiefer gesunken ist. Diejenigen, die glauben, dass die fundamentalistische Interpretation des Islam die einzig mögliche ist und den «wahren» Islam darstellt, verkünden tatsächlich die gleiche Botschaft wie die Fundamentalisten. Die öffentliche Debatte über den Islam ist inzwischen so polarisiert, dass ich mit diesen beiden Gruppen möglicherweise einen erheblichen Teil meiner potentiellen Leserschaft ausschließe. Ich hoffe jedoch, dass es zwischen den Extremen genügend Muslime und Nicht-Muslime gibt, die in der öffentlichen Debatte vielleicht nicht so lautstark sind, die aber wohl bereit sind, sich kritisch mit den religiösen Ursachen der Missstände in der islamischen Welt auseinanderzusetzen, ohne sofort eine ganze

Religion mit weltweit etwa anderthalb Milliarden Anhängern ins Abseits zu stellen.

Es gibt mehrere Gründe, warum ich den Drang verspürte, dieses Buch zu schreiben. Der direkteste davon ist meine Forschung als Soziologe über die Schwierigkeiten bei der Integration von Migrantengruppen, die aus islamischen Ländern wie der Türkei, Marokko und Pakistan nach Westeuropa eingewandert sind. Obwohl viele Integrationsforscher nach wie vor behaupten, dass Kultur und Religion für den Erfolg der Integration irrelevant seien, bin ich auf der Grundlage meiner und anderer Forschungen – die ich in Kapitel 6 dieses Buches diskutiere – zu einem anderen Schluss gekommen. Viele der Hindernisse für eine erfolgreiche Integration muslimischer Migranten hängen mit der Religion zusammen. Dies gilt beispielsweise für die konservative Sicht auf die Rolle der Frau, die damit verbundenen relativ großen Familien und die geringe Arbeitsmarktbeteiligung der Frauen sowie für den hohen Grad der sozialen Segregation der Muslime, die im Vergleich zu anderen Migrantengruppen stark auf ihre eigene Gruppe ausgerichtet sind. Das hat mich neugierig gemacht zu untersuchen, ob religiöse Faktoren auch dazu beitragen können, den Mangel an Demokratie und Wohlstand sowie das Übermaß an Gewalt in der islamischen Welt zu erklären. Genau das sind nämlich die Gründe, warum so viele Muslime ihr Herkunftsland verlassen haben.

Aber es gibt auch persönlichere Gründe für mein Interesse an diesem Thema, beispielsweise meine eigenen Erfahrungen mit religiösem Fundamentalismus christlicher Natur. Als ich etwa sechs Jahre alt war, wurden meine Eltern Mitglieder einer charismatischen Pfingstgemeinde. Glücklicherweise waren sie selbst nicht so streng in der Lehre, aber es gab dort nicht wenige Fanatiker, die den «teuflischen» Fernseher aus ihren Wohnungen verbannten, den Kontakt zu Andersdenkenden radikal abbrachen und die Welt in einem «Endkampf» zwischen den Anhängern des «wahren» Christentums und den Kräften des Bösen sahen. Diese Endkämpfer pflegten eine tiefe Liebe zum Staat Israel, denn nach den neutestamentlichen Offenbarungen des Johannes wird der entscheidende Kampf zwischen den

Armeen Jesu und denen des Bösen in Jerusalem stattfinden. Diese Gedankenwelt weist auffallende Ähnlichkeiten mit der vieler islamischer Dschihadisten auf, die ebenfalls glauben, dass das Ende der Zeiten nahe ist und dass die Apotheose in ‹al Quds› (der arabische Name für Jerusalem) stattfinden wird.

Meine Reisen haben mich in den letzten Jahrzehnten in viele islamische Länder geführt, vom Senegal bis Indonesien. In einige dieser Länder, wie Marokko, Ägypten und die Türkei (wo meine Frau herkommt), bin ich im Laufe der Zeit mehrmals zurückgekehrt. Ich denke, jeder, der die Länder der islamischen Welt über einen längeren Zeitraum beobachtet hat, kann meinen Eindruck bestätigen: Es hat sich dort seit den 1970er-Jahren viel verändert, und das meiste davon nicht zum Besseren. Kulturell und religiös gesehen waren Städte wie Istanbul, Kairo und Karatschi vor vierzig Jahren fortschrittlicher, toleranter und weltoffener. Dies galt natürlich besonders für die relativ kleine städtische Mittelschicht. In den ärmeren Stadtteilen und auf dem Land herrschte ein traditionellerer und religiöser Lebensstil. Aber der religiöse Fanatismus und die Intoleranz, die heute in vielen islamischen Ländern herrschen, waren damals nicht so spürbar.

Mein vielleicht stärkstes Motiv, dieses Buch zu schreiben, ist das große Desinteresse an der erschütternden Unterdrückung von religiösen Minderheiten, Glaubensabtrünnigen und Atheisten, Frauen und Homosexuellen in der islamischen Welt, die manchmal auch einfach geleugnet wird. Eines der politischen Ereignisse, das mich am meisten beeindruckte, war der Empfang Nelson Mandelas am Leidseplein in Amsterdam am 16. Juni 1990, wenige Monate nach seiner Entlassung aus dem Gefängnis auf Robben Island. Zusammen mit etwa 20 000 anderen stand ich da, mit Tränen in den Augen. Überall in Europa, und nicht zuletzt in den Niederlanden, waren in den 1970er- und 1980er-Jahren in großer Zahl Menschen auf die Straße gegangen, um gegen das Apartheidsregime zu demonstrieren. Viele boykottierten südafrikanische Produkte wie Outspan-Orangen und Unternehmen wie Shell, die mit Südafrika Geschäfte machten. Südafrikanische Mannschaften durften nicht an internationalen Sportwettbewerben teilnehmen, und viele westliche Universitäten hatten ihre Verbindungen zu Südafrika abgebrochen. Schließlich half dieser Druck, das Apartheidsregime in die Knie zu zwingen.

Im Vergleich dazu bleibt es erstaunlich still, wenn es um die Solidarität mit den Opfern der islamischen Apartheid geht, die in den meisten islamischen Ländern Frauen im Namen der Scharia zu Bürgern zweiter Klasse degradiert, minderjährige Mädchen in Ehen zwingt, Männern erlaubt, mehrere Frauen zu heiraten und sich per SMS von ihnen zu scheiden, Frauen das Sorgerecht für ihre Kinder nach einer Ehescheidung entzieht und sie in einigen Ländern sogar nach einer Vergewaltigung wegen «außerehelichen Geschlechtsverkehrs» ermordet oder inhaftiert. Homosexualität wird in elf islamischen Ländern mit dem Tod bestraft, und allein der Iran hat diese Strafe Hunderte Male vollstreckt. Religiöse Minderheiten wie Christen, Jesiden und Atheisten, aber auch islamische Minderheiten wie die Ahmadiyya werden in islamischen Ländern verfolgt, und Vorwürfe der Blasphemie haben viele von ihnen das Leben gekostet. Während die westlichen Länder kulturell immer vielfältiger werden, auch durch die Einwanderung von Muslimen, verwandelt die religiöse Säuberung die islamische Welt zunehmend in eine homogene kulturelle Wüste, in der nur *eine* Wahrheit ein Existenzrecht hat. Aber anders als im letzten Jahrhundert im Fall des südafrikanischen Apartheidsregimes oder der Menschenrechtsverletzungen in El Salvador, Chile oder Vietnam wird das Leid in der islamischen Welt geleugnet oder ignoriert. Keine westliche Universität ist auf die Idee gekommen, Kontakte zu Saudi-Arabien, dem Iran oder Pakistan abzubrechen. In Katar werden wir 2022 die Fußballweltmeisterschaft feiern, und viele Top-Vereine werden von den Golfstaaten gesponsert. Niemand geht auf die Straße, um gegen die Unterdrückung von Frauen, Homosexuellen und religiösen Minderheiten in der islamischen Welt zu protestieren. Im Gegenteil, wer dies ausdrücklich thematisiert – auch wenn es sich um Menschen handelt, die selbst aus der islamischen Welt kommen und sehr wohl wissen, wovon sie sprechen –, läuft Gefahr, als islamophob oder Nestbeschmutzer an den Pranger gestellt zu werden. Ich möchte mit diesem Buch dazu beitragen, dieses Schweigen zu brechen.

Für ihre konstruktiven Kommentare danke ich Ines Michalowski,

Paul Scheffer, Odile Verhaar und Frank de Zwart. Obwohl sie alle nur einen kleinen Teil des Manuskripts gelesen haben, habe ich auch in anderen Kapiteln sehr von ihrem scharfsinnigen Rat profitiert. Besonders für das Schlusskapitel waren mir die Vorschläge der Mitglieder meiner Abteilung am Wissenschaftszentrum Berlin für Sozialforschung (WZB) eine große Hilfe. Jeyhun Alizade danke ich für seine augezeichnete Hilfe beim Zusammentragen der in diesem Buch verwendeten internationalen Daten. Für seine höchst professionelle Begleitung und hilfreiche inhaltliche Hinweise und Vorschläge möchte ich mich bei meinem Lektor vom Verlag C.H.Beck, Ulrich Nolte, bedanken. Der größte Dank gebührt meiner Frau Dilek Kurban. Mit ihr habe ich fast alles, was in diesem Buch behandelt wird, ausführlich besprochen. Sie ist meine Inspiration und der Maßstab, an dem ich mich messe.

Ich möchte dieses Buch meiner Mutter Mart Porsinck widmen. Mit 84 Jahren verfolgt sie die politischen Entwicklungen immer noch aufmerksam, und wir sprechen oft über die Themen, über die ich schreibe. Sie hat den religiösen Fundamentalismus längst hinter sich gelassen, aber ihr Glaube hat sich dadurch nicht verringert. Das ist es, was ich auch der islamischen Welt wünsche.

Berlin, im November 2019   *Ruud Koopmans*

1.

Im Bann des Fundamentalismus

Vergangener Ruhm

Während Europa nach dem Zusammenbruch des Römischen Reiches stagnierte, erlebte die islamische Welt einen beispiellosen Aufschwung. In etwas mehr als einem Jahrhundert nach dem Tod des Propheten Mohammed im Jahr 632 eroberten die muslimischen Armeen des Kalifats der Umayyaden ein Gebiet, das sich von der Iberischen Halbinsel im Westen bis nach Pakistan im Osten erstreckte. Als 1492 mit Granada im Westen die letzte islamische Hochburg in Spanien fiel, waren die türkischen Osmanen im östlichen Mittelmeer und in der islamischen Welt zur dominierenden Macht geworden. 1453 hatten sie Konstantinopel, die Hauptstadt des Byzantinischen Reiches und nach Rom die wichtigste Stadt des Christentums, erobert. In den folgenden Jahrhunderten nahmen sie große Teile des Balkans und der Schwarzmeerregion ein und belagerten zweimal Wien (1529 und 1683).

Nicht nur militärisch, sondern auch wirtschaftlich und auf dem Gebiet der Wissenschaft blieb die muslimische Welt in den ersten Jahrhunderten ihrer Existenz keineswegs hinter dem Westen zurück. Im Gegenteil, es waren islamische Gelehrte in Städten wie Córdoba, Alexandria und Bagdad, die einen großen Teil des Wissens der griechischen und römischen Antike für die Nachwelt bewahrten und unter anderem wichtige Grundlagen für die moderne Medizin und Mathematik legten.[1] Da es für die damalige Zeit keine Wirtschaftsstatistiken gibt, gilt der Urbanisierungsgrad als der beste Indikator für die wirtschaftliche Entwicklung. Städte können nur wachsen, wenn auf dem Land ein wirtschaftlicher Überschuss produziert wird, mit dem die städtische Bevölkerung und zentrale politische und militärische Institutionen ernährt und finanziert werden können. Darüber hinaus sind Städte ein Maß dafür, inwieweit Handel betrieben wurde.[2] Nach diesem Standard war die islamische Welt dem christlichen Europa um das Jahr 800 weit voraus. Bagdad, die Hauptstadt des Abbasidenkalifats, war mit Abstand die größte Stadt Europas, Nordafrikas und des Nahen Ostens, und von den acht größten Städten in diesem Gebiet lagen sieben im islamischen Einflussbereich – nur Konstantinopel konnte in der Größe mit den islamischen Metropolen konkurrieren. Danach deutet aber alles auf einen stetigen wirtschaftlichen Niedergang der islamischen Welt hin: Während im Jahr 800 zwölf der zwanzig größten Städte islamisch waren, galt dies 1300 nur für acht und 1800 für drei (Kairo, Tunis und Istanbul). Der wirtschaftliche Schwerpunkt hatte sich zunächst nach Italien und dann nach Nordwesteuropa verlagert.[3]

Mit der Industriellen Revolution distanzierte sich Westeuropa weiter vom Osmanischen Reich, das im Laufe des neunzehnten Jahrhunderts immer weiter schrumpfte und nach dem verlorenen Ersten Weltkrieg völlig auseinanderfiel. Große Teile der islamischen Welt standen nun unter westlicher Kolonialherrschaft. Die Franzosen kontrollierten Nord- und Westafrika, Syrien und den Libanon, die Briten Ägypten, den Irak, Palästina, den Jemen, Malaysia, das heutige Pakistan und Bangladesch, und die Niederlande mit Indonesien das bevölkerungsreichste islamische Land. Von dem riesigen Osmanischen Reich blieb nur die heutige Türkei übrig.

Wie konnte eine Zivilisation, die in den ersten Jahrhunderten ihrer Existenz so fortschrittlich war, so weit zurückfallen? Die anfängliche Blüte der islamischen Welt und ihr damaliger Vorsprung vor dem Westen werden oft als Argument angeführt, warum die Ursachen für die spätere Krise der islamischen Welt nicht religiöser Natur sein können. Denn sonst hätte die islamische Welt anfänglich nicht so erfolgreich sein können. Das mag auf den ersten Blick überzeugend klingen, übersieht aber die Tatsache, dass Ideologien und soziale Institutionen, die in einem bestimmten weltgeschichtlichen Kontext effizient und vielleicht sogar fortschrittlich waren, dies nur bleiben können, wenn sie auch die Fähigkeit haben, sich an veränderte Bedingungen anzupassen. Nehmen wir das Beispiel des sowjetischen kommunistischen Gesellschaftssystems. Unter der Führung von Lenin und Stalin schien die Sowjetunion jahrzehntelang ein Erfolgsmodell zu sein, das höhere Wachstumsraten aufwies als die westlichen kapitalistischen Volkswirtschaften, das Nazideutschland in die Knie zwang und Osteuropa in seinen Einflussbereich brachte. Nach dem Zweiten Weltkrieg übertraf das Land für einige Zeit den Westen auch technologisch und schickte als erstes einen Satelliten (den Sputnik) und einen Menschen (Juri Gagarin) ins All. Aber trotz dieses anfänglichen Erfolgs war die zentral verwaltete Planwirtschaft auch die Ursache für den späteren Niedergang der kommunistischen Wirtschaft. Die Planwirtschaft war kurzfristig in der Lage, die Industrialisierung der Sowjetunion schneller voranzutreiben, als es unter einer kapitalistischen Marktwirtschaft möglich gewesen wäre, aber das starre, hierarchische System war später nicht in der Lage, auf sich ändernde Umstände der Weltwirtschaft adäquat zu reagieren.

Ökonomen sprechen in diesem Zusammenhang von der Differenz zwischen «statischer Effizienz» – einem Organisations- oder Gesellschaftsmodell, das im Kontext eines bestimmten Ortes und einer bestimmten Zeit funktioniert – und «dynamischer Effizienz» – einem Modell, das sich erfolgreich an veränderte Bedingungen anpassen kann.[4] Dynamisch effiziente Systeme bieten nicht immer die effizienteste Lösung zu einem bestimmten Zeitpunkt – zum Beispiel dauert die Entscheidungsfindung in einer Demokratie länger als in einer Diktatur –, aber auf Dauer werden sie statisch effiziente Systeme hinter sich lassen. Längerfristig sind individuelle Kreativität, Wettbewerb und Wahlfreiheit von großer Bedeutung für die technologische Innovation, und bei deren Abwesenheit stagnierten die zunächst so erfolgreich erscheinenden kommunistischen Volkswirtschaften. So blieben der Trabant und der Lada technologisch in den 1950er-Jahren stecken, während sich der Rest der Welt – nicht nur in der Automobilindustrie – weiterentwickelte. Mit dem Übergang von der Industrie- zur Dienstleistungswirtschaft wussten die kommunistischen Planer noch weniger anzufangen. Michail Gorbatschow versuchte, das System mit Glasnost und Perestroika dynamischer zu machen, aber da war es bereits zu spät.

Der zeitgenössische Islam ist der Trabant, oder, respektvoller gesagt, der Sputnik unter den Weltreligionen: eine gute und erfolgreiche Idee zum Zeitpunkt seiner Lancierung, die aber inzwischen aus Mangel an Anpassungsfähigkeit hoffnungslos zurückgefallen ist. In seinen frühen Tagen brachte der Islam eine Reihe von Vorteilen mit sich, die ihn positiv vom damaligen christlichen Westen unterschieden. Durch die Bekehrung zum Islam konnten unterworfene Völker gleichberechtigte Bürger werden, Christen und Juden hatten zwar einen Status zweiter Klasse, aber genossen immerhin wichtige Rechte und Freiheiten, von denen Muslime und Juden in der christlichen Welt nur träumen konnten. Man denke zum Beispiel an den Kontrast zwischen dem für damalige Verhältnisse religiös toleranten islamischen Al-Andalus und der anschließenden spanischen Inquisition, die allen Juden und Muslimen, auch den zum Christentum übergetretenen, nur die Wahl zwischen Verbannung und Scheiterhaufen ließ. Heute sind wir es gewohnt, dass Menschen aus dem Nahen Osten nach Europa fliehen, aber bis zum siebzehnten Jahrhundert ging der Flüchtlingsstrom in die andere Richtung: Christliche Gruppen, die in Europa als Ketzer galten, und Juden suchten im Osmanischen Reich Zuflucht.[5] Trotz aller Beschwörung der sogenannten «jüdisch-christlichen Zivilisation» ist es eine ziemlich neue Entwicklung, dass es den Juden im Westen besser geht als in der islamischen Welt.

In der islamischen Welt diente die arabische Sprache als Lingua franca und als Schmiermittel für den Fernhandel. Die Scharia, die wir heute als archaisch betrachten, bot in den Anfängen des Islam ein Maß an Rechtssicherheit in Verwaltung, Wirtschaft und Gesellschaft, wie es in der vorislamischen arabischen Welt und in weiten Teilen der damaligen christlichen Welt kaum zu finden war. Selbst für Frauen war die Scharia damals oft besser als die ihnen bekannten Alternativen. Durch sie hatten Frauen in weiten Teilen der islamischen Welt erstmals Anspruch auf ein Erbe – was auch im damaligen Europa keineswegs selbstverständlich war –, und die Polygamie wurde zumindest bestimmten Regelungen und Einschränkungen unterworfen. Darüber hinaus gelten die Scharia-Gesetze nicht nur für einfache Gläubige, sondern setzen auch der Korruption und Willkür politischer Herrscher Grenzen. Dass viele Menschen damals den Islam umarmten, ist daher keineswegs überraschend. Aus den gleichen Gründen ziehen auch heute noch viele Männer und Frauen in Ländern wie Somalia und Afghanistan die Scharia den ihnen bekannten Alternativen vor: gesetzlos plündernden Kriegsherren und sich bereichernden Diktatoren.

Verlust von altem Ruhm, Erniedrigung durch verlorene Kriege, ausländische Besatzung und wirtschaftliche Abhängigkeit können zu kritischer Selbstreflexion und Reformen führen. Nach der Auflösung des Osmanischen Reiches taten sie das auch in der islamischen Welt, zumindest unter den gebildeten Eliten. Mustafa Kemal Atatürks radikale Abrechnung mit allem, was mit der islamischen Vergangenheit der Türkei zu tun hatte – dem Kalifat, der Scharia, der arabischen Schrift, der islamischen Zeitrechnung und so weiter –, ist das bekannteste Beispiel dafür. Während Atatürk es bei einem Kopftuchverbot in Schulen und für Beamte beließ, ging Reza Schah Pahlavi (der Vater von Mohammad Reza, dem letzten Schah) in Persien einen Schritt weiter und verbot das Kopftuch 1936 vollständig. Sowohl Atatürk als auch Reza Schah verbaten Männern das Tragen traditioneller Kopfbedeckungen und erlaubten nur westliche Hüte. Auf die ungebildete Mehrheit der Bevölkerung hatte diese von oben auferlegte Verwestlichung nur begrenzten Einfluss. Bei vielen regte sich hingegen Widerstand, nicht zuletzt weil Atatürk, der Schah und die neuen Herrscher des Irak, Syriens und Ägyptens (die 1932, 1946 und 1954 unabhängig wurden) zwar vieles vom Westen übernahmen, nicht aber Menschenrechte und Demokratie. So unterdrückte Atatürk Proteste in verschiedenen Städten gegen das «Hutgesetz» von 1925 blutig und nahm Dutzende Tote in Kauf. Ein islamischer Rechtsgelehrter wurde zum Tode durch Erhängen verurteilt, weil er eine Broschüre mit dem Titel «Die Nachahmung des Westens und der Hut» veröffentlicht hatte.[6] Da rächte sich der Umstand, dass die Krise der islamischen Welt mit einer Krise der Demokratie im Westen zusammenfiel, wo lange Zeit nicht die Demokratien, sondern die totalitären Regime von Mussolini, Hitler und Stalin als die erfolgreichsten Vorbilder erschienen. Später, während des Kalten Krieges, konnten autoritäre Herrscher außerdem auf wirtschaftliche und militärische Unterstützung aus dem Ausland zählen, indem sie sich entweder den Vereinigten Staaten oder der Sowjetunion anschlossen.

Dieser geopolitische Kontext allein kann jedoch nicht erklären, warum die islamische Welt bisher nicht geschafft hat, was großen Teilen der übrigen nichtwestlichen Welt in den letzten fünfzig Jahren gelungen ist. Schließlich war die islamische Welt nicht die einzige Region, die wirtschaftlich und politisch von der westlichen Welt abhängig war und sich der von ihr dominierten Moderne anschließen musste. Lateinamerika und die nichtislamischen Teile Afrikas und Asiens litten genauso unter der Rivalität zwischen den beiden Supermächten während des Kalten Krieges – man denke an Korea, Vietnam oder Chile. Vor fünfzig Jahren waren die Demokratien in der Welt weit und breit in der Minderheit, heute ist eine klare Mehrheit der nichtmuslimischen Länder demokratisch. Süd- und Osteuropa, die meisten Länder Mittel- und Südamerikas, Südafrika und ostasiatische Länder wie Taiwan und Südkorea haben den Übergang zur Demokratie erfolgreich abgeschlossen. Im gleichen Zeitraum ist die Zahl der Demokratien in der islamischen Welt jedoch weiter zurückgegangen (siehe Kapitel 2 dieses Buches). Vor fünfzig Jahren war es um die Rechte von religiösen Minderheiten, Frauen und Homosexuellen in vielen Teilen der Welt schlecht bestellt. Heute genießen Muslime in nichtmuslimischen Ländern, mit wenigen Ausnahmen wie China und Myanmar, mehr Religionsfreiheit als in der islamischen Welt selbst, vor allem wenn sie nicht der lokal vorherrschenden Ausprägung des Islam angehören. Ganz zu schweigen von den Rechten nichtmuslimischer religiöser Minderheiten oder Nichtgläubiger. Was die Rechte von Frauen und Homosexuellen betrifft, so gibt es überall noch viel zu gewinnen, doch in den meisten Ländern wurden große Fortschritte erzielt, während die Situation in der islamischen Welt

Mustafa Kemal Atatürk 1925 bei einer Kampagne in Izmir, um für das «Hutgesetz» zu werben. Das Gesetz untersagte türkischen Männern das Tragen traditioneller Kopfbedeckungen wie des Fes und erlaubte nur noch Hüte westlichen Stils. Proteste gegen das Gesetz wurden blutig unterdrückt.

stagniert oder sich sogar verschlimmert hat (Kapitel 3). Vor einem halben Jahrhundert war die islamische Welt nicht wesentlich mehr von Bürgerkriegen und politischer Gewalt geprägt als der Rest der Welt; heute gibt es kaum Bürgerkriege, an denen keine Muslime beteiligt sind, und die weltweite Zahl der Todesfälle durch Terroranschläge hat aufgrund des Aufstiegs dschihadistischer Gruppen wie al-Qaida, IS und Boko Haram einen historischen Höchststand erreicht (Kapitel 4). Obwohl einem Teil der islamischen Länder reiche Einnahmen aus dem Erdölgeschäft in den Schoß gefallen sind, ist der relative Wohlstand der islamischen Welt im Vergleich zu anderen Teilen der Welt in den letzten fünfzig Jahren dramatisch gesunken (Kapitel 5). Mit der Migration von Millionen von Muslimen, die anderswo eine bessere Zukunft suchen, sind die Probleme der islamischen Welt auch in den Einwanderungsländern des Westens spürbar geworden. Gewalt gegen Ungläubige und Islamkritiker, Hass auf Juden und Homosexuelle sowie die Unterdrückung von Frauen fordern auch in den Einwanderungsländern Opfer, allerdings in viel geringerem Umfang als in der islamischen Welt selbst. Darüber hinaus schneiden Migranten aus islamischen Ländern an fast allen Fronten der Integration schlechter ab als andere Migranten, und die Ursachen sind weitgehend die gleichen wie die, die für die dramatische Situation in den islamischen Herkunftsländern verantwortlich sind (Kapitel 6).

Der Hauptgrund dafür – so werde ich in diesem Buch zeigen –, dass die islamische Welt in den letzten fünfzig Jahren an fast allen Fronten stagniert hat oder in einigen Fällen sogar in die Barbarei zurückgefallen ist, ist der Aufstieg des islamischen religiösen Fundamentalismus. Wie die Politik der Verwestlichung von oben war der Fundamentalismus eine Reaktion auf die Erniedrigung der islamischen Welt durch den Fall des Osmanischen Reiches und die schmerzhafte Erkenntnis, dass der Westen, auf den jahrhundertelang – und lange Zeit zu Recht – herabgesehen worden war, die islamische Welt links und rechts überholt hatte. Die Diagnose und Reaktion der Fundamentalisten waren jedoch genau das Gegenteil von dem, was weltliche Führer wie Atatürk in der Türkei, Reza Schah im Iran und Gamal Abdel Nasser in Ägypten propagierten. Nach Fundamentalisten wie dem Ägypter Hasan al-Banna, der 1928 die Muslimbruderschaft gründete, und Sayyid Qutb, dem wichtigsten Ideologen der Bruderschaft, war die Ursache für die Krise der islamischen Welt nicht die Überlegenheit der westlichen Kultur, sondern die Tatsache, dass sich die islamische Welt vom ursprünglichen Islam abgewandt habe. Nicht durch die Übernahme westlicher Vorstellungen von Säkularismus, Geschlechtergleichstellung, Nationalismus, Demokratie oder Kommunismus, sondern nur durch die radikale Ablehnung derselben und die Rückkehr zu den (vermeintlichen) Wurzeln des Islam könne der alte Glanz der islamischen Welt wiedererlangt werden. Je mehr der Erfolg säkularer Regime ausblieb, die die westliche Erfolgsformel mit kapitalistischen, kommunistischen oder nationalistischen Mitteln zu kopieren versuchten – was schmerzhaft durch die Niederlagen der arabischen Welt gegen Israel veranschaulicht wurde –, desto stärker gewann der Fundamentalismus an Boden.

Das Jahr 1979

Für den Westen war 1979 aus zeitgenössischer Perspektive ein typisches Jahr des Kalten Krieges. Die Stationierung von SS-20-Atomraketen durch die Sowjetunion, die Entscheidung der NATO, als Reaktion darauf Marschflugkörper in Westeuropa aufzustellen, und die dagegen aufbegehrende Friedensbewegung dominierten die Nachrichten.[7] Die Sowjetunion und der Kalte Krieg sind längst überwunden, aber mit den globalen Folgen von drei miteinander verbundenen Ereignissen in der islamischen Welt im Jahr 1979 leben wir bis heute. Es war das Jahr des Durchbruchs des islamischen Fundamentalismus, der zu einer dramatischen Verschlechterung des ohnehin schon beklagenswerten Zustands von Demokratie, Menschenrechten, Frieden und Wohlstand in der islamischen Welt führte und die Beziehungen zwischen ihr und dem Rest der Welt polarisieren sollte.

Das Jahr begann mit der islamischen Revolution im Iran. Nach Monaten immer massiverer Proteste und Streiks startete am 16. Januar ein Flugzeug vom Flughafen Teheran mit dem todkranken Mohammad Reza Pahlavi, dem letzten Vertreter der mit rund 2500 Jahren ältesten Monarchie der Welt, der Persien mit zunehmender Gewalt regiert hatte. Zwei Wochen später, am 1. Februar, waren Millionen von Menschen auf den Beinen, um die Rückkehr des Ayatollah Ruhollah Khomeini aus seinem Exil in Paris zu feiern. Obwohl die iranische Revolutionsbewegung zunächst eine breite Basis hatte und auch Kommunisten und Demokraten eine wichtige Rolle spielten, gewannen die islamischen Fundamentalisten um Khomeini bald die Oberhand. Am 11. Februar wurde die noch vom Schah gebildete Übergangsregierung gestürzt,[8] und am 30. und 31. März stimmten nach offiziellen Angaben 99,3 Prozent der Wähler für die Ausrufung der Islamischen Republik Iran und eine neue theokratische Verfassung, die am nächsten Tag in Kraft trat. In der Zwischenzeit wurde der Schah wie eine heiße Kartoffel von einem Land ins nächste weitergereicht. Die Flamme breitete sich aus, als er nach Aufenthalten in Ägypten, Marokko, auf den Bahamas und in Mexiko Ende Oktober

Ayatollah Ruhollah
Khomeini bei seiner
Rückkehr in den Iran am
1. Februar 1979.
Kurz zuvor hatte der letzte
Schah das Land verlassen.
Khomeinis Fundamentalis-
ten gewannen rasch die
Oberhand in der Revolu-
tion, und am 1. April wurde
die Islamische Republik
Iran ausgerufen.

1979 zur medizinischen Behandlung in die Vereinigten Staaten einrei-
sen durfte. Zwei Wochen später stürmten radikale Aktivisten die amerikanische Botschaft in Teheran und hielten 52 amerikanische Bürger
444 Tage lang als Geiseln fest. Zwischen dem Iran und dem «großen
Satan» – wie der Iran seither die Vereinigten Staaten bezeichnet – war
das Verhältnis seitdem zerrüttet. Präsident Sadat bot schließlich dem
Schah Asyl in Ägypten an, wo er im Juli 1980 an Krebs starb.

Die iranische Revolution hatte globale Folgen, die sich nicht auf
die Polarisierung mit den Vereinigten Staaten beschränkten. Obwohl
Amerika der große Satan war, kehrte sich das iranische Regime auch
entschieden gegen den «minderen» und den «kleinen Satan» – womit
die Sowjetunion und Israel gemeint waren.[9] Khomeini ließ keinen
Zweifel daran, dass die revolutionäre Mission mit der Machtüber-

nahme im Iran noch nicht beendet war: «Ich hoffe, dass der Iran zu einem Modell für alle zertrampelten und islamischen Nationen der Welt wird und dass dieses Jahrhundert zu einem Jahrhundert wird, in dem große Götzen zerbrechen [...]. Oh, fromme Muslime der Welt, erwacht aus eurem Schlaf der Vernachlässigung und befreit den Islam und die islamischen Länder aus dem Griff der Kolonialisten und ihrer Diener!»[10] Beim Export der Revolution blieb es nicht bei Worten. Der Iran intervenierte im libanesischen Bürgerkrieg und machte die schiitische Miliz Hisbollah zu einem wichtigen Machtfaktor und einer ernsthaften Bedrohung für Israel. In Palästina unterstützte der Iran die Terrorgruppen Hamas und Islamischer Dschihad.[11] Die Fatwa vom Februar 1989, in der Khomeini Muslime auf der ganzen Welt aufforderte, den britisch-indischen Schriftsteller Salman Rushdie zu töten, fand große Resonanz, auch unter sunnitischen Muslimen und unter muslimischen Migranten in westlichen Ländern. In Rotterdam und Den Haag demonstrierten Anfang März 1989 mehrere Tausend Muslime gegen Rushdie und sein Buch. In den Vereinigten Staaten und Großbritannien gab es neben Demonstrationen zahlreiche Bomben- und Brandanschläge auf Buchhandlungen. Dutzende von Menschen starben bei Demonstrationen in Indien und Pakistan. Der japanische Übersetzer des Buches wurde ermordet, der italienische Übersetzer und der norwegische Verleger wurden bei Angriffen schwer verletzt. 1993 starben 37 Menschen in der türkischen Stadt Sivas, als nach dem Freitagsgebet eine Gruppe von Muslimen ein Hotel in Brand setzte, in dem der Schriftsteller Aziz Nesin, der Rushdies Buch ins Türkische übersetzt hatte, übernachtete.

Angesichts der aktuellen schiitisch-sunnitischen Bürgerkriege in Syrien und dem Jemen, an denen der Iran aktiv beteiligt ist, ist es schwer vorstellbar, dass Khomeinis Botschaft von einer islamischen Weltrevolution anfänglich auch viele sunnitische Muslime erfasste. Gerade weil die revolutionäre Botschaft des Iran so populär war, standen die herrschenden Eliten der umliegenden Länder dem iranischen Regime von Anfang an feindlich gegenüber. Aus Angst, dass sich die iranische Revolution auf die schiitische Mehrheit der Bevölkerung seines Landes ausbreiten würde, versuchte der irakische Diktator

Saddam Hussein zunächst, das iranische Regime zu destabilisieren, und als dies nicht gelang, fiel er im September 1980 in sein Nachbarland ein. Mehr als eine Million Menschen starben in einem acht Jahre dauernden Grabenkrieg, der keiner der Parteien dauerhafte Landgewinne brachte. Auch die sunnitischen Monarchien in Saudi-Arabien und den Golfstaaten waren besorgt über die Begeisterung für die iranische Revolution und befürchteten, es könnte ihnen ähnlich ergehen wie dem Schah.

Für die saudische Königsfamilie schien dieser Tag gekommen zu sein, als am Neujahrstag des Jahres 1400 des islamischen Kalenders – am 20. November 1979 nach dem westlichen Kalender – mehrere Hundert schwer bewaffnete Aufständische den heiligsten Ort des Islam, die Große Moschee von Mekka, besetzten.[12] Sie forderten den Rücktritt des Hauses Saud, das ihrer Meinung nach den Islam verraten hatte, und den Abzug aller ausländischen Truppen von der Arabischen Halbinsel: die gleichen Forderungen, die zwanzig Jahre später den Kern von al-Qaidas Aufruf zum globalen Dschihad bilden sollten. Viele der Aufständischen waren ehemalige Studenten der Islamischen Universität Medina, wo sie in den Lehren des Wahhabismus ausgebildet wurden, der ultra-konservativen Form des Islam, die seit dem achtzehnten Jahrhundert mit dem Haus Saud verbunden und Staatsreligion in Saudi-Arabien ist. Der Besetzung waren monatelange Vorbereitungen vorausgegangen, in denen die Rebellen mit Hilfe sympathisierender Mitglieder der saudischen Nationalgarde Waffen in den Moscheenkomplex geschmuggelt hatten. Die Rebellen glaubten, dass das Ende der Zeiten nahe sei und dass einer von ihnen, Mohammed Abdullah al-Qahtani, der Mahdi – der Messias – sei, der nach den Hadithen (den Überlieferungen des Propheten Mohammed) den Jüngsten Tag verkünden und die Mächte des Bösen vernichten werde. Auch viele spätere Dschihadisten sind vom bevorstehenden Ende der Zeiten überzeugt, darunter Anhänger des Islamischen Staates im Irak und in Syrien (ISIS, seit 2014 IS). Nur glaubt der IS, dass vor der Ankunft des Mahdi zuerst das Kalifat wiederhergestellt werden müsse.

Nach zwei Wochen machten saudische Truppen, unterstützt von französischen und pakistanischen Kommandos, dem Aufstand ein

Rauchwolken über der Großen Moschee von Mekka. Die heiligste Stätte des Islam
wurde am 20. November 1979 von etwa 500 bewaffneten Extremisten besetzt.
Saudische Armeeeinheiten konnten den Aufstand nach zwei Wochen nieder-
schlagen. Um seine angeschlagene religiöse Legitimität zu sichern, investierte
das saudische Regime in den folgenden Jahrzehnten Milliarden in die weltweite
Verbreitung des Salafismus und veränderte so das Gesicht des Islam von
Westafrika bis Südostasien.

Ende. Auf beiden Seiten starben Hunderte von Menschen – einschließlich des angeblichen «Mahdi» –, und Anfang 1980 wurden Dutzende von verhafteten Rebellen enthauptet. Die Entscheidung, die
Moschee zu stürmen, war für die saudischen Behörden nicht einfach,
denn es ging um die Anwendung von Gewalt gegen andere Muslime,
und das an der heiligsten Stätte des Islam. Die Regierung musste
daher die Ulama, die religiösen Gelehrten, um Erlaubnis bitten.[13] Obwohl die wahhabitischen religiösen Führer eine Fatwa aussprachen,
die eine solche Erlaubnis erteilte, machten sie zur Bedingung, dass
das Regime von nun an die Einhaltung der islamischen Regeln strenger überwachen und die Verbreitung der wahhabitischen Botschaft in
der ganzen Welt unterstützen würde. Für Saudi-Arabien bedeutete
dies unter anderem, dass Kinos geschlossen und Konzerte verboten
wurden, dass die ohnehin schon extreme Geschlechtertrennung im

öffentlichen Raum weiter verschärft wurde, Frauenbilder in den Medien verboten wurden und die Anzahl der Religionsstunden an Schulen erhöht wurde. Eine Studie des amerikanischen Außenministeriums, die nie offiziell veröffentlicht wurde, um die Saudis nicht vor den Kopf zu stoßen, gibt einen Einblick in den Inhalt dieses Religionsunterrichts.[14] Den Schülern der Sekundarstufe wird beigebracht, dass es nichts gibt, was Gott so sehr gefällt wie der Kampf gegen die Ungläubigen, dass Menschen, die den islamischen Glauben aufgeben, getötet werden müssen, und dass mit den Almosen *(zakat)* «die Mudschaheddin, die ihr Leben in den Dienst Gottes gestellt haben», unterstützt werden sollten. «Sie müssen genügend Waffen, Nahrung und andere Dinge erhalten, damit sie den Dschihad fortsetzen können.» Das ist die Art von Bildung, die Menschen dazu inspiriert, Flugzeuge in Hochhäuser zu lenken, und andere dazu bringt, sie zu finanzieren.

Noch drastischer waren die Folgen der Ausbreitung des wahhabitischen islamischen Fundamentalismus außerhalb Saudi-Arabiens. Allein in Ländern, in denen Muslime eine Bevölkerungsminderheit bilden, wurden seit Mitte der siebziger Jahre des letzten Jahrhunderts 1359 Moscheen, 210 islamische Zentren, 202 Universitäten und Hochschulen sowie 2000 Schulen mit saudischem Geld finanziert.[15] Die Imame, die dort predigen und lehren, sind meist in Saudi-Arabien ausgebildet, vor allem an der Universität von Medina, wo 85 Prozent der Studienplätze für ausländische Studierende reserviert sind. In den Vereinigten Staaten wurden 16 Moscheen mit saudischem Geld gebaut; in Großbritannien gab es 2014 nicht weniger als 110 salafistische Moscheen, von denen viele mit saudischem Geld finanziert wurden.[16] In den Niederlanden flossen saudische Gelder an die El Tawheed Stiftung in Amsterdam, die As-Soennah-Moschee in Den Haag und die Al Fourkaan-Moschee in Eindhoven – alles bekannte Brutstätten des Extremismus.[17] In Belgien kontrollierte Saudi-Arabien unter anderem die Große Moschee von Brüssel, die jahrzehntelang ungehindert salafistisch-wahhabitische Ideen verbreiten konnte. Auf Empfehlung einer Kommission, die die Anschläge auf den Brüsseler Flughafen und die U-Bahn im Jahr 2016 untersuchte, beschloss die belgische

Regierung 2018, die saudische Kontrolle über die Moschee zu beenden.[18] Dass Geld aus Saudi-Arabien und anderen Golfstaaten auch an deutsche Moscheen und islamische Zentren geflossen ist, steht außer Zweifel. Diesbezügliche Anfragen aus dem Bundestag an die Bundesregierung wurden jedoch mit ausweichenden Antworten beschieden wie: «Die Bundesregierung erhebt nicht im Sinne der Fragestellung anlasslos, allgemein und systematisch eigene Erkenntnisse über Verbindungen und Einflüsse ausländischer Stellen auf islamische religiöse Vereine und Religionsgemeinschaften in Deutschland», oder: «Die Beantwortung der Frage [...] kann aus Gründen des Staatswohls nicht offen erfolgen.»[19]

Die Zahl der von Saudi-Arabien finanzierten Institutionen in islamischen Ländern muss noch deutlich höher sein. Insgesamt wird geschätzt, dass das Land seit 1975 jährlich zwei bis drei Milliarden Dollar für die Verbreitung seiner Version des Islam im Ausland ausgegeben hat.[20] Von Westafrika bis Indonesien hat saudisches Geld – und in kleinerem Umfang auch solches aus anderen konservativen Golfstaaten wie Kuwait und Katar – das Gesicht des Islam verändert. Lokale religiöse Varianten wurden zunehmend durch den ultraorthodoxen, intoleranten und von Hass auf die «Ungläubigen» durchdrungenen Islam der Arabischen Halbinsel ersetzt. Der Schriftsteller und Nobelpreisträger V. S. Naipaul hat diese Veränderungen in seinen 1981 und 1998 veröffentlichten Berichten über seine Reisen durch den Iran, Pakistan, Malaysia und Indonesien eindrücklich beschrieben.[21]

Die Geschichte hängt manchmal von tragischen Zufällen ab. Das gilt sicherlich auch für die Tatsache, dass sich gerade in den Ländern, in denen Hass und Intoleranz predigende fundamentalistische Varianten des Islam historisch verwurzelt waren – Saudi-Arabien und die Golfstaaten – oder wo sie durch Revolution an die Macht kamen – Iran –, die größten Ölreserven der Welt befanden. Aufgrund der Ölkrise 1973 waren die Ölpreise bereits stark gestiegen, und durch den Rückgang der iranischen Ölproduktion im Zeitraum um den Machtwechsel stiegen sie in der zweiten Ölkrise von 1979 wieder auf Rekordniveau. So flossen Hunderte von Milliarden Dollar in die Hände von erzkonservativen Scheichs und reaktionären Ayatollahs. Ohne die Öl-

Islamische Rebellen neben einem eroberten sowjetischen Panzer. Im Dezember 1979 marschierte die Sowjetunion in Afghanistan ein, um das dortige kommunistische Regime vor dem Zusammenbruch zu bewahren. Der bis zum heutigen Tag wütende afghanische Bürgerkrieg wurde zu einer Brutstätte des globalen Dschihad.

ressourcen wäre der salafistische Wahhabismus die Ideologie einer Handvoll Beduinen geblieben, und die iranischen Ayatollahs wären vor allem ein Problem für ihr eigenes Volk gewesen. Mit den Einnahmen aus dem Ölgeschäft konnten sie ihre Ideologie exportieren und das Gesicht der islamischen Welt verändern. Dank des Ölreichtums konnten sie auch die fundamentalistische Illusion nähren, dass materieller Wohlstand und militärische Stärke mit einer Rückkehr zum Islam des siebten Jahrhunderts einhergehen können. Hätten sich die gleichen Ölreserven in Westafrika oder Südostasien befunden, würde die islamische Welt wahrscheinlich heute anders und besser aussehen.

1979 endete mit einem dritten Ereignis, das die islamische Welt auf den Kopf stellte: der sowjetischen Invasion in Afghanistan am 24. Dezember, die den Zusammenbruch des kommunistischen Regimes in Afghanistan verhindern sollte, das im April 1978 durch einen Staatsstreich an die Macht gekommen war. Die afghanischen Kommunisten machten sich bei weiten Teilen der Bevölkerung schnell unbeliebt, nicht nur wegen der harten Unterdrückung der Opposition, sondern auch wegen ihrer Versuche, das Land kulturell zu modernisieren, etwa durch die Gleichstellung von Männern und Frauen. In ländlichen Gebieten wurden islamische Rebellengruppen immer zahlreicher und erfolgreicher. Da Saudi-Arabien, Pakistan und die Vereinigten Staaten die islamischen Rebellen unterstützten, gelang es den Sowjets nicht, den Aufstand zu unterdrücken.

Für Saudi-Arabien bot der Kampf in Afghanistan eine ausgezeichnete Gelegenheit, sich im Wettbewerb mit dem Iran um die Führung der islamischen Welt zu profilieren und gleichzeitig seine Legitimität an der saudischen Heimatfront wiederherzustellen, die durch die Ereignisse in Mekka beschädigt worden war. Saudi-Arabien unterstützte die afghanischen Rebellen nicht nur mit Geld und Waffen, sondern auch mit Tausenden von extremistischen Kämpfern. Mit der Erlaubnis der pakistanischen Regierung und Geld von reichen Saudis wie Osama bin Laden wurden Flugtickets für Dschihad-Kämpfer gekauft und Trainingslager im Nordwesten Pakistans eingerichtet. Insgesamt wird geschätzt, dass sich zwischen 5000 und 20 000 Kämpfer aus islamischen Ländern, von denen das größte Kontingent aus Saudi-Arabien stammte, den afghanischen Rebellen anschlossen.[22] Währenddessen betrachteten die Vereinigten Staaten den Krieg in Afghanistan durch die Brille des Kalten Krieges und unterschätzten die Gefahr des islamischen Extremismus. Auch sie lieferten in großem Umfang Geld und Waffen an arabische Kampfgruppen und lokale Extremisten wie die Taliban. Um den Kampf gegen die Sowjets anzuheizen, zögerten die USA nicht einmal, aktiv zur Verbreitung der dschihadistischen Ideologie beizutragen. Im Rahmen ihres «Jihad Literacy Project» gaben sie 50 Millionen Dollar für die Verteilung von Lehrbüchern an afghanische Kinder und Erwachsene aus.[23] Mit Beispielsätzen wie «Dschihad ist eine Pflicht. Seraj ging in den Dschihad. Er ist ein guter Mudschahedin» oder «Mein Onkel hat ein Gewehr. Er führt den Dschihad mit der Waffe» halfen die Amerikaner, das Frankenstein-Monster zu erschaffen, das sich später in die Türme des World Trade Center bohren sollte.

Die Sowjetunion zog sich 1989 schließlich aus Afghanistan zurück, wirtschaftlich und militärisch geschwächt. Ohne sowjetische Unterstützung hielt das afghanische kommunistische Regime noch einige Jahre durch, aber 1992 übernahm eine Koalitionsregierung von Rebellengruppen die Macht im nunmehr «Islamischen Staat Afghanistan». Unterdessen setzte sich der Bürgerkrieg fort, jetzt zwischen den verschiedenen ethnischen und religiösen Gruppen innerhalb des Rebellenlagers. Die Taliban, die sich mit den arabischen Kampfgruppen Osama Bin Ladens verbündeten, proklamierten 1996 das «Islamische Emirat Afghanistan». Unter ihrer Führung nahm der religiöse Wahn beispiellose Ausmaße an: Frauen waren gezwungen, die alles verhüllende Burka zu tragen, und wurden völlig von der Bildung ausgeschlossen, Schiiten wurden gewaltsam unterdrückt, und Tausende Jahre alte Buddha-Statuen wurden gesprengt. In den folgenden Jahren gab das Taliban-Regime al-Qaida die Möglichkeit, seine Terrorkampagne ungestört vorzubereiten. Obwohl die Invasion der Vereinigten Staaten und ihrer Verbündeten nach den Anschlägen vom 11. September 2001 das Taliban-Regime zum Einsturz brachte und al-Qaida weitgehend vertrieb, dauert der afghanische Bürgerkrieg, der seit 1979 rund zwei Millionen Menschen das Leben gekostet hat, bis heute an.

Die Folgen der Ereignisse waren zwar im Iran, in Saudi-Arabien und in Afghanistan am weitreichendsten, doch breitete sich der islamische Fundamentalismus 1979 auch anderswo aus. In Pakistan wurden fundamentalistische Gruppen wie die Jamaat-e-Islami in den 1970er-Jahren immer einflussreicher. Um ihnen den Wind aus den Segeln zu nehmen, hatte Premierminister Zulfikar Ali Bhutto bereits Pferderennen, Nachtclubs sowie den Verkauf von Alkohol untersagt.[24] General Zia-ul-Haq, der 1977 durch einen Staatsstreich an die Macht gekommen war, brachte Tausende von Jamaat-Anhängern in staatstragende Positionen. Im Februar 1979 erweiterte seine Regierung das Schariarecht – bisher auf das Familien- und Erbrecht beschränkt – um sogenannte Hudud-Strafen wie Peitschenhiebe und Amputationen. Jetzt wurde auch der Besitz von Alkohol strafbar, Frauen mussten sich in den Schulen und im Fernsehen bedecken, Kinos wurden geschlossen, und es wurden drakonische Strafen für Sex außerhalb der Ehe (*zina*) verhängt.²⁵

Auch andere islamische Länder gerieten in den 1970er-Jahren durch fundamentalistische Bewegungen unter Druck. Während sich Saudi-Arabien und Pakistan entschieden, sich mit den mächtigen Fundamentalisten zu verbünden, setzten andere Regime auf Unterdrückung. Ägypten befand sich seit Anfang der 1950er-Jahre in einer Konfrontation mit der Muslimbruderschaft, und 1966 ließ Präsident Nasser Sayyid Qutb wegen Verschwörung hinrichten. Unter der Führung von Präsident Sadat wurde das Land 1979 zum Ausgestoßenen der islamischen Welt, weil es einen Friedensvertrag mit Israel schloss. Im Gegenzug für die Rückgabe der Sinaihalbinsel und amerikanische Milliardenhilfen erkannte Ägypten den Staat Israel an. Sadat musste für den Frieden teuer bezahlen: Im Oktober 1981 wurde er während einer Militärparade von Mitgliedern des ägyptischen Islamischen Dschihad ermordet. In Syrien führte der Konflikt zwischen dem Regime des alawitischen Schiiten Hafiz al-Assad und den sunnitischen Fundamentalisten der Muslimbruderschaft 1979 zu massiver Gewalt von beiden Seiten. Der Aufstand wurde schließlich unterdrückt. Assads Truppen griffen Anfang 1982 die fundamentalistische Hochburg Hama an und verübten ein Massaker an Tausenden Einwohnern. Im Moment erleben wir den noch blutigeren zweiten Teil dieser Tragödie mit, diesmal in den Hauptrollen Assads Sohn Baschar, der Islamische Staat sowie der Iran, Russland und die Türkei.

Was ist Fundamentalismus?

Religiösen Fundamentalismus gibt es nicht nur im Islam. Der Begriff geht auf eine protestantische Bewegung in den Vereinigten Staaten zu Beginn des zwanzigsten Jahrhunderts zurück, die ihren Namen von einer Schriftenreihe mit dem Titel «The Fundamentals» erhielt. Als Reaktion auf den Aufstieg liberaler religiöser Interpretationen innerhalb der Kirche plädierten Fundamentalisten für eine Rückkehr zu den Wurzeln des christlichen Glaubens und einer wörtlichen Interpretation der Bibel.[26] In der Religionssoziologie wird Fundamentalismus definiert als:

> Der Glaube, dass es eine Sammlung religiöser Lehren gibt, die die grundlegende, wesentliche und unfehlbare Wahrheit über die Menschheit und Gott enthalten; dass dieser wesentlichen Wahrheit die Mächte des Bösen entgegenstehen, die energisch bekämpft werden müssen; dass diese Wahrheit heute nach den unveränderlichen Beispielen der Vergangenheit befolgt werden muss; und dass diejenigen, die diesen grundlegenden Lehren folgen, eine besondere Beziehung zu Gott haben.[27]

Nicht jeder traditionelle oder streng Gläubige ist ein Fundamentalist. Fundamentalisten sind keine Traditionalisten, weil sie oft Elemente aus der religiösen Tradition ablehnen, die ihrer Meinung nach nicht zur reinen, ursprünglichen Religion gehören. So wenden sich beispielsweise islamische Fundamentalisten gegen die Tradition der Heiligenverehrung, die in vielen islamischen Ländern – zum Beispiel in Marokko und im Senegal – eine wichtige Rolle spielt, weil sie ihrer Meinung nach der Regel widerspricht, niemanden außer den einen Gott anzubeten. Auch die strikte Einhaltung der Regeln einer Religion, zum Beispiel in Bezug auf Bekleidungs- und Ernährungsvorschriften, macht einen nicht unbedingt zu einem Fundamentalisten. Eine solche Orthodoxie wird erst dann fundamentalistisch, wenn die eigene Auffassung der Religion als die einzig wahre und zulässige angesehen wird, die Anderen auferlegt werden kann.[28]

Fundamentalismus kann auch nicht mit einer bestimmten Gruppe oder Bewegung gleichgesetzt werden. In Diskussionen über den muslimischen Extremismus im Westen wird manchmal davon ausgegangen, dass der islamische Fundamentalismus dem Salafismus gleichkommt. Der Salafismus, der mit dem saudischen Wahhabismus verbunden ist, ist jedoch nur eine von vielen Bewegungen innerhalb des fundamentalistischen Islam. Weil Fundamentalisten glauben, dass sie die einzige Wahrheit besitzen, kann es innerhalb derselben

Religion mehrere fundamentalistische Bewegungen und Gruppen geben, die einander oft am meisten hassen und am härtesten bekämpfen. Die Regime des Iran und Saudi-Arabiens sind beide fundamentalistisch, aber im Nahen Osten gibt es keine tiefere Feindschaft als die zwischen ihnen. Saudi-Arabien ist sogar bereit, mit Israel zusammenzuarbeiten, um den Iran zu bekämpfen. In Ägypten setzte die Armee mit Unterstützung der salafistischen Al-Nur-Partei die Regierung der ebenfalls fundamentalistischen Muslimbruderschaft unter der Führung von Mohammed Mursi ab. Der jüngste Konflikt zwischen Katar und Saudi-Arabien ist auch ein Kampf zwischen Fundamentalisten: Das Regime von Katar identifiziert sich mit der Muslimbruderschaft, während das saudische Regime sie als seinen Erzfeind betrachtet. Der türkische Präsident Erdoğan ist wiederum der beste Freund Katars, denn beide gehören zum Lager der Bruderschaft, unter anderem zusammen mit der palästinensischen Bewegung Hamas. Es gibt auch tiefe Feindseligkeiten unter den dschihadistischen Gruppen, die in Ländern wie Syrien, Irak und Afghanistan aktiv sind, zum Beispiel zwischen Gruppen, die mit al-Qaida oder dem IS verbunden sind.

Die Anwendung des Fundamentalismusbegriffs auf den Islam ist nicht unumstritten. Autoren wie der palästinensisch-amerikanische Literaturwissenschaftler Edward Said kritisieren, dass der Fundamentalismus «fast automatisch mit dem Islam verbunden wird, obwohl er ein florierendes Verhältnis zum Christentum, Judentum und Hinduismus hat, das oft übersehen wird».[29] Der amerikanische Historiker und Islamwissenschaftler Bernard Lewis argumentierte im Gegensatz dazu, Fundamentalismus sei keine sinnvolle Kategorie für den Islam, weil der zeitgenössische Islam von Natur aus fundamentalistisch sei:

«Fundamentalismus» ist ein christliches Konzept. Es scheint in den frühen Jahren dieses Jahrhunderts entstanden zu sein und bezeichnet bestimmte protestantische Kirchen und Organisationen, insbesondere solche, die an dem wörtlichen göttlichen Ursprung und der Unfehlbarkeit der Bibel festhalten. Dabei wenden sie sich gegen liberale und modernistische Theologen, die zu einer kritischeren, historischen Sicht der Heiligen Schrift neigen. Bislang fehlt den islamischen Theologen ein solcher liberaler oder modernistischer Zugang zum Koran, und alle Muslime sind, zumindest was ihre Haltung zum Korantext betrifft, im Prinzip Fundamentalisten.[30]

Die Frage, ob Said recht hat, wenn er meint, dass der Fundamentalismus im Islam nicht stärker verbreitet ist als in anderen Religionen, oder Lewis, für den der Islam von Natur aus fundamentalistisch ist, kann aus theologischer Sicht endlos diskutiert werden. Für die Sozialwissenschaften ist es aber vor allem eine empirische Frage, das heißt eine Frage, die mit Daten und Fakten geprüft werden kann.

Die World Values Survey führt regelmäßig repräsentative Umfragen in vielen Ländern der Welt durch. Darin wurde auch nach Unterstützung für zwei fundamentalistische Thesen gefragt: «Die einzig akzeptable Religion ist meine Religion» und «Wenn Wissenschaft und Religion sich widersprechen, hat die Religion immer recht». Grafik 1.1 zeigt, dass große Mehrheiten (von 70 Prozent oder mehr) der Bevölkerung in islamischen Ländern diesen Aussagen zustimmen, während dies in westlichen Ländern nur für eine kleine Minderheit gilt. In Deutschland zum Beispiel finden nur 6 Prozent der Menschen, dass die Religion immer recht hat, während 70 Prozent der Menschen in der Türkei dies glauben. Von den Deutschen glauben immerhin 30 Prozent, dass ihre Religion die einzig akzeptable ist, aber in der Türkei gilt dies für 76 Prozent. Der niederländische Demograph Harry van Dalen zeigt auf der Grundlage der World Values Survey, dass nicht nur Protestanten und Katholiken, sondern auch russisch-orthodoxe und hinduistische Gläubige viel seltener mit den beiden fundamentalistischen Thesen übereinstimmen als Muslime.[31]Meine eigenen Untersuchungen unter etwa 5000 aus der Türkei und Marokko stammenden Muslimen und etwa 3000 Christen in sechs westeuropäischen Ländern zeigen ähnliche Unterschiede. Ich fragte darin nach Unterstützung für drei fundamentalistische Thesen:

Grafik 1.1: Fundamentalistische Glaubensauffassungen in islamischen und westlichen Ländern

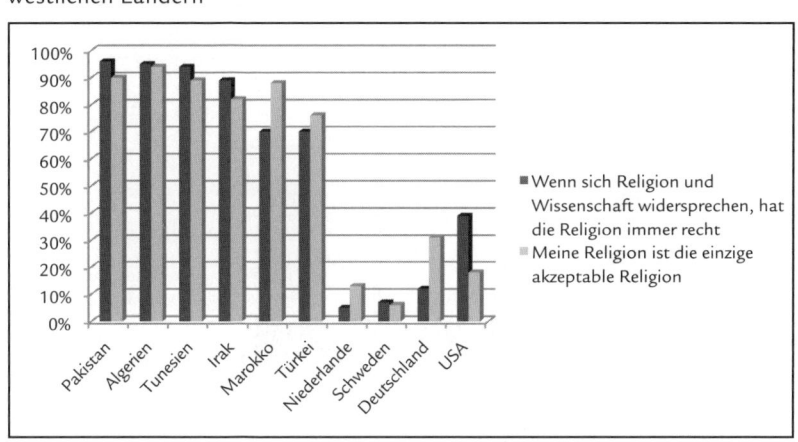

Quelle: Van Dalen 2015; World Values Survey

- »Christen (Muslime) müssen zu den Wurzeln des Glaubens zurückkehren.»
- »Es gibt nur eine Interpretation der Bibel (des Korans), an die sich alle Christen (Muslime) halten müssen.»
- «Die Regeln der Bibel (des Korans) sind mir wichtiger als die Gesetze Deutschlands (Frankreichs, der Niederlande usw.).»[32]

Grafik 1.2 zeigt, dass mehr als 60 Prozent der ersten Generation türkisch- und marokkanischstämmiger Muslime in den sechs untersuchten Ländern und mehr als die Hälfte der in Europa geborenen zweiten Generation diesen Aussagen zustimmen, während dies für nicht mehr als 20 Prozent der Christen gilt. Fast die Hälfte der Muslime der ersten Generation und fast 40 Prozent der zweiten Generation unterstützen alle drei Thesen und zeigen damit eine geschlossen fundamentalistische Glaubensauffassung. Das Gleiche gilt für nur 4 Prozent der Christen. Unter deutschen Muslimen liegen diese Zahlen etwas niedriger: 30 Prozent von ihnen haben eine geschlossen fundamentalistische Glaubensauffassung.

Fundamentalismus ist problematisch, weil alle Studien, sowohl

Grafik 1.2: Fundamentalistische Glaubensauffassungen unter türkisch- und marokkanischstämmigen Muslimen und Christen ohne Migrationshintergrund in Westeuropa

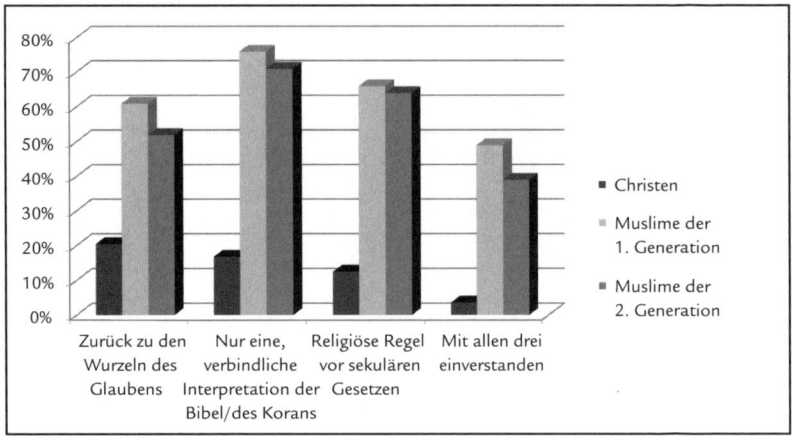

Quelle: Die Daten beziehen sich auf Deutschland, Österreich, Frankreich, die Niederlande, Belgien und Schweden, siehe Koopmans 2015.

unter Christen als auch unter Muslimen, zeigen, dass er sehr stark mit Feindseligkeit gegenüber anderen Gruppen verbunden ist. Amerikanische Studien zeigen, dass christliche Fundamentalisten viel eher negative Ansichten über Schwarze, Homosexuelle, Juden und Nichtchristen haben als nicht-fundamentalistische Christen oder Nichtgläubige.[33] Bei den Muslimen finden wir die gleiche Verbindung zwischen Fundamentalismus und Fremdenfeindlichkeit. So glauben beispielsweise mehr als 70 Prozent der fundamentalistischen Muslime in den sechs von mir untersuchten westeuropäischen Ländern, dass man Juden nicht trauen kann, während von den nicht-fundamentalistischen Muslimen «nur» 28 Prozent dies glauben. Von den fundamentalistischen Muslimen glauben 74 Prozent, dass der Westen auf die Zerstörung des Islam aus ist, bei den nicht-fundamentalistischen sind es 41 Prozent.

Zu den religiösen Regeln, von denen Fundamentalisten glauben, dass sie wörtlich genommen werden sollten und für alle verbindlich sind, gehören bei den Muslimen auch die Scharia-Gesetze, die in vielerlei Hinsicht eindeutig im Widerspruch zu den grundlegenden Menschenrechten stehen. Das amerikanische Forschungsinstitut Pew Research untersuchte die Ansichten von Muslimen zum Schariarecht in 39 Ländern, die überwiegend muslimisch sind oder in denen Muslime große Minderheiten bilden.[34] Zunächst wurden die Muslime gefragt, ob die Scharia für sie das offenbarte Wort Gottes sei oder ob sie die Scharia als Werk der Menschen auf der Grundlage des Wortes Gottes sahen. Während die letztere Sichtweise Raum für Kritik und Ablehnung spezifischer Scharia-Regeln lässt, bleibt bei der Sichtweise der Scharia als göttliche Offenbarung wenig Raum für Diskussionen. Nur im Kosovo waren die meisten Muslime der Auffassung, dass die Scharia zum Teil das Werk von Menschen ist. Eine zweite These betraf die Frage, ob es nur eine Interpretation der Scharia gibt oder ob mehrere Interpretationen möglich sind. Lediglich in drei der 39 Länder (Tunesien, Irak und Marokko) hielten die meisten Muslime mehrere Interpretationen für möglich, und in der Türkei hielten sich die beiden Ansichten im Gleichgewicht. In den anderen 35 Ländern überwog die fundamentalistische Sichtweise, die nur eine Interpretation erlaubt. In 25 der 38 Länder war eine Mehrheit der Muslime der Meinung, dass das Schariarecht das Recht des Landes sein sollte (siehe Kapitel 3). In einigen Ländern fragte Pew Research auch nach der Meinung zu zwei der extremsten Exzesse des Schariarechts, der Steinigung als Strafe für Ehebruch und der Todesstrafe für Muslime, die zu einer anderen Religion wechseln. In Afghanistan, Pakistan, Ägypten, Malaysia und den palästinensischen Gebieten stimmte eine Mehrheit der befragten Muslime beiden Scharia-Strafen zu. Darüber hinaus unterstützte eine Mehrheit der Jordanier die Steinigung wegen Ehebruchs und eine Mehrheit der irakischen Muslime die Todesstrafe für Abtrünnige. Die Unterstützung für diese extremen Formen des Schariarechts war bei den Muslimen in Zentralasien, auf dem Balkan und in der Türkei viel geringer.

Unter den muslimischen Einwanderern im Westen ist die Unterstützung des Schariarechts nicht vernachlässigbar, aber nicht die Mehrheitsauffassung. In einer niederländischen Studie von 2010 gaben 31 Prozent der Muslime an, dass sie eine Bewegung für die Einführung der Scharia in den Niederlanden sicherlich oder vielleicht unterstützen würden.[35] Von den britischen Muslimen stimmten 28 Prozent der Aussage zu: «Wenn ich wählen könnte, würde ich lieber nach den Gesetzen der Scharia leben als nach britischem Recht.» Die britische Studie fragte auch nach der Akzeptanz spezifischer Scharia-Regeln. Dass eine Muslimin nur mit Zustimmung ihres männlichen Vormunds heiraten darf, befürworteten 48 Prozent der britischen Muslime, und 31 Prozent unterstützten die Todesstrafe für Muslime, die zu einer anderen Religion konvertieren.[36]

Der Hass und die Intoleranz, die mit Fundamentalismus einhergehen, legitimieren auch den Einsatz von Gewalt gegen Andersdenkende und Andersgläubige. Die Unterstützung des religiösen Terrorismus ist in der islamischen Welt beträchtlich. Pew Research stellte Muslimen in verschiedenen Ländern folgende Frage: «Einige Menschen glauben, dass Selbstmordanschläge und andere Formen der Gewalt gegen zivile Ziele gerechtfertigt sind, um den Islam gegen seine Feinde zu verteidigen. Andere glauben, dass eine solche Gewalt, aus welchem Grund auch immer, niemals gerechtfertigt ist. Glauben Sie persönlich, dass diese Art von Gewalt oft, manchmal, selten oder nie gerechtfertigt ist, um den Islam zu verteidigen?» Grafik 1.3 zeigt, wie viele Muslime 2006 der Meinung waren, dass Angriffe auf Zivilisten manchmal oder oft gerechtfertigt sind. Dieser Prozentsatz reichte von 7 Prozent bei den deutschen bis zu 46 Prozent bei den nigerianischen Muslimen. Frühere Pew-Umfragen in einigen dieser Länder ergaben noch höhere Unterstützungsraten für Gewalt gegen Zivilisten: 27 Prozent im Jahr 2002 in Indonesien, 41 Prozent 2004 in Pakistan und 57 Prozent 2005 in Jordanien.

Obwohl in praktisch keiner dieser Studien eine Mehrheit der Muslime Angriffe auf Zivilisten befürwortet, zeigen diese Zahlen dennoch, dass Millionen von Muslimen weltweit und Zehntausende von Muslimen in Deutschland den Einsatz terroristischer Gewalt gegen Zivilisten für gerechtfertigt halten. Darüber hinaus unterstützen, wie wir bereits gesehen haben, noch mehr Muslime die Anwendung von Gewalt im Kontext der Scharia gegen Abtrünnige, Ehebre-

Grafik 1.3: Prozentsatz der Muslime, die Gewalt gegen Zivilisten zur Verteidigung des Islam für gerechtfertigt halten (2006)

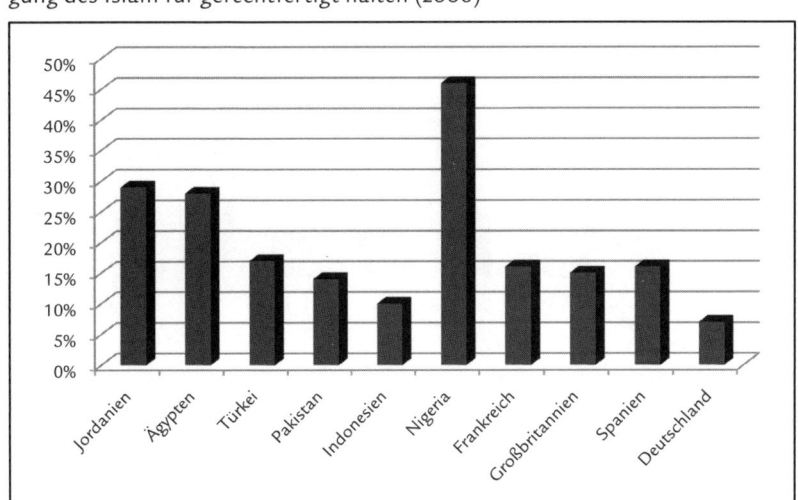

Quelle: Pew Research Center 2006, S. 4

cher, Homosexuelle und andere vermeintliche Abweichler. Um zu untersuchen, inwieweit diese Unterstützung von Gewalt tatsächlich religiöse Wurzeln hat und welche Rolle der Fundamentalismus dabei spielt, habe ich gemeinsam mit einigen Kollegen in Deutschland und Kanada eine Studie unter mehr als 8000 Christen, Muslimen und Juden in sieben Ländern durchgeführt: in Deutschland, den Vereinigten Staaten, Zypern, Israel, den palästinensischen Gebieten, dem Libanon und Kenia.[37] Darin fragten wir Christen, Muslime und Juden nach ihrer Meinung zu einer Reihe fundamentalistischer Thesen sowie zur Rechtfertigung von Gewalt im Namen ihrer Religion: «Was meinen Sie persönlich, sollten Menschen, die im Angesicht Gottes Unruhe stiften und Böses tun, getötet werden?» Die Frage wurde auf diese Weise formuliert, weil sich sowohl im Alten Testament beziehungsweise der Thora (Deuteronomium 17,2–5) als auch im Koran (Sure 5 al-Ma'ida, Vers 33) Passagen finden, in denen Gewalt gegen diejenigen, die gegen die Glaubensregeln verstoßen, legitimiert wird.

Grafik 1.4: Unterstützung religiöser Gewalt unter Christen, Muslimen und Juden

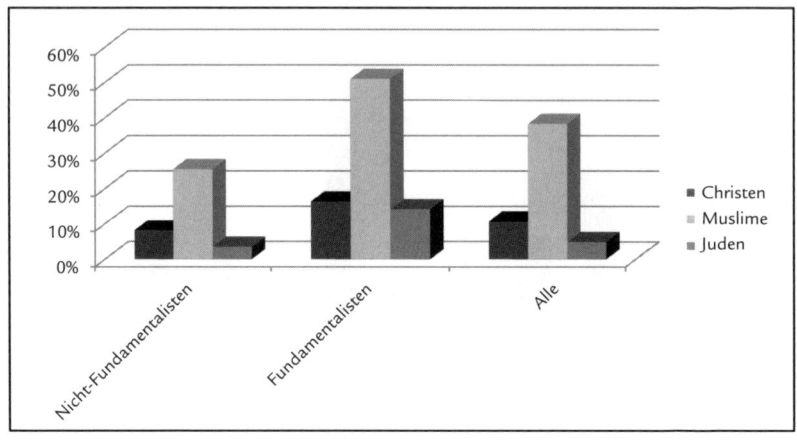

Quelle: Die Daten beziehen sich auf Deutschland, die Vereinigten Staaten, Zypern, Israel, die Palästinensischen Gebiete, den Libanon und Kenia; siehe Kanol et al. 2018.

Grafik 1.4 zeigt zwei wichtige Ergebnisse: Erstens ist die Unterstützung für religiös motivierte Gewalt bei Muslimen (38 Prozent) deutlich größer als bei Christen (11 Prozent) und Juden (5 Prozent). Zweitens ist in allen drei Religionen die Unterstützung religiöser Gewalt bei Anhängern mit fundamentalistischen Glaubensauffassungen viel höher. Unter den fundamentalistischen Muslimen unterstützt sogar eine kleine Mehrheit die Anwendung religiöser Gewalt (51 Prozent). Die Unterstützung für Gewalt ist auch von Land zu Land unterschiedlich und war in Deutschland am niedrigsten und in den palästinensischen Gebieten am höchsten. Aber innerhalb jedes Landes finden wir das gleiche Muster: Die Unterstützung religiöser Gewalt ist unter Muslimen am größten und innerhalb der einzelnen Religionen unter den fundamentalistischen Gläubigen deutlich größer.

Im Hinblick auf die Kontroverse zwischen Said und Lewis lehren uns diese Befunde, dass die Wahrheit in der Mitte liegt. Es ist richtig, dass fundamentalistische Überzeugungen auch in anderen Religionen vorkommen und nicht von allen im Islam geteilt werden. Andererseits ist der religiöse Fundamentalismus unter Muslimen heute viel stärker verbreitet als unter Anhängern anderer Religionen. Die Daten bieten aber auch keine eindeutige Unterstützung für Lewis' Behauptung, der Islam sei von Natur aus fundamentalistisch. In Afghanistan, Pakistan und großen Teilen der arabischen Welt vertritt eine sehr große Mehrheit der Muslime fundamentalistische Überzeugungen, einschließlich der Unterstützung der extremsten Formen des Schariarechts. In anderen Teilen der muslimischen Welt ist der Fundamentalismus kein Randphänomen, aber es gibt große Minderheiten oder sogar klare Mehrheiten, die liberalere Überzeugungen haben und die Scharia-Gesetzgebung oder zumindest ihre extremeren Elemente ablehnen. Sofern Lewis nicht behaupten möchte, dass die meisten Muslime auf dem Balkan, in Zentralasien und unter den Migrantengemeinschaften in Westeuropa ihren Glauben missverstanden haben, müssen wir zu dem Schluss kommen, dass der Fundamentalismus in der islamischen Welt zwar sehr verbreitet ist, aber sicherlich kein universeller und unentrinnbarer Teil der Glaubenspraxis der Muslime darstellt. Darüber hinaus sollten wir uns daran erinnern, dass diese Befunde das Ergebnis jahrzehntelanger Mobilisierung und Propaganda durch fundamentalistische Regime und Gruppen spiegeln. Wir haben keine Daten über muslimische Überzeugungen vor dem Durchbruch des islamischen Fundamentalismus in den 1970er-Jahren, aber es dürfte keine sehr gewagte Annahme sein, dass wir zu dieser Zeit weniger Unterstützung für fundamentalistische Überzeugungen gefunden hätten.

Der real existierende Islam

Viele Überlegungen über das Verhältnis zwischen Islam, Fundamentalismus, Unterdrückung und Gewalt wählen einen theologischen Standpunkt und argumentieren, dass der Islam entweder von Natur aus intolerant und gewalttätig sei oder umgekehrt, dass der «wahre» Islam friedlich und tolerant sei. Beide Seiten in dieser Diskussion finden mühelos Unterstützung für ihre Argumente im Koran und in den

Hadithen, denn die islamischen Schriften sind ebenso wie die des Christentums und des Judentums keineswegs eindeutig und enthalten Botschaften von Intoleranz und Gewalt ebenso wie Botschaften von Frieden und Liebe. Diejenigen, die glauben, dass die Anwendung von Gewalt gegen Ungläubige nur im Koran empfohlen wird, sollten die Bibel noch einmal gründlich lesen. Der Auszug aus dem Buch Deuteronomium, den wir für das zuvor diskutierte Forschungsprojekt verwendet haben, ist nur eines von vielen Beispielen:

> Wenn in deiner Mitte, in einer deiner Städte, die dir der HERR, dein Gott, geben wird, jemand gefunden wird, Mann oder Frau, der da tut, was dem HERRN, deinem Gott, missfällt, dass er seinen Bund übertritt und hingeht und dient andern Göttern und betet sie an, es sei Sonne oder Mond oder das ganze Heer des Himmels, was ich nicht geboten habe, und es wird dir angezeigt und du hörst es, so sollst du gründlich danach forschen. Und wenn du findest, dass es gewiss wahr ist, dass solch ein Gräuel in Israel geschehen ist, so sollst du den Mann oder die Frau, die eine solche Übeltat begangen haben, zum Tor hinausführen und sollst sie zu Tode steinigen. [...] Die Hand der Zeugen soll die erste sein, ihn zu töten, und danach die Hand des ganzen Volks, dass du das Böse aus deiner Mitte wegtust. (Deuteronomium 17,2–5.7)

Auch das Neue Testament ist nicht frei von gewaltverherrlichenden Passagen. Christliche Fundamentalisten beziehen sich regelmäßig auf die Offenbarung des Johannes, in der der Kampf am Ende der Zeiten zwischen den Anhängern des auf die Erde zurückgekehrten Jesus und den Kräften des Bösen (dem Antichristen) in blutigen Details beschrieben wird. Viele christliche Fundamentalisten gehen davon aus, dass wir bereits am Anfang dieser letzten Schlacht stehen, und erkennen im Kommunismus oder im Islam den Antichristen. Muslimische Fundamentalisten verweisen auf ähnliche Endzeitfantasien in den Hadithen, in denen bemerkenswerterweise auch der auf die Erde zurückgekehrte Jesus (Isa) zusammen mit dem Mahdi eine zentrale Rolle im Kampf gegen das Böse spielt. Sowohl christliche als auch islamische Quellen sagen voraus, dass die Stadt Jerusalem (al-Quds) im Mittelpunkt der endzeitlichen Schlacht stehen wird.

Gerade weil die Bibel, die Thora und der Koran mehrdeutige Quellen sind, aus denen Gläubige friedliche oder gewalttätige, hasserfüllte oder liebevolle Zitate entnehmen können, die ihre persönliche Interpretation ihres Glaubens unterstützen, ist es fruchtlos, die Frage nach den Ursachen der Krise des gegenwärtigen Islam als theologische Frage zu behandeln, auf die die Antwort irgendwo im Koran oder den Hadithen gefunden werden könnte. Deshalb verzichte ich in diesem Buch bewusst auf jede Form von Koranexegese, die eine Antwort auf die Frage nach dem «wahren» Islam geben sollte. Wie das Christentum hat auch der Islam in seiner Geschichte viele Gesichter gezeigt, von den schönsten Beispielen der Nächstenliebe bis hin zu den schrecklichsten Formen von Sklaverei und Völkermord. Das Einzige, was sie alle gemeinsam hatten, war, dass sich diejenigen, die diese Wohl- und Gräueltaten vollbrachten, ausnahmslos durch die Heiligen Schriften ihrer Religion legitimiert fühlten.

Die Diskussion über die Ursachen der Krise des Islam ähnelt den Kontroversen im letzten Jahrhundert über die «wahre» Natur des Kommunismus sehr. Angesichts der Massaker des Stalinismus, der Millionen von Opfern des Maoismus und der systematischen Menschenrechtsverletzungen in kommunistisch regierten Ländern auf der ganzen Welt war die übliche Reaktion der Marxisten im Westen, dass die Verbrechen dieser Regime nichts mit dem «wahren» Kommunismus oder Marxismus zu tun hatten. Schließlich war die «wahre» Lehre per definitionem demokratisch, friedlich, makellos und perfekt. Dieses Loslösen der wahren Lehre von jeglicher Verantwortung für die Exzesse des realen Kommunismus stand einer kritischen Selbstreflexion innerhalb des marxistischen Lagers im Wege. Die Frage, warum es kein kommunistisches Regime gab, das nicht zu Diktatur und Menschenrechtsverletzungen führte, blieb nicht nur unbeantwortet, sondern wurde nicht einmal gestellt. Ebenso reagieren viele Muslime und ihre Sympathisanten heute auf die weit verbreitete Unterdrückung und Gewalt in der islamischen Welt. All dies habe nichts mit dem «wahren» Islam zu tun, und die Verantwortlichen für Gewalt und Unterdrückung seien keine «echten» Muslime. Auch in diesem Fall steht diese Argumentation einer kritischen Reflexion darüber im Wege, warum Islam, Unterdrückung und Gewalt in der heutigen Welt so oft Hand in Hand gehen.

Um diese Frage zu beantworten, konzentriere ich mich in diesem Buch nicht auf die ahistorisch-theologische Frage, wie Gott und Mohammed den Islam «wirklich» gemeint haben, sondern auf das, was Muslime in der heutigen Welt aus dem Islam gemacht haben – auf den real existierenden Islam mit anderen Worten. Ich tue dies in diesem Buch, indem ich mich nacheinander mit dem Zustand der Demokratie (Kapitel 2), den Menschenrechten (Kapitel 3), der politischen und religiösen Gewalt (Kapitel 4) und dem wirtschaftlichen Fortschritt (Kapitel 5) in den 47 unabhängigen Ländern der Welt beschäftige, in denen der Islam die wichtigste Religion ist. Grafik 1.5 zeigt, um welche Länder es dabei geht.[38] Indonesien, Pakistan, Bangladesch, Ägypten, Iran und die Türkei sind die bevölkerungsreichsten islamischen Länder. Darüber hinaus gibt es eine beträchtliche Anzahl von muslimischen Gläubigen, die in Ländern leben, die eine nichtislamische Mehrheitsbevölkerung haben. Die wichtigsten davon sind Indien und Nigeria, die auf ihrem Gebiet die zweit- und fünftgrößte muslimische Bevölkerung der Welt haben. Deshalb betrachte ich in diesem Buch auch diese beiden Länder genauer. In einem eigenen Kapitel (Kapitel 6) werde ich auf die muslimischen Einwandererbevölkerungen in Europa, Nordamerika und Australien eingehen.

Natürlich ist die islamische Welt nicht homogen. Muslime gibt es in allen Farben: weiß, schwarz, asiatisch und alles dazwischen. Neben Arabisch, der Sprache des Korans, werden in der islamischen Welt viele andere Sprachen gesprochen, wie Persisch, Türkisch, Urdu und Malaiisch. Es gibt auch viele konfessionelle Strömungen im Islam. Neben den beiden Hauptströmungen, den Sunniten und Schiiten, gibt es beispielsweise die Ibaditen des Oman und die Ahmadiyya-Muslime, die ihren Ursprung in Pakistan haben. Der sunnitische und schiitische Islam sind auch intern heterogen. Zu den Schiiten im weitesten Sinne gehören zum Beispiel nicht nur die fundamentalistischen Ayatollahs des Iran, sondern auch die syrischen Alawiten und die türkischen Aleviten, die nicht miteinander verwechselt werden dürfen, da sie zwar beide eine liberalere Sichtweise auf den Glauben haben, aber sich auch in vielerlei Hinsicht unterscheiden. Innerhalb des sunnitischen Islam gibt es vier große Rechtsschulen: die Hanafiten, die Hanbaliten, die Malikiten und die Schafiiten. Und dann gibt es Sufi-Orden innerhalb des sunnitischen und schiitischen Islam, die sich einer mystischen, spirituellen Form des Islam widmen. Der im Westen bekannteste ist der Mevlevi-Orden der (tanzenden) Derwische aus der Zeit des Osmanischen Reiches (den Atatürk zusammen mit allen anderen Sufi-Orden verboten hat).

Diese Unterschiede innerhalb der islamischen Welt sind nicht irrelevant. So sind beispielsweise fundamentalistische Überzeugungen und konservative Vorstellungen von Geschlechterrollen bei den türkischen Aleviten viel weniger verbreitet als bei ihren sunnitischen Landsleuten.[39] Es ist auch kein Zufall, dass es unter den dschihadistischen Terroristen kaum Omanis gibt. Omanische Abaditen sind bisher außerhalb des Einflussbereichs des Fundamentalismus geblieben, den ihre schiitischen und sunnitischen Nachbarn predigen, weil sie einer anderen islamischen Strömung angehören. Wenn Muslime irgendwo in Europa im Namen des Islam gegen den Terror demonstrieren, stehen die Chancen gut, dass es sich um Anhänger der Ahmadiyya-Bewegung handelt, die in Pakistan schweren religiösen Verfolgungen ausgesetzt ist und sich für ein friedliches Zusammenleben verschiedener Religionen einsetzt. Und die Tatsache, dass der Senegal eine der wenigen islamischen Demokratien ist und bisher weitgehend frei von fundamentalistischem religiösem Eifer geblieben ist, hat ebenfalls mit der Heterogenität im Islam zu tun: Er ist das einzige islamische Land der Welt, in dem der Sufismus die Mehrheitsströmung ist. Doch das sind eher die Ausnahmen, die die Regel bestätigen: Es sind relativ kleine Glaubensströmungen außerhalb des islamischen Mainstreams oder in Ländern am Rande der islamischen Welt, die sich manchmal positiv vom Rest der muslimischen Welt unterscheiden.

Im Allgemeinen sind die Probleme von Unterdrückung, Gewalt und wirtschaftlicher Stagnation umso größer, je länger Länder unter dem Einfluss des Islam standen. Die Probleme sind am tiefsten auf der Arabischen Halbinsel verwurzelt, die zu Lebzeiten Mohammeds

Grafik 1.5: Die 47 unabhängigen Staaten der islamischen Welt

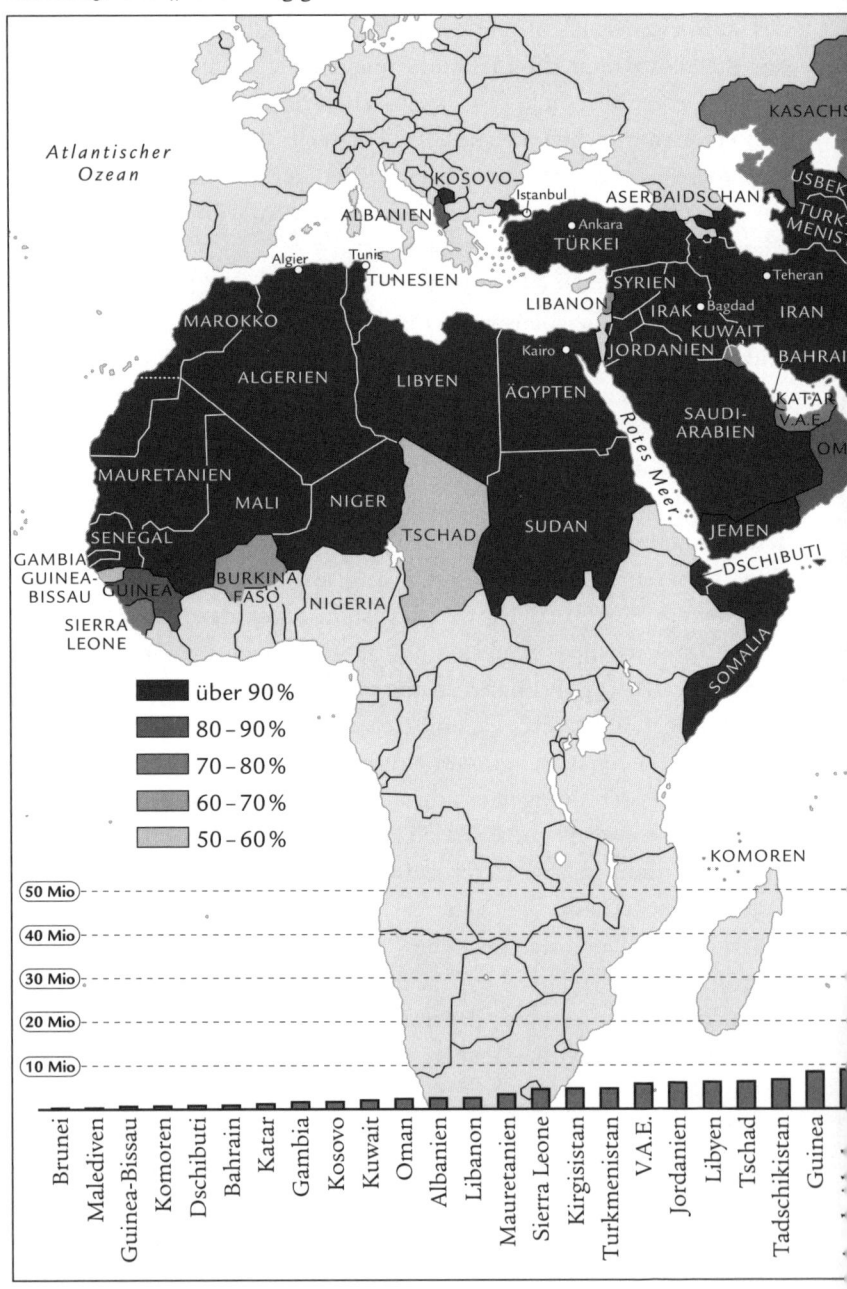

Quelle: Pew Research Center, Religion & Public Life (2015/2010)

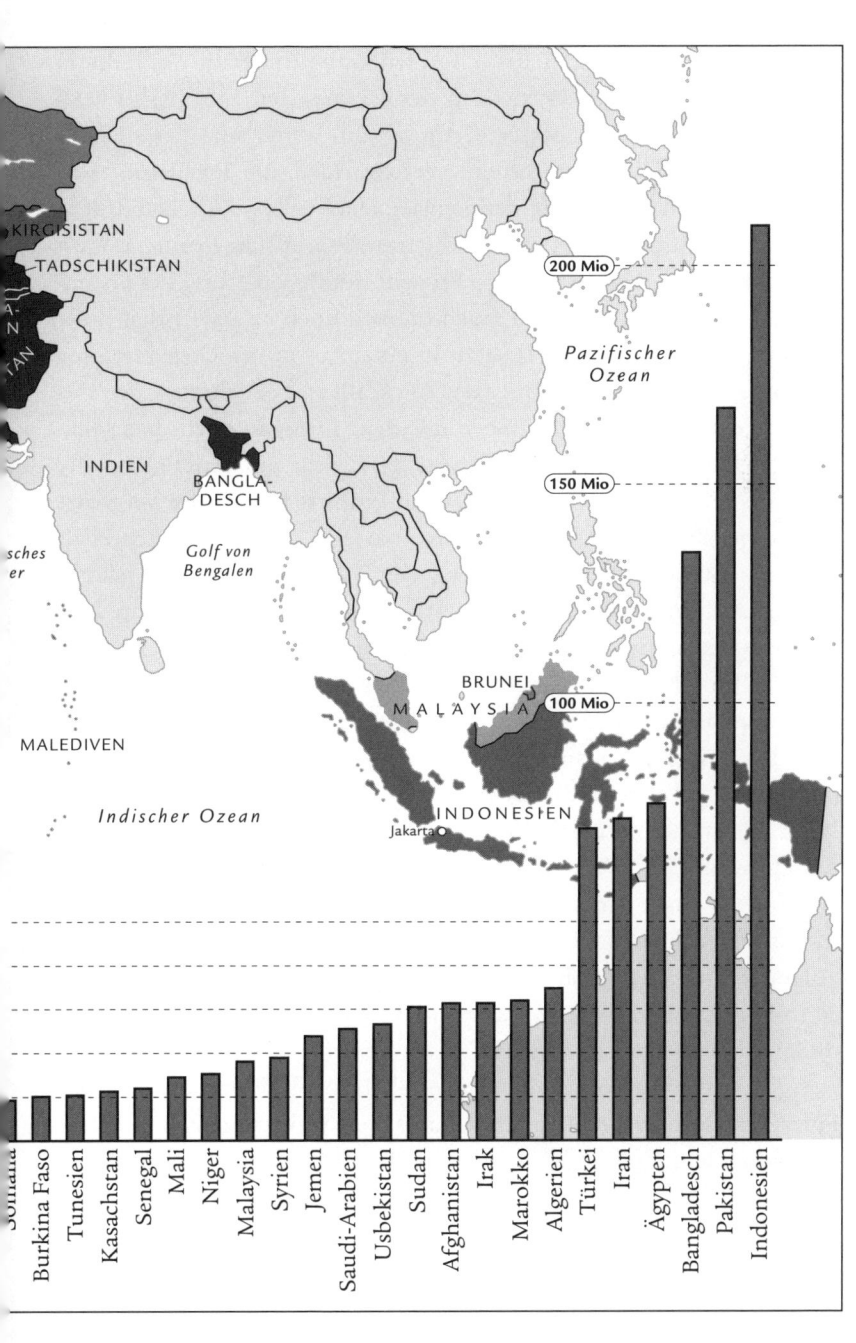

KIRGISISTAN

TADSCHIKISTAN

200 Mio

Pazifischer
Ozean

INDIEN   BANGLA-
                DESCH

150 Mio

sches
er   Golf von
                Bengalen

                                        BRUNEI
                          MALAYSIA   100 Mio

MALEDIVEN

Indischer Ozean   INDONESIEN
                Jakarta

Burkina Faso
Tunesien
Kasachstan
Senegal
Mali
Niger
Malaysia
Syrien
Jemen
Saudi-Arabien
Usbekistan
Sudan
Afghanistan
Irak
Marokko
Algerien
Türkei
Iran
Ägypten
Bangladesch
Pakistan
Indonesien

islamisiert wurde. In den anderen arabischen Ländern und im Iran, in Afghanistan und Pakistan, die schon früh, bis zum Ende des Kalifats der Umayyaden im Jahr 750, Teil des islamischen Einflussbereichs wurden, ist es nicht viel besser. Wenn wir uns weiter von diesem Kern der islamischen Welt entfernen, verschwinden die Probleme zwar nicht, aber die Lichtpunkte nehmen zu. Die Türkei, die erst mit dem Fall Konstantinopels 1453 vollständig unter islamische Kontrolle kam und in der Christen, die rund 40 Prozent der Bevölkerung des Osmanischen Reiches ausmachten, auch danach noch eine wichtige Rolle spielten, steht in vielerlei Hinsicht in einem positiven Gegensatz zur übrigen islamischen Welt, trotz des Rückfalls in die Diktatur, den das Land in den letzten Jahren unter Präsident Erdoğan erlebt hat. Gleiches gilt für die Mehrheit der islamischen Länder auf dem Balkan, die ebenfalls relativ spät unter islamischen Einfluss kamen. Im Vergleich zu anderen Balkanländern sind Albanien und der Kosovo sicherlich keine leuchtenden Beispiele, aber im Vergleich zu den meisten islamischen Ländern ist etwa die Lage von Frauen, Homosexuellen und nicht-muslimischen religiösen Minderheiten viel besser als im Rest der muslimischen Welt. Auch Länder Westafrikas wie Senegal und bis vor Kurzem Mali schneiden in Bezug auf Demokratie und religiöse Toleranz besser ab als die übrige islamische Welt, und auch das hängt mit einer späteren und weniger tiefen Durchdringung durch den Islam zusammen, der sich dort mit vorislamischen kulturellen Traditionen vermischt hat. Gleiches gilt für relativ spät islamisierte Gebiete am anderen Ende der islamischen Welt, in Südostasien. Malaysia und Indonesien unterschieden sich in Bezug auf Demokratie und religiöse Toleranz lange Zeit positiv von anderen islamischen Ländern. Leider ist in Südostasien, wie in Westafrika und auf dem Balkan, der mit Öldollars finanzierte fundamentalistische Islam arabischen Zuschnitts stetig auf dem Vormarsch. Die kulturelle Hybridität und der religiöse Pluralismus, die weite Teile der islamischen Welt lange Zeit prägten, werden zunehmend im Würgegriff des Fundamentalismus erstickt.

Religiöse oder andere Ursachen?

Die These, dass die Krise in der islamischen Welt auf religiösen Ursachen beruht, ist sicherlich nicht unumstritten. Viele innerhalb und außerhalb der islamischen Welt glauben, dass sich islamische Länder mindestens genauso stark voneinander unterscheiden wie von nicht-islamischen Ländern und dass Religion daher politische Gewalt, wirtschaftliche Stagnation oder mangelnde Demokratie nicht erklären kann. Es könnte natürlich tatsächlich so sein, dass die Krise der islamischen Welt hauptsächlich auf andere als religiöse Ursachen zurückzuführen ist, wie etwa das historische Erbe des Kolonialismus, die Unterstützung diktatorischer Regime durch den Westen oder das ungleiche Kräfteverhältnis in der Weltwirtschaft. Wie können wir prüfen, ob Religion tatsächlich eine entscheidende Rolle spielt?

«Kausalität» – das heißt die Tatsache, dass ein Phänomen Y mit einer an Sicherheit grenzenden Wahrscheinlichkeit auf eine Ursache X zurückgeführt werden kann – ist der heilige Gral der Wissenschaft, ist aber vor allem in den Sozialwissenschaften nicht leicht nachzuweisen. In den Naturwissenschaften kann Kausalität experimentell untersucht werden, indem man im Labor nur X variiert und alle anderen möglichen Einflüsse konstant hält. Wenn Y dann in Abhängigkeit von der Anwesenheit oder Abwesenheit von X variiert, können wir daraus schließen, dass X eine Ursache von Y ist. Aber selbst diese Schlussfolgerung ist, wie uns die Wissenschaftsphilosophie lehrt, nicht mehr als vorläufig. Neue Theorien und bessere Messgeräte haben in der Geschichte der Naturwissenschaften mehrfach zur Anpassung oder Ablehnung von Theorien geführt, von denen seit Jahrhunderten fest angenommen wurde, dass sie endgültig bewiesen wären. Bei vielen sozialwissenschaftlichen Fragestellungen, wie dem kausalen Zusammenhang zwischen Religion und Demokratie oder Integration, kann die experimentelle Methode aus praktischen und ethischen Gründen nicht angewandt werden. Wir können die Geschichte nicht zurückdrehen und sehen, was passiert wäre, wenn die Türkei christlich und Spanien islamisch geblieben wäre. Wir können muslimische Migranten in Deutschland nicht christlich oder ungläubig machen, um zu sehen, ob sie sich besser integrieren. Wir haben keine Glaskugel, in der wir beobachten könnten, wie die islamische Welt ausgesehen hätte, wenn die Revolution gegen das Schah-Regime 1979 gescheitert wäre oder wenn die saudischen Machthaber auf die Ereignisse in Mekka nicht mit einer Verstärkung der Islamisierung, sondern mit der Bekämpfung des religiösen Nährbodens des Extremismus reagiert hätten.

In diesem Buch wähle ich daher einen anderen Ansatz, um die Frage nach der kausalen Rolle religiöser Faktoren zu beantworten. In einem ersten Schritt verwende ich in jedem der folgenden Kapitel die sogenannte vergleichende Methode. Obwohl reale Experimente, in denen der Forscher eine mögliche Ursache variiert und alle anderen möglichen Einflussfaktoren konstant hält, in den Sozialwissenschaften für viele Fragen unmöglich sind, können wir versuchen, in der realen Welt Fälle zu finden, die sich dieser experimentellen Situation so weit wie möglich nähern. Die vergleichende Methode wird daher auch als «quasi-experimentell» bezeichnet. Ich beginne jedes Kapitel mit kontrastierenden «Fällen», die in vielerlei Hinsicht ähnlich sind, sich aber in Bezug auf die Religion unterscheiden. In Kapitel 2 sind dies die islamischen Malediven und das hinduistische Mauritius; in Kapitel 3 das mehrheitlich hinduistische Indien einerseits und die islamischen Teile des ehemaligen Britisch-Indiens, Pakistan und Bangladesch andererseits; in Kapitel 4 vergleiche ich den islamischen Norden mit dem christlichen Süden Nigerias; in Kapitel 5 Ägypten und Südkorea; und in Kapitel 6 libanesische Christen und libanesische Muslime, die nach Australien ausgewandert sind. Diese Fallbeispiele zeigen, dass die islamischen Länder, Regionen und Migrantengruppen trotz sehr ähnlicher Ausgangspositionen in Bezug auf Demokratie, Menschenrechte, politische und religiöse Gewalt, Wirtschaftswachstum und Integration in den letzten fünfzig Jahren hinter den nichtmuslimischen Vergleichsgruppen zurückgeblieben sind.

In einem zweiten Schritt untersuche ich dann, ob dieses Muster für islamische und nichtmuslimische Länder weltweit verallgemeinert werden kann. Ist es ein Zufall, dass sich Mauritius seit den 1970er-

Jahren zu einer stabilen und vollwertigen Demokratie entwickelt hat, während die Malediven genau den entgegengesetzten Weg gegangen sind? Oder stehen diese beiden Länder für ein breiteres Muster, das islamische von nichtislamischen Ländern unterscheidet? Wenn wir ein solches Muster finden, stellt sich die Frage, wie Religion zu solchen Ergebnissen führt, welche «Mechanismen» es gibt. Manchmal sind diese offensichtlich, zum Beispiel wenn Länder religiöses Schariarecht eingeführt haben, das die Rechte von Frauen, Homosexuellen und religiösen Minderheiten ausdrücklich und sehr direkt einschränkt. Die Benachteiligung von Frauen wiederum geht mit hoher Frucht-barkeit und geringer Arbeitsmarktbeteiligung einher, und dieses demographische Muster wiederum hat negative Folgen für die wirt-schaftliche Entwicklung.

Manchmal ist der Mechanismus nicht so nah an der Oberfläche, aber dafür nicht weniger wirksam. Ein wichtiger Wirkungsfaktor, auf den ich in mehreren Kapiteln eingehe, ist die fehlende Trennung zwi-schen Religion und Staat in den meisten islamischen Ländern, die in den verschiedenen Entstehungs- und Entwicklungsgeschichten des Islam und des Christentums begründet ist. Religiöse Gruppen in isla-mischen Ländern versuchen oft, den Staat auf islamischer Basis zu organisieren, während politische Herrscher eine religiöse Legitima-tion ihrer Machtansprüche anstreben. In vielen Ländern kommt es zu einer unheilvollen Kombination aus einer Verstaatlichung des Islam und einer Islamisierung des Staates, mit allen negativen Folgen für die Demokratie und die Rechte religiöser Minderheiten. Die Tatsache, dass religiöse Konflikte in islamischen Ländern oft gleichzeitig Kon-flikte um die Staatsmacht sind, trägt wiederum zur Eskalation politi-scher und religiöser Gewalt in der islamischen Welt bei.

«Beweisen» im wahrsten Sinne des Wortes können wir die kausale Rolle religiöser Faktoren nicht – das ist in der Wissenschaft ohnehin grundsätzlich unmöglich, auch in den «harten» Naturwissenschaf-ten. Der berühmte österreichische Wissenschaftsphilosoph Karl Popper hat überzeugend nachgewiesen, dass Theorien bestenfalls vor-läufig «wahr» sein können, solange sie den uns bekannten Daten ent-sprechen. Die Theorie, dass die Sonne die Erde umkreist, konnte zum

Beispiel lange Zeit Bestand haben, weil sie nicht im Widerspruch zu den damals verfügbaren Daten über die Umlaufbahnen der Himmelsobjekte stand. Erst als bessere Teleskope und Messgeräte kleine Fehler in den Vorhersagen der Theorie zeigten, suchten Forscher nach alternativen Theorien und akzeptierte die Wissenschaft – und mit großer Verzögerung auch das religiöse Establishment –, dass sich die Erde um die Sonne dreht und nicht umgekehrt. Vielleicht ist das die ultimative Wahrheit, aber sicher können wir uns darüber nicht sein. Eines Tages könnte ein neuer Kopernikus oder Einstein aufstehen, der zeigt, dass die Sache doch etwas anders gelagert ist. Was wir aber sehr wohl sicher wissen, ist, dass viele andere Theorien *nicht* wahr sind, nämlich all jene Erklärungen – wie zum Beispiel, dass sich die Sonne um die Erde dreht oder dass die Erde in sechs Tagen erschaffen wurde –, die nicht zu den uns bekannten Fakten passen. Laut Popper ist der Ausschluss von Theorien, die nicht den Tatsachen entsprechen, der wichtigste Weg zur wissenschaftlichen Wahrheitsfindung: «Wir prüfen auf Wahrheit, indem wir Falschheit beseitigen.»[40]

Die Konfrontation religiöser und nicht-religiöser Erklärungen mit den uns bekannten Daten über Demokratie, Menschenrechte, politische Gewalt, wirtschaftlichen Fortschritt und Integration steht im Mittelpunkt dieses Buches. Daraus ziehe ich die Schlussfolgerung, dass die Theorie, nach der die immer tiefere Krise, in die die islamische Welt in den letzten fünfzig Jahren geraten ist, hauptsächlich religiöse Ursachen hat, mit den uns vorliegenden Fakten übereinstimmt und dass alternative Erklärungen nicht oder weniger gut zu den verfügbaren Daten passen. Diejenigen, die eine bessere Erklärung für die in diesem Buch dargestellten Fakten kennen, sollen es sagen, und diejenigen, die andere Fakten präsentieren wollen, die die hier dargestellten Erklärungen widerlegen und andere Theorien unterstützen, sind hiermit herzlich eingeladen, dies zu tun. Das ist es, was die Wissenschaft auf der einen Seite und religiöse und andere Formen des Fundamentalismus auf der anderen Seite seit den Tagen von Galileo und Kopernikus voneinander unterscheidet. Fundamentalisten glauben, dass sie alles mit Sicherheit wissen. Fakten sind für sie nur lästig, weil sie die unangenehme Eigenschaft haben, Gewissheiten erschüttern zu können. Die rationale, wissenschaftliche Sicht auf Wahrheit impliziert ein völlig anderes Weltbild: das einer offenen Gesellschaft, in der Ideen und Lebensstile frei miteinander konkurrieren können und in der niemand glaubt, dass er die absolute Wahrheit gepachtet hat und daraus das Recht ableiten kann, seine Vision vom Guten anderen aufzuzwingen. In den letzten fünfzig Jahren hat sich die islamische Welt immer weiter von diesem Ideal entfernt. Nur ein radikaler Bruch mit den fundamentalistischen Elementen im Islam kann dies ändern.

2.

Warum ist die Demokratisierung an der islamischen Welt vorbeigegangen?

Zwei Ferienparadiese

Wer nicht weiter als auf die Resorts und Palmenstrände schaut, wird keinen großen Unterschied zwischen Mauritius und den Malediven, zwei tropischen Inselstaaten inmitten des warmen Wassers des Indischen Ozeans, entdecken. Mauritius hat 1,2 Millionen Einwohner, die Malediven 500 000. Beide haben eine koloniale Vergangenheit. Mauritius war bis 1810 französisch und danach britisch. Die Malediven waren lange Zeit ein unabhängiges Sultanat, wurden aber 1887 als Protektorat in das British Empire eingegliedert. Die Malediven wurden 1965 unabhängig, Mauritius 1968. Keiner der beiden Staaten verfügt über natürliche Ressourcen wie Öl, Gas, Erze oder seltene Mineralien, und sie sind für ihre Deviseneinnahmen hauptsächlich auf den Tourismus angewiesen. Darüber hinaus leben die Malediven vom Fischfang und Mauritius vom Zuckerrohranbau, der Textilproduktion und Finanzdienstleistungen. Auch in Bezug auf das Wohlstandsniveau ähneln sie sich: Das Bruttosozialprodukt pro Kopf betrug 2015 auf den Malediven 9446 Dollar und auf Mauritius 9041 Dollar.[1]

Doch hinter der Fassade der wehenden Palmen verbirgt sich eine Welt der Unterschiede zwischen den beiden Ländern in Bezug auf Demokratie und Menschenrechte. Seit der Unabhängigkeit ist Mauritius ein Modellfall politischer Stabilität geblieben und wurde kontinuier-

Die Chemikerin Ameenah Gurib-Fakim war von 2015 bis 2018 die erste Präsidentin und das dritte muslimische Staatsoberhaupt des Inselstaates Mauritius. Das Land hat eine hinduistische Mehrheit, aber große, gleichberechtigte christliche und muslimische Minderheiten. Die ehemalige britische Kolonie wird seit der Unabhängigkeit 1968 demokratisch regiert.

lich demokratisch regiert. Die Mehrheit der Bevölkerung sind Hindus, aber die großen christlichen und muslimischen Minderheiten können ihren Glauben frei ausüben. Neben hinduistischen Feiertagen sind auch Weihnachten und das islamische Opferfest offizielle Feiertage.[2] Drei Präsidenten in der Geschichte des Landes waren Muslime, zuletzt von 2015 bis 2018 als erstes weibliches Staatsoberhaupt die Chemikerin Ameenah Gurib-Fakim. Auf den Malediven hingegen hat die Demokratie nie Fuß gefasst.[3] Nach der Unabhängigkeit begann es gut, und die Demokratie hielt einige Jahre lang stand. Aber von 1978 bis 2008 regierte ununterbrochen derselbe Präsident, Maumoon Abdul Gayoom, der sich bei Wahlen ohne Gegenkandidaten «wählen» ließ. Im Jahr 2008 beschloss er zum ersten Mal, demokratische Präsidentschaftswahlen auszurufen, und verlor prompt. Die anschließende kurze demokratische Öffnung wurde 2012 durch einen Staatsstreich beendet.

Das Land hat keine Religionsfreiheit: Der sunnitische Islam ist Staatsreligion, die offene Ausübung anderer Religionen ist verboten, Nichtmuslime können keine Staatsangehörige werden, und für Muslime steht Glaubensabfall unter Strafe. Die Gesetzgebung basiert teilweise auf dem Schariarecht und sieht körperliche Züchtigung vor, unter anderem für Ehebruch. Sowohl im Index religiöser Unfreiheit der amerikanischen Religionssoziologen Brian Grim und Roger Finke als auch im Index religiöser Verfolgung des israelischen Politikwissenschaftlers Jonathan Fox belegen die Malediven den zweiten Platz in der

Demonstration 2014 für die Einführung der Scharia auf den Malediven im Indischen Ozean. Die ehemalige britische Kolonie ist ein autoritärer Staat, in dem es verboten ist, andere Religionen als den Islam zu praktizieren. Auf Glaubens-abfall steht die Todesstrafe.

Welt. Nur in Saudi-Arabien ist es um die Rechte religiöser Minderheiten nach beiden Indizes noch schlechter bestellt.[4] In beiden Indizes sind acht der zehn Länder mit der größten religiösen Verfolgung und Unfreiheit islamisch.

Freiheit und Demokratie im internationalen Vergleich

Natürlich beweist ein Vergleich von nur zwei Ländern für sich genommen gar nichts. Nicht in allen islamischen Ländern befinden sich Demokratie und Menschenrechte in einem so schlechten Zustand wie auf den Malediven, und nicht alle nichtislamischen Länder sind so demokratisch wie Mauritius. Für eine verallgemeinerbare Antwort auf die Frage, inwieweit Faktoren wie wirtschaftlicher Wohlstand, die

Zusammensetzung der Wirtschaft, koloniale Vermächtnisse und Religion bei der Erklärung von Demokratisierungsprozessen eine Rolle spielen, müssen wir einen breiteren, globalen Vergleich anstellen.

Zu diesem Zweck können wir internationale Vergleichsmessungen des Grades an Demokratie und Freiheit verwenden. Zwei Quellen, die in der Wissenschaft häufig verwendet werden, sind das von dem amerikanischen Politikwissenschaftler Ted Robert Gurr entwickelte und nun von der amerikanischen Regierung finanzierte Polity-Projekt[5] sowie die jährlichen Berichte von Freedom House, einer NGO, die ebenfalls von der amerikanischen Regierung sowie von dem Open Society Institute von George Soros finanziert wird.[6] Seit einigen Jahren gibt es zusätzlich den Demokratieindex der Economist Intelligence Unit der gleichnamigen britischen Wochenzeitung.[7] Die Aspekte, die eine Rolle spielen, unterscheiden sich bei den drei Indizes etwas. Polity betrachtet in erster Linie das Ausmaß, in dem Wahlen frei und kompetitiv sind, während Freedom House und der Economist nicht nur politische Rechte im engeren Sinne, sondern auch andere bürgerliche Freiheiten (zum Beispiel Presse- und Religionsfreiheit) betrachten, und der Economist schaut zusätzlich auf die politische Beteiligung der Bevölkerung und das effiziente Funktionieren der Regierung. Freedom House berücksichtigt alle unabhängigen Staaten der Welt – 195 an der Zahl im Jahr 2016 –, während Polity und Economist keine Informationen über fast dreißig unabhängige Länder mit weniger als 500 000 Einwohnern liefern, darunter die Malediven, Brunei, Island und Malta. Im Gegensatz zu Polity und Freedom House ist der Economist Index erst seit 2006 verfügbar und erlaubt daher keine Vergleiche mit der Vergangenheit. Von diesen Unterschieden abgesehen spielt es keine große Rolle, welcher Index verwendet wird, da sie sehr eng zusammenhängen. Insbesondere die Indizes von Freedom House und Economist ergeben nahezu das gleiche Bild, aber auch die anderen Untersuchungen liegen nahe beieinander.[8] Ich verwende für die weiteren Analysen den Freedom House Index, weil er im Gegensatz zum Economist-Index Vergleiche im Zeitverlauf ermöglicht, auf einer breiteren Definition von Demokratie als Polity basiert und eine größere Anzahl von Ländern abdeckt als die beiden anderen.

Grafik 2.1: Politische Regime in unabhängigen Staaten weltweit, 1972–2018

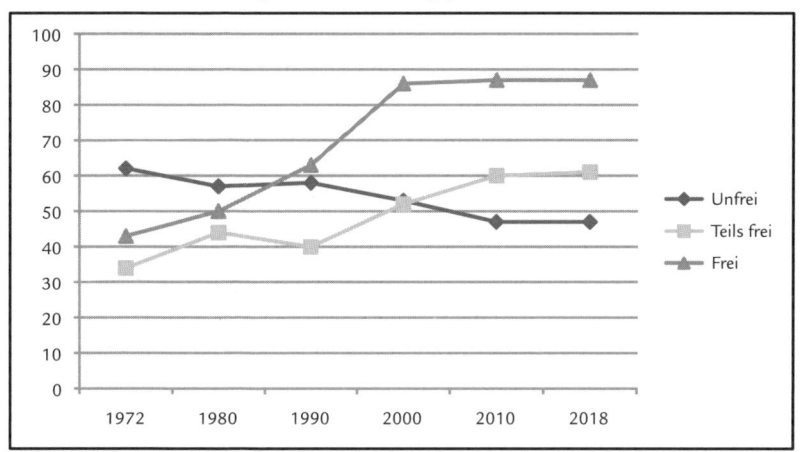

Quelle: Freedom House

Der Freedom House Index berücksichtigt politische Rechte und bürgerliche Freiheiten und stellt sie auf einer Skala von 1 für die demokratischsten und freiesten Länder bis 7 für die autoritärsten und die Freiheit am stärksten einschränkenden Länder dar. Länder mit einer Punktzahl von 1 bis 2,5 bezeichnet Freedom House als «frei» – Deutschland, Österreich und die Schweiz (alle drei mit einer Punktzahl von 1 im Jahr 2018) und alle Länder der Europäischen Union fallen in diese Kategorie, obwohl Ungarn mit einer Punktzahl von 2,5 ein Grenzfall ist. Länder mit einer Punktzahl zwischen 3 und 5 Punkten bezeichnet Freedom House als «teilweise frei» – dazu gehören beispielsweise die Ukraine (3), Indonesien (3) und Marokko (5). Länder mit einer Punktzahl von 5,5 bis 7 gelten schließlich als «unfrei». Beispiele sind die Türkei (5,5), Ägypten (5,5), China und Russland (beide 6,5) sowie als Schlusslichter Länder wie Nordkorea und Saudi-Arabien (beide 7).

Grafik 2.1 zeigt die Entwicklung von Demokratie und Menschenrechten in der Welt zwischen 1972, dem ersten Jahr, für das Daten von Freedom House verfügbar sind, und 2018. 1972 war Demokratie absolut kein Gemeingut. In Lateinamerika, Afrika und Asien dominierten autoritäre Regime verschiedener Art, Osteuropa seufzte unter dem Joch kommunistischer Diktaturen, in Spanien und Portugal herrschten die Faschisten Franco und Salazar, und in Griechenland hatte das Militär die Macht übernommen. Weltweit waren 1972 nur drei von zehn Ländern demokratisch. Seitdem, und insbesondere seit dem Ende des Kalten Krieges, hat die Demokratie beispiellose Fortschritte gemacht. Obwohl durch die Dekolonisation und den Zusammenbruch von Staaten wie der Sowjetunion und Jugoslawien mehr als fünfzig neue unabhängige Länder entstanden, sank die Zahl der unfreien Diktaturen von 62 auf 47. Die Zahl der Demokratien hingegen hat sich von 43 auf 87 verdoppelt. Es ist heute schwer vorstellbar, dass in populären Urlaubsländern wie Spanien und Griechenland vor nicht allzu langer Zeit noch grausame autoritäre Regime herrschten. In Europa gab es 2018 mit Ausnahme von Russland und Weißrussland keine echte Diktatur mehr. Ehemalige Militärregime in Südamerika wie Argentinien, Chile und Brasilien sind zu stabilen Demokratien geworden, ebenso wie die ehemaligen Diktaturen in Südkorea und Taiwan und das Apartheidsregime in Südafrika. Auf der ganzen Welt hat die Demokratie ihre Flügel ausgebreitet.

Überall? Nein, an einem Teil der Welt ist die Welle der Demokratisierung, die in den letzten fünfzig Jahren über die Welt schwappte, völlig vorbeigegangen. Anfang der 1970er-Jahre gab es weltweit 36 unabhängige Länder mit einer islamischen Bevölkerungsmehrheit. Nur vier von ihnen – der Libanon, Malaysia, das westafrikanische Gambia und damals noch die Malediven – waren freie Demokratien. Damit lag der Anteil der Demokratien in der islamischen Welt mit elf Prozent bereits deutlich unter dem der nichtislamischen Länder (38 Prozent). Grafik 2.2 zeigt, dass die Kluft zwischen der islamischen und der nichtislamischen Welt inzwischen viel größer geworden ist. Im Jahr 2018 gab es nur noch zwei demokratische Länder mit einer islamischen Bevölkerungsmehrheit, obwohl sich mittlerweile die Zahl der unabhängigen islamischen Staaten von 36 auf 47 erhöht hatte. Außerdem sind die beiden islamischen Demokratien, die es im Jahr 2018 gibt – Senegal und Tunesien – noch recht jung. Bis vor wenigen Jahren konnten zwei weitere islamische Länder – Mali und Indone-

Grafik 2.2: Politische Regime in nichtislamischen (oben) und islamischen Ländern (unten), 1972–2018

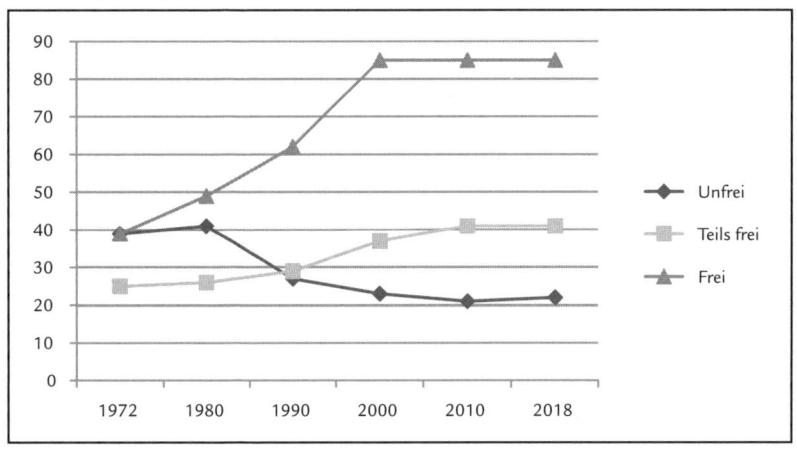

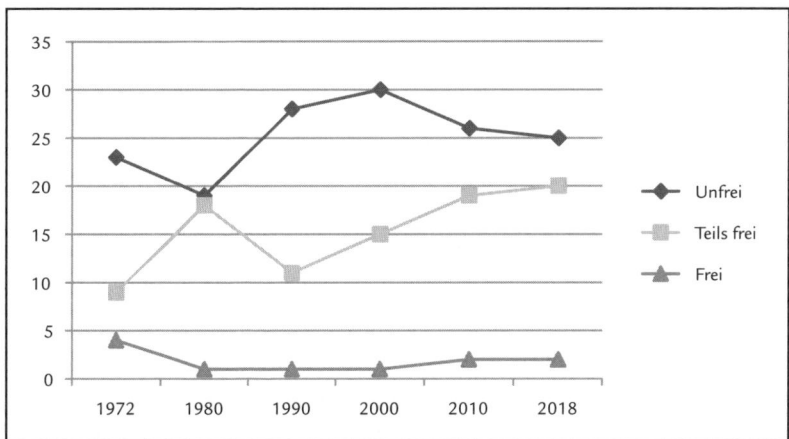

Quelle: Freedom House

sien – noch als Demokratien betrachtet werden, aber unter dem Einfluss fundamentalistischer Bewegungen haben sie sich inzwischen in eine autoritäre Richtung bewegt. Eine Zeitlang schien die Türkei auf dem richtigen Weg zu sein, aber auch dort hat sich nach einigen hoffnungsvollen Jahren die Lage radikal geändert. Seit 2010, als die Türkei mit 3 Punkten am Rande des Übergangs zur Demokratie zu stehen schien, rutschte das Land unter der Führung von Recep Tayyip Erdoğan immer weiter in den Autoritarismus und befindet sich nun mit 5,5 Punkten in der zweifelhaften Gesellschaft von Diktaturen wie Venezuela und Simbabwe. Der «arabische Frühling» von 2010 und 2011, der Freiheit und Demokratie verhieß, brachte – mit Tunesien als einziger Ausnahme – das Gegenteil: blutige Bürgerkriege in Syrien, Irak und Libyen sowie eine globale Terrorwelle.

Die islamische Welt lässt den Rest der Welt jetzt nur noch hinsichtlich der Anzahl der Diktaturen hinter sich: Es sind nicht weniger als 25 gegenüber 22 nichtislamischen Diktaturen. Und das, obwohl nur ein Viertel der Länder der Welt eine islamische Bevölkerungsmehrheit hat. In der nichtmuslimischen Welt ist die Demokratie inzwischen zur Norm geworden: 57 Prozent der nicht-muslimischen Länder sind demokratisch, und nur 15 Prozent haben unfreie, autoritäre Regime. Dies ist kein exklusives «westliches» Phänomen. In den nichtislamischen Ländern Mittel- und Südamerikas, Afrikas, Asiens und Ozeaniens (ohne Australien und Neuseeland als «westliche» Länder) sind immer noch 45 Prozent der Länder demokratisch und nur 20 Prozent unfrei. In der islamischen Welt sind die Verhältnisse genau umgekehrt: 53 Prozent der islamischen Länder werden autoritär regiert, magere 4 Prozent sind demokratisch.

Der bemerkenswerte Unterschied zwischen den Malediven und Mauritius ist also keineswegs ein isolierter Fall, sondern veranschaulicht ein viel breiteres Phänomen. Während der Rest der Welt in den letzten Jahrzehnten viel demokratischer geworden ist, haben sich in der islamischen Welt autoritäre Regime weiter ausgebreitet. Der amerikanische Politologe und Journalist Fareed Zakaria, der aus einer indischen muslimischen Familie stammt, stellt das Problem wie folgt dar: «Die arabische Welt ist heute zwischen autoritären Staaten und undemokratischen (*illiberalen*) Gesellschaften gefangen; keiner von beiden bietet einen fruchtbaren Nährboden für eine liberale Demokratie.»[9] Während in anderen Teilen der Welt Volksaufstände und Revolutionen gegen autoritäre Regime in den letzten fünfzig Jahren oft die Demokratisierung vorangebracht haben, haben Revolutionen in der islamischen Welt fast immer zu neuen Formen des Autoritarismus geführt: entweder weil islamische Fundamentalisten, wie im Iran oder in Afghanistan, selbst die Macht mit Gewalt erobert haben; oder weil die Armee gegen die Drohung einer fundamentalistischen Machtübernahme geputscht hat wie in Algerien oder Ägypten; oder weil demokratisch gewählte Islamisten die Demokratie schrittweise abgeschafft haben wie in der Türkei. Wir können lange darüber diskutieren, ob Islam und Demokratie theoretisch Hand in Hand gehen können, in der Praxis geht diese Ehe jedenfalls selten gut. Wir können und müssen hoffen, dass Senegal und Tunesien dieses Schicksal erspart bleibt. Die Erfahrungen der Vergangenheit geben jedoch wenig Anlass zur Zuversicht.

Ein arabisches oder ein islamisches Demokratiedefizit?

Ist es gerechtfertigt, von einem demokratischen Defizit in der islamischen Welt zu sprechen, oder haben wir es mit einem spezifisch arabischen Problem zu tun? Im Jahr 2004 war Fareed Zakaria, wie das obige Zitat zeigt, noch von Letzterem überzeugt. Auch andere Autoren haben behauptet, dass vor allem die arabischen Länder unter einem Mangel an Demokratie leiden, während sich andere islamische Länder nicht wesentlich vom Rest der Welt unterscheiden würden.[10] Auch die Homogenität der nichtislamischen Welt kann infrage gestellt werden. Ist der Trend zur Demokratisierung in den letzten fünfzig Jahren hauptsächlich ein westliches Phänomen oder erstreckt er sich auch auf nichtwestliche Länder? Wir können diese Fragen beantworten, indem wir uns Grafik 2.3 ansehen. Sie zeigt den Durchschnittswert auf der Skala von Freedom House für vier Ländergruppen, wobei 1 für die demokratischsten und 7 für die autoritärsten Regime steht: Arabische Länder, andere islamische Länder, westliche Länder und nichtwestliche nichtislamische Länder. Zu den arabischen Ländern gehören die 21 unabhängigen Staaten, die Mitglieder der Arabischen Liga sind.[11] Ich definiere westliche Länder als alle europäischen Länder, mit Ausnahme von Russland, sowie die Vereinigten Staaten, Kanada, Australien und Neuseeland.

Grafik 2.3: Grad der politischen Unfreiheit (1 = maximale Freiheit; 7 = maximale Unfreiheit) in arabischen Ländern, sonstigen islamischen Ländern, westlichen Ländern und anderen nichtislamischen Ländern, 1972–2018

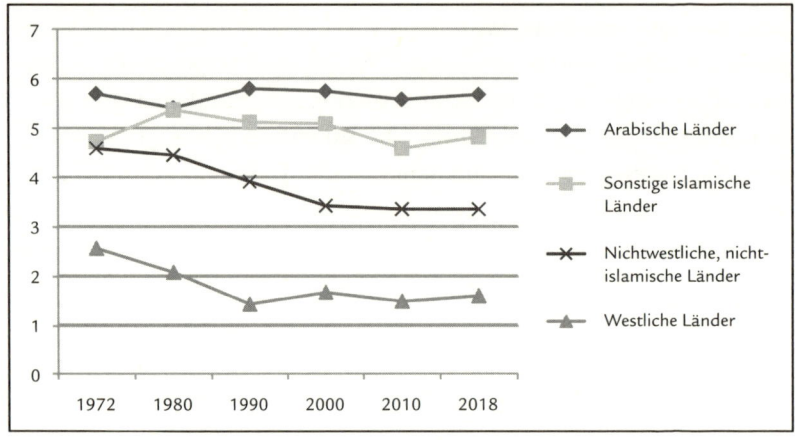

Quelle: Freedom House

Wir sehen, dass es seit 1972 in beiden islamischen Ländergruppen keine Bewegung zu mehr Demokratie gegeben hat, obwohl die politischen Regime der arabischen Länder noch unfreier sind als die des Restes der islamischen Welt. Andererseits gab es einen klaren Trend zur Demokratisierung sowohl in der westlichen als auch in der übrigen nichtmuslimischen Welt. In der westlichen Welt war dies eine Folge des Sturzes der Diktaturen in Süd- und Osteuropa, in den anderen nicht-muslimischen Ländern gewann die Demokratie vor allem in Mittel- und Südamerika, Ostasien und Teilen Afrikas an Boden. Dadurch ist die demokratische Kluft zwischen der islamischen und der nichtmus-limischen Welt seit 1972 erheblich gewachsen. Die arabischen Länder fielen bereits 1972 durch ihr hohes Maß an Autoritarismus auf, aber seither ist auch eine große demokratische Kluft zwischen den nichtara-bischen islamischen Ländern und dem Rest der Welt entstanden. Wir haben es also tatsächlich mit einem islamischen Demokratiedefizit und nicht nur mit einem arabischen Problem zu tun.

Is it the economy, stupid?

Es ist eine berechtigte Frage, ob dieser Unterschied zwischen der islamischen und der nichtislamischen Welt etwas mit Religion zu tun hat. Islamische und nichtislamische Länder unterscheiden sich auch in anderen Merkmalen voneinander, die für die Demokratisierung relevant sein können. Vielleicht ist deshalb etwas anderes als der religiöse Hintergrund entscheidend für die Erfolgsaussichten von Demokratisierungsprozessen. Der ehemalige amerikanische Präsident Bill Clinton wurde berühmt für seinen Ausspruch «it's the economy, stupid», mit dem er sein Wahlkampfteam darauf einschwor, dass das entscheidende Thema in der Politik der Zustand der Wirtschaft sei.

Das könnte sehr wohl auch für die Möglichkeiten der Demokratisierung gelten. Aus den Forschungen von Psychologen wie Abraham Maslow und Politikwissenschaftlern wie Ronald Inglehart wissen wir seit Langem, dass die meisten Menschen Themen wie Meinungsfreiheit und anderen immateriellen Menschenrechten nur dann einen hohen Stellenwert einräumen, wenn ihre materiellen Grundbedürfnisse – genug zu essen, ein Dach über dem Kopf, gute Gesundheitsversorgung – erfüllt sind.[12] Wer sich um sein tägliches Brot Sorgen machen muss, hat wohl Wichtigeres im Kopf als Wahlen oder Pressefreiheit und ist notfalls bereit, ein autoritäres Regime zu unterstützen, solange es Brot auf den Teller bringt und die Sicherheit garantieren kann.

Um die Rolle des wirtschaftlichen Wohlstands zu untersuchen, können wir die Welt in drei etwa gleich große Gruppen von Ländern unterteilen: arme Länder mit im Jahr 2015 einem Pro-Kopf-Bruttosozialprodukt (BSP pro Kopf) von weniger als 3000 US-Dollar; wohlhabende Länder mit einem Pro-Kopf-BSP von mehr als 10 000 US-Dollar und eine mittlere Gruppe von Ländern mit einem BSP zwischen 3000 US-Dollar und 10 000 US-Dollar.[13] Islamische Länder gehören zu den ärmsten und reichsten Ländern der Welt: Somalia war mit einem Pro-Kopf-BSP von 124 Dollar im Jahr 2015 das ärmste Land der Welt, aber Katar ist mit 75 274 Dollar pro Kopf eines der fünf reichsten Län-

Grafik 2.4: Politische Regime in nichtislamischen und islamischen Ländern nach Pro-Kopf-Bruttosozialprodukt

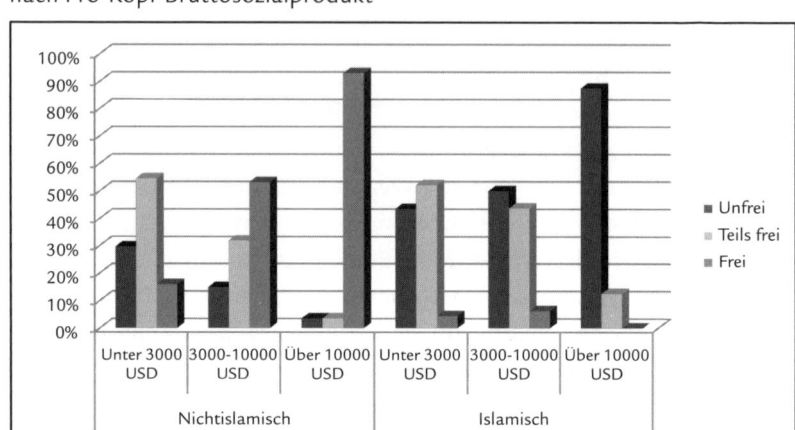

Quellen: Politische Systeme auf der Grundlage von Freedom House (2018);
BSP auf der Grundlage von Vereinten Nationen/Weltbank (2015)

der. Im Durchschnitt sind die Länder der islamischen Welt mit einem Pro-Kopf-BSP von 7700 Dollar jedoch deutlich weniger wohlhabend als der Rest der Welt (16 100 Dollar). Könnte das ein Grund für den Mangel an Demokratie in der islamischen Welt sein?

Grafik 2.4 zeigt, dass in den nichtmuslimischen Ländern tatsächlich ein starker Zusammenhang zwischen Wohlstand und Demokratie besteht. Unter den ärmsten Ländern sind die Demokratien eindeutig in der Minderheit: Nur 16 Prozent der ärmsten nichtmuslimischen Länder sind demokratisch. In der Mittelgruppe sind demokratische Rechtsstaaten mit 53 Prozent bereits in der Mehrheit, während reiche nichtmuslimische Länder fast immer demokratisch sind (93 Prozent). Wohlstand und Demokratie scheinen daher in der nicht-muslimischen Welt Hand in Hand zu gehen, obwohl es eine Reihe von Ländern wie Benin, Ghana und Indien gibt, die arm und doch demokratisch sind, und zwei Länder – Venezuela und das ebenso ölreiche Äquatorialguinea in Zentralafrika –, die reich und trotzdem unfrei sind.

Bei den islamischen Ländern gibt es jedoch keinen positiven Zusammenhang zwischen Wohlstand und Demokratie. Die beiden islamischen Demokratien befinden sich in der ärmsten (Senegal) und in der Mittelgruppe (Tunesien), und der Anteil der autoritären Staaten in der islamischen Welt nimmt nicht ab, sondern steigt mit dem wirtschaftlichen Wohlstand. Von den acht islamischen Ländern mit einem Pro-Kopf-Einkommen von über 10 000 Dollar sind sieben unfrei (Saudi-Arabien, Katar, Bahrain, die Vereinigten Arabischen Emirate, Oman, Kasachstan und das Sultanat Brunei im Norden der Insel Borneo). Das achte reiche islamische Land, Kuwait, mit einem Freedom House Score von 5, liegt nur knapp in der Gruppe der teilweise freien Länder. Auch unter den islamischen Ländern in der Gruppe der mittleren Einkommen dominieren die unfreien Länder, darunter zum Beispiel die Türkei, die aufgrund des Wirtschaftswachstums des Landes in den letzten fünfzehn Jahren mit einem Pro-Kopf-Einkommen von 9100 US-Dollar heute fast zur Gruppe der reichen Länder gehört, in diesem Zeitraum aber der Demokratie den Rücken gekehrt hat. Offensichtlich führt Wohlstand in der islamischen Welt nicht zu mehr Demokratie. Wenn wir islamische und nichtislamische Länder innerhalb jeder Einkommensgruppe vergleichen, sehen wir immer, dass autoritäre Regime in islamischen Ländern viel stärker verbreitet sind. Wirtschaftlicher Wohlstand erklärt die Unterschiede innerhalb der nichtmuslimischen Welt, aber nicht den großen Unterschied zur islamischen Welt. Selbst in den ärmsten nichtmuslimischen Ländern gibt es viel mehr Freiheit als in der islamischen Welt.

Der Fluch des Öls

Vielleicht ist jedoch nicht so sehr entscheidend, wie wohlhabend ein Land ist, sondern worauf dieser Reichtum beruht. Mit Ausnahme von Bahrain wird der Wohlstand aller reichen islamischen Diktaturen weitgehend von Öleinnahmen getragen. Gleiches gilt für die nichtmuslimischen Diktaturen in Äquatorialguinea und Venezuela. Die Idee des Ressourcenfluches spielt in der Literatur zur wirtschaftlichen

Entwicklung seit vielen Jahren eine wichtige Rolle.[14] Dabei geht es um die möglichen negativen Auswirkungen der wirtschaftlichen Abhängigkeit von natürlichen Ressourcen. Diese kann Innovation, Investitionen und Wirtschaftsreformen behindern und damit auf Dauer die Wettbewerbsfähigkeit beeinträchtigen.

Einnahmen aus Öl und anderen natürlichen Ressourcen können aber auch ein *politischer* Fluch sein.[15] Autoritäre Machthaber in Ländern, die reich an natürlichen Ressourcen sind, sind für ihre Staatseinnahmen weniger, wenn überhaupt, von der Besteuerung der Einkommen ihrer Bürger und daher auch weniger von der aktiven Unterstützung und Sympathie ihrer Untertanen abhängig. Die ersten Demokratisierungsbewegungen des achtzehnten und neunzehnten Jahrhunderts wurden von der Überzeugung getragen, dass Staaten von ihren Bürgern keine Steuer verlangen können, ohne diesen ein Mitspracherecht zu gewähren: «No taxation without representation!» (keine Besteuerung ohne Repräsentation) lautete das Motto der amerikanischen Revolution gegen die koloniale Herrschaft der Briten. Die Kehrseite dabei ist, dass es für Bürger in Staaten, die nicht von Steuereinnahmen abhängig sind, schwerer ist, Druck auf die Machthaber auszuüben, damit diese ihnen politische Rechte gewähren. Darüber hinaus können Staaten die Einnahmen aus Rohstoffen nutzen, um die Bürger mit Gefälligkeiten wie kostenloser Gesundheitsversorgung, billiger Bildung oder gut bezahlten Arbeitsplätzen in einem expandierenden Staatsapparat freundlich zu stimmen. Auch die Armee kann mit reichlich fließenden Staatsgeldern für den Kauf moderner Waffen zufriedengestellt werden. Eine starke und loyale Armee wiederum ist nützlich bei der Bekämpfung der verbleibenden Dissidenten, die sich nicht durch materielle Vorteile kaufen lassen. Hinzu kommt, dass ein Regime, das sich aus Erträgen aus natürlichen Ressourcen finanzieren kann, kaum anfällig ist für wirtschaftlichen Druck aus dem Ausland, etwas für die Verbesserung der Menschenrechtssituation zu tun. Es gibt also viele Gründe für die Annahme, dass es Demokratisierungsbewegungen in Ländern mit reichen natürlichen Ressourcen schwerer haben. Natürlich gilt dieses Argument nicht nur für Öl, sondern auch für Erdgas, Gold, Diamanten, Uran, Eisenerz, Bauxit und ähnliches.

Im Vergleich zum Rest der Welt ist die Abhängigkeit von natürlichen Ressourcen in islamischen Ländern deutlich größer. Im Durchschnitt – berechnet für den Zeitraum von 1970 bis 2016, um die starken jährlichen Schwankungen der Weltmarktpreise zu korrigieren – machen die Rohstoffeinnahmen in islamischen Ländern 13 Prozent des Bruttosozialprodukts aus, mit Spitzenwerten von bis zu 43 Prozent (Turkmenistan).[16] In nichtmuslimischen Ländern liegt dieser Anteil im Durchschnitt bei nur 5 Prozent. Freilich gibt es auch in dieser Gruppe Länder mit einer hohen Abhängigkeit von Rohstoffen, wie zum Beispiel Angola (39 Prozent). Und lange nicht alle islamischen Länder sind reich an natürlichen Ressourcen. In Bangladesch und Afghanistan zum Beispiel betragen die Einnahmen daraus weniger als 1 Prozent des BSP.

Die Frage ist nun, inwieweit die Abhängigkeit von Rohstoffen die fehlende Durchsetzung der Demokratie erklären kann. Zu diesem Zweck teilen wir die Länder der Welt erneut in drei Gruppen ein: Staaten mit einer geringen Rohstoffabhängigkeit von weniger als 3 Prozent des BSP machen etwa die Hälfte aller Länder aus. Etwa ein Viertel gehört zur Mittelgruppe mit einem Anteil von 3 bis 10 Prozent am BSP, und das restliche Viertel sind Länder, die mehr als 10 Prozent ihres Einkommens aus natürlichen Ressourcen beziehen. Dabei ist zu berücksichtigen, dass die tatsächliche wirtschaftliche Bedeutung des Rohstoffsektors deutlich größer ist, als diese Zahlen vermuten lassen. In ressourcenabhängigen Volkswirtschaften beruht auch ein großer Teil der restlichen Wirtschaft auf Aktivitäten, die aus den Erträgen der Rohstoffe finanziert werden, wie etwa der Staatsapparat und die Konsumausgaben all dieser öffentlichen Bediensteten.

Grafik 2.5 zeigt, dass der Zusammenhang zwischen Demokratie und Ressourcenreichtum in der nichtmuslimischen Welt tatsächlich stark ist. Mehr als drei Viertel der Länder mit geringer Abhängigkeit von natürlichen Ressourcen sind freie Demokratien, und nur zwei von ihnen – Weißrussland und Kuba – sind nicht frei. In der Mittelgruppe mit moderater Ressourcenabhängigkeit liegt der Anteil der Demokratien bereits deutlich unter 50 Prozent, und

Grafik 2.5: Politische Regime in nichtislamischen und islamischen Ländern in Relation zum Ausmaß der wirtschaftlichen Abhängigkeit von natürlichen Ressourcen

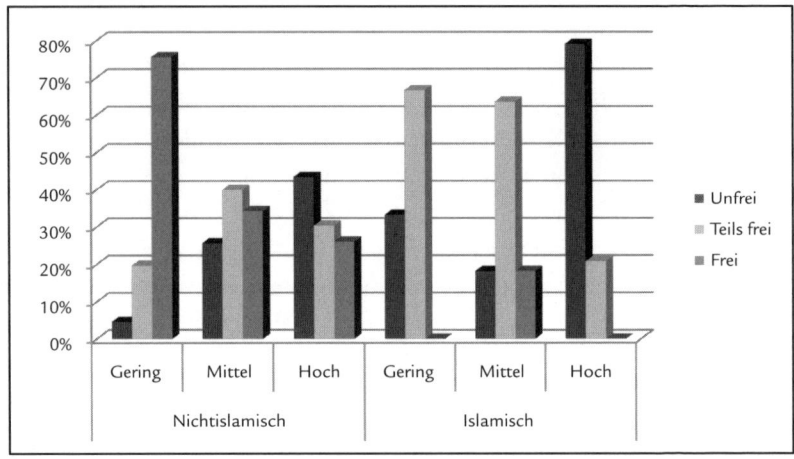

Quellen: Politische Systeme auf der Grundlage von Freedom House (2018); Einkommen aus natürlichen Ressourcen aus World Development Indicators (2011)

von den stark von Rohstoffen abhängigen Ländern sind nur gut ein Viertel demokratisch und fast die Hälfte autoritär. Dennoch gelingt es einer Reihe von Ländern, dem Ressourcenfluch zu entkommen: Chile, die Mongolei, die Salomonen, Trinidad, Guyana und Suriname sind stark rohstoffabhängig und dennoch demokratisch.

Unter den islamischen Ländern ist der Zusammenhang viel weniger klar. Die beiden demokratischen islamischen Länder, Senegal und Tunesien, gehören zur Mittelgruppe. Allerdings ist der Prozentsatz der unfreien Regime unter den islamischen Ländern mit hoher Ressourcenabhängigkeit deutlich höher – fast 80 Prozent –, während die Länder mit mittlerer und geringer Abhängigkeit von teilweise freien Regimen dominiert werden. Beispiele sind Marokko und Pakistan. Dennoch bleibt der Kontrast zur nichtislamischen Welt groß, auch wenn wir die wirtschaftliche Rolle der Rohstoffe in Betracht ziehen. Von den nichtmuslimischen Ländern mit geringer Ressourcenabhängigkeit sind nur 5 Prozent unfrei und 20 Prozent teilweise frei.

In den islamischen Ländern mit geringer Ressourcenabhängigkeit sind es 33 Prozent bzw. 67 Prozent. Auch in der Mittelgruppe und in der Gruppe mit hoher Ressourcenabhängigkeit sind ganz oder teilweise autoritäre Regime unter nichtislamischen Ländern viel weiter verbreitet. Obwohl der Fluch der natürlichen Ressourcen zur Erklärung des Grades der Demokratie in nichtmuslimischen Ländern beiträgt, beantwortet er nicht die Frage, warum die Demokratisierung der islamischen Welt so weit hinter dem Rest der Welt zurückgeblieben ist.

Das Erbe der kolonialen Vergangenheit

Eine der beliebtesten Erklärungen für den Mangel an Demokratie in der nichtwestlichen und insbesondere in der islamischen Welt ist das Erbe des westlichen Kolonialismus. Wirtschaftliche Abhängigkeit von den ehemaligen Kolonialherren, die psychologischen Narben von Rassismus und Sklaverei, willkürlich gezogene Kolonialgrenzen, ethnische und religiöse Gegensätze, die durch die Spaltungspolitik der Kolonialherren angeheizt wurden – die Liste der belastenden Hinterlassenschaften, die der Kolonialzeit zugeschrieben werden, ist lang. Die Tatsache, dass diese Erklärungen für wirtschaftliche Unterentwicklung und mangelnde Demokratisierung weit verbreitet sind, entbindet uns nicht von der Verpflichtung, sie kritisch zu hinterfragen. Zu diesem Zweck können wir den Umstand nutzen, dass nicht alle außereuropäischen Länder in gleichem Maße von europäischer Kolonialherrschaft betroffen waren. Eine Reihe dieser Länder ist immer unabhängig geblieben: Thailand, Japan, China, Bhutan, Nepal, die Türkei, Iran, Oman und Liberia. Einige von ihnen herrschten in ihrer Geschichte selbst über große Imperien. Dann gibt es eine Gruppe von Ländern, die Teil nicht westlicher Imperien waren, die aber nie vom Westen kolonisiert wurden. Das gilt für die ehemaligen japanischen Besitztümer Taiwan und Korea, für die Mongolei, die zum Chinesischen Reich gehörte, für die zentralasiatischen und kaukasischen

Länder, die zu Russland und dann zur Sowjetunion gehörten, und für Saudi-Arabien, das nach dem Fall des Osmanischen Reiches unabhängig wurde, ohne jemals eine Zeit westlicher Herrschaft zu durchlaufen.

Darüber hinaus gibt es große Unterschiede zwischen den Ländern, die vom Westen kolonisiert wurden, hinsichtlich der Dauer der Kolonialherrschaft. Äthiopien zum Beispiel war nur fünf Jahre lang in italienischer Hand, nachdem Mussolinis Truppen 1936 in das Land eingefallen waren. Am anderen Ende des Spektrums finden sich Länder, deren Kolonialvergangenheit in das sechzehnte oder siebzehnte Jahrhundert zurückreicht und die erst nach dem Zweiten Weltkrieg unabhängig wurden. Beispiele sind die meisten karibischen Länder, westafrikanische Küstenstaaten wie Senegal, Ghana und Angola sowie asiatische Länder wie Indien, Sri Lanka, Indonesien und die Philippinen.

Wenn das Erbe des westlichen Kolonialismus für die schwierige Ausbreitung der Demokratie in Teilen der nicht westlichen Welt mitverantwortlich ist, müssten die vom Westen kolonisierten Staaten im Durchschnitt weniger demokratisch sein als Länder, die der Kolonisation entkommen sind oder die von nicht westlichen Mächten wie Russland und der Türkei dominiert wurden. Wir sollten auch einen negativen Zusammenhang zwischen der Dauer der westlichen Kolonialherrschaft und dem Grad der Demokratie finden. Denn wenn koloniale Abhängigkeit einen negativen Einfluss hat, müsste das umso mehr der Fall sein, je länger sie gedauert und je tiefere Spuren sie somit hinterlassen hat. Um zu überprüfen, ob dies der Fall ist, teilen wir die außereuropäischen Länder in drei Gruppen ein: Länder, die nie oder weniger als 50 Jahre von einer westlichen Kolonialmacht dominiert wurden (21 Prozent der außereuropäischen Länder); eine mittlere Gruppe, deren Kolonialzeit zwischen 50 und 150 Jahren dauerte (43 Prozent); und schließlich Länder, die mehr als 150 Jahre unter Kolonialherrschaft standen (36 Prozent).

Grafik 2.6 zeigt, dass es bei den nichtmuslimischen Ländern kaum einen Unterschied zwischen den ersten beiden Gruppen gibt. Mehr als ein Drittel der Länder ohne oder mit weniger als 150 Jahren west-

Grafik 2.6: Politische Regime in nichtislamischen und islamischen Ländern außerhalb Europas nach Dauer der europäischen Kolonialherrschaft

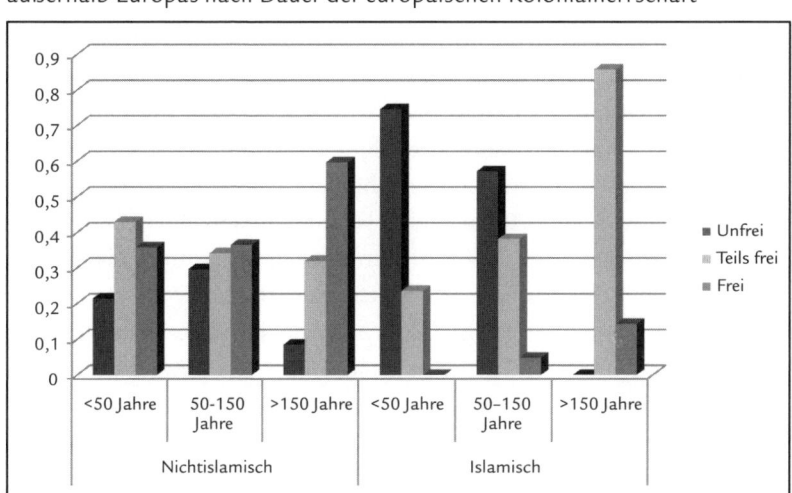

Quellen: Politische Systeme auf der Grundlage von Freedom House (2018); Dauer der Kolonialherrschaft: eigene Recherchen

licher Kolonialherrschaft sind freie Demokratien. Beispiele sind Japan, Südkorea, Botswana und Samoa. Ein weiteres Drittel besteht aus teilweise freien Ländern (zum Beispiel Armenien, Liberia und Singapur), und knapp 30 Prozent sind unfrei (zum Beispiel China, Kamerun und Eritrea). Unter den Ländern mit einer langen Kolonialherrschaft von mehr als 150 Jahren ist der Anteil der Demokratien jedoch viel höher: 60 Prozent. Zu dieser Gruppe gehören viele lateinamerikanische und karibische, aber auch afrikanische Länder wie Südafrika, Ghana, Mauritius und die ehemaligen portugiesischen Kolonien Kap Verde sowie Sao Tomé und Príncipe. Auch die größte Demokratie der Welt, Indien, zählt dazu. Die vier Ausnahmen sind Kuba sowie die Ölstaaten Angola, Äquatorialguinea und Venezuela.

Wenn wir uns im Vergleich die islamischen Länder ansehen, erkennen wir auch hier eher einen positiven als einen negativen Zusammenhang zwischen der Dauer der westlichen Kolonialherrschaft und dem Grad der Demokratisierung. Dreizehn der siebzehn islamischen

Länder (70 Prozent) mit weniger als 50 Jahren westlicher Kolonial-herrschaft sind unfrei. Zwei dieser Länder – Iran und Oman – kannten nie eine Fremdherrschaft; Aserbaidschan und zentralasiatische Diktaturen wie Kasachstan und Turkmenistan wurden nicht von westlichen Kolonialmächten regiert, sondern von Russland, und Saudi-Arabien wechselte sofort vom Osmanischen Reich in die Unabhängigkeit. Das unzugängliche Afghanistan blieb lange Zeit außerhalb des Einflusses von Fremdherrschaft, aber nach einem verlorenen Krieg kam das Königreich 1878 unter britischen Einfluss. Nach einer erfolgreichen Rebellion war es damit jedoch bereits 1919 vorbei. Die drei anderen autoritären Staaten gehörten jahrhundertelang zum Osmanischen Reich und wurden nach dessen Zusammenbruch nur eine sehr kurze Zeit von Westmächten als Kolonie oder Protektorat regiert. Libyen wurde 1911 von den Italienern erobert, im Zweiten Weltkrieg von den Engländern befreit und 1951, nach nur vierzig Jahren westlicher Herrschaft, unabhängig. Nach türkischer Herrschaft wurde der Irak 1917 von den Engländern besetzt, aber fünfzehn Jahre später schon wieder zu einem unabhängigen Königreich. Syrien wurde 1923 französisches Mandatsgebiet, erlangte aber bereits 1946 seine Unabhängigkeit zurück. Es sind diese wenigen Jahrzehnte westlicher Herrschaft, denen viele alle Übel des modernen Nahen Ostens zuschreiben. Die vielen Jahrhunderte osmanischer Herrschaft, die ihr vorausgingen, werden dagegen selten erwähnt.

Wenn einige Jahrzehnte westlicher Regierungsführung die Chancen der Demokratie beeinträchtigen würden, wie viel schlimmer sollte es dann in Ländern sein, die viel länger mit dem westlichen Kolonialismus zu tun hatten? Das Gegenteil scheint jedoch der Fall zu sein. Die einzigen beiden islamischen Demokratien der Welt haben eine viel längere Geschichte westlicher Herrschaft als die meisten islamischen Diktaturen. Tunesien war von 1881 bis 1956 französisch. Der Senegal kam bereits im fünfzehnten Jahrhundert unter den Einfluss der Portugiesen, die kurzzeitig von den Niederländern abgelöst wurden, und stand dann drei Jahrhunderte lang bis zur Unabhängigkeit 1960 unter französischer Kolonialherrschaft.

Wahre Demokratien bleiben eine Seltenheit unter den islamischen

Ländern, unabhängig von der Dauer des westlichen Kolonialismus, aber unter den islamischen Ländern mit einer mehr als einhundertfünfzigjährigen kolonialen Periode sind zumindest teilweise freie Länder mit Abstand in der Mehrheit. Dort finden wir auch eine Reihe islamischer Länder, die 2018 keine freien Demokratien mehr sind, die aber zumindest eine Periode der Demokratie gekannt haben: das westafrikanische Gambia, das von der Mitte des siebzehnten Jahrhunderts bis zur Unabhängigkeit 1965 britisch war; Malaysia, das zunächst unter portugiesischem und niederländischem Einfluss stand und schließlich bis zur Unabhängigkeit 1957 eine britische Kolonie war; und Indonesien, das vom siebzehnten Jahrhundert bis 1948 niederländisch war. Mit anderen Worten: Auch für die islamischen Länder gibt es keinerlei Anzeichen dafür, dass sich der westliche Kolonialismus negativ auf die Demokratisierung ausgewirkt hat. Im Gegenteil, je länger der westliche Kolonialismus gedauert hat, desto *größer* ist die Wahrscheinlichkeit, dass ein Land heute ganz oder, wie Indonesien und Malaysia, teilweise demokratisch ist. Wenn der westliche Kolonialismus etwas mit der verzögerten Demokratisierung der islamischen Welt zu tun hat, dann deshalb, weil islamische Länder viel *weniger* vom westlichen Kolonialismus beeinflusst wurden als nichtislamische Länder. Im Durchschnitt dauerte die westliche Kolonialherrschaft in außereuropäischen islamischen Ländern 86 Jahre. Mit 183 Jahren standen nichtmuslimische Länder außerhalb Europas im Schnitt mehr als doppelt so lange unter westlicher Kolonialverwaltung.

Wie könnte etwas, das uns heute so abstößt wie der Kolonialismus, ein positiver Faktor für Demokratie und Menschenrechte in der heutigen Welt sein? Das ist nicht so paradox, wie es scheint. Man muss sich klar machen, dass alles relativ ist, auch in der Vergangenheit. Sicherlich war der westliche Kolonialismus nach heutigen Maßstäben verwerflich. Aber was waren die historischen Alternativen? Viele der nichteuropäischen Länder, die nie oder nur kurzzeitig von den westlichen Kolonialmächten regiert wurden, gehörten zu anderen Imperien, die ebenfalls den gegenwärtigen Standards von Demokratie und Menschenrechten nicht entsprachen. Und die Herrscher der Länder, die immer unabhängig blieben, wie die Türkei und China,

behandelten ihre Untertanen nicht unbedingt besser, als die Westmächte es mit ihren Kolonialsubjekten taten.

So sind beispielsweise Sklaverei und Sklavenhandel keine westliche Erfindung, sondern so alt und weit verbreitet wie die Welt selbst.
Bewegungen zur Abschaffung der Sklaverei kamen in Frankreich,
England und den Vereinigten Staaten am Ende des achtzehnten Jahrhunderts auf. Erst Mitte des neunzehnten Jahrhunderts beendeten
die Westmächte die Sklaverei endgültig. Unter dem Druck insbesondere der Briten und Russen schaffte auch das Osmanische Reich im
Laufe des neunzehnten Jahrhunderts die Sklaverei ab. Neben dem
Osmanischen Reich war die Sklaverei auch in anderen Teilen der Welt,
die nicht vom Westen kontrolliert wurden, weit verbreitet. Obwohl
der westliche Sklavenhandel in weiten Teilen Afrikas ab Mitte des
neunzehnten Jahrhunderts zum Erliegen kam, blieb die indigene Tradition der Sklaverei, die weit vor den Kontakt mit dem Westen zurückreicht, bestehen. Das immer unabhängig gebliebene Äthiopien
schaffte die Sklaverei erst 1902, Marokko erst 1922 ab. Auch auf der
Arabischen Halbinsel dauerte die Sklaverei viel länger an als in den
westlichen Kolonien. Saudi-Arabien beendete sie erst 1962, und der
Oman, der jahrhundertelang den Sklavenhandel zwischen Ostafrika
und der Arabischen Halbinsel durch seine Kolonie Sansibar dominiert hatte, verbot sie erst 1970. Andere Länder außerhalb des direkten
westlichen Einflussbereichs waren ebenfalls Nachzügler, wenn es um
die Beendigung der Sklaverei ging: Thailand 1912, Afghanistan 1923,
Bhutan 1958.[17] Als letztes islamisches Land der Welt hat Mauretanien
erst 1981 die Sklaverei abgeschafft und erst 2007 unter Strafe gestellt,
aber seitdem kaum verfolgt. Bis heute leben zwischen 10 und 20 Prozent der mauretanischen Bevölkerung in der Sklaverei.[18]

Nach der Aufklärung und der Amerikanischen und Französischen
Revolution hatte der Aufstieg der Ideen von Demokratie und Menschenrechten in den westlichen Mutterländern einen großen Einfluss
auf das Denken der Führer der Unabhängigkeitsbewegungen in den
Kolonien. Die intellektuellen, politischen, kulturellen, militärischen
und wirtschaftlichen Eliten der indigenen Bevölkerung hatten ihre
Ausbildung in Bildungssystemen erhalten, die auf westlichen Vorbil-

dern beruhten, und einige von ihnen hatten sogar in den kolonialen Mutterländern studiert. Natürlich boten die kolonialen Regime ihnen diese Bildungsmöglichkeiten nicht aus Nächstenliebe, sondern aus Eigennutz: Ohne die Hilfe einer qualifizierten indigenen Elite wäre es unmöglich gewesen, die Kolonien zu kontrollieren. Aber die Kolonialherren vermittelten damit unweigerlich auch Werte und Normen, die sich schließlich gegen sie wendeten: Mahatma Gandhi studierte in London, genau wie der südafrikanische Erzbischof und Anti-Apartheid-Kämpfer Desmond Tutu; Ghanas erster Präsident Kwame Nkrumah studierte in den Vereinigten Staaten und in London; Mohammed Hatta, eine der treibenden Kräfte hinter der indonesischen Unabhängigkeit, studierte in Rotterdam; und der erste Präsident des Landes, Sukarno, besuchte die niederländische Grundschule und das Gymnasium in Niederländisch-Indien.[19]

Nicht nur demokratische Normen und Werte, sondern auch die politischen Institutionen und Rechtssysteme der Mutterländer übten einen großen Einfluss auf die postkolonialen Staaten aus. Die Rechtsordnungen der ehemaligen Kolonien basieren nach wie vor überwiegend auf dem römischen Recht oder der britischen *Common-Law*-Tradition. Die Gewaltenteilung zwischen Exekutive, Legislative und Judikative und das Prinzip der Trennung von Kirche und Staat wurden in vielen Fällen nach der Unabhängigkeit von den ehemaligen Kolonien beibehalten. Es ist auch kein Zufall, dass fast alle Kolonien nach der Unabhängigkeit zu Republiken oder konstitutionellen Monarchien wurden. Als die Kolonien unabhängig wurden, waren absolute Monarchien in den kolonialen Mutterländern entweder gestürzt, wie in Frankreich, oder, wie in Großbritannien und den Niederlanden, unter parlamentarische Kontrolle gestellt und auf eine zeremonielle und symbolische Rolle reduziert worden. Autoritäre Monarchien hingegen überlebten länger in Ländern, die nicht oder kaum vom Westen kolonisiert wurden, wie in Äthiopien (bis 1975), im Iran (bis 1979) und bis heute in Thailand, Saudi-Arabien und den Golfstaaten.

Ein letzter Grund, warum der westliche Kolonialismus Demokratisierungsprozesse in den ehemaligen Kolonien fördern konnte, sind die oft engen Beziehungen zu den ehemaligen Mutterländern, die einen kontinuierlichen Austausch von Ideen, Lebensweisen, Normen und Werten ermöglichen. Viele talentierte junge Menschen aus ehemaligen Kolonien studieren auch heute noch in London, Paris und anderen westlichen Metropolen. Aufgrund der Migration haben viele von ihnen familiäre Bindungen zu den ehemaligen kolonialen Mutterländern. Insbesondere Großbritannien unterhält über das Commonwealth formale politische und kulturelle Beziehungen zu seinen ehemaligen Kolonien. Auch in der Entwicklungspolitik der ehemaligen Herrscher nehmen die heute unabhängigen Kolonien einen privilegierten Platz ein. Diese Entwicklungshilfe gibt den Geberländern auch politischen Einfluss. Entwicklungsprojekte haben oft einen demokratisierenden Haupt- oder Nebenzweck, wie zum Beispiel Alphabetisierung, Förderung der Unabhängigkeit von Frauen oder Unterstützung von Menschenrechtsgruppen und anderen Nichtregierungsorganisationen. Die Drohung, die Entwicklungshilfe einzustellen oder zu kürzen, kann dazu beitragen, die Länder auf dem demokratischen Weg zu halten oder auf ihn zurückzubringen. Die Tatsache, dass Suriname 1987 nach sieben Jahren Militärdiktatur zu einem mehr oder weniger demokratischen Regime zurückkehrte, war teils darauf zurückzuführen, dass die Niederlande die finanzielle Unterstützung für das Militärregime einstellten. Natürlich gibt es auch Beispiele für das Gegenteil, für ehemalige koloniale Mutterländer, die nichts gegen Diktaturen in ihren ehemaligen Kolonien unternommen und die autoritären Herrscher an die Macht gebracht oder an der Macht gehalten haben. Die Unterstützung Belgiens und Frankreichs für mörderische Kleptokraten wie den kongolesischen Diktator Mobuto und den zentralafrikanischen «Kaiser» Bokassa sind dafür eindrückliche Beispiele. Es soll hier nicht behauptet werden, dass der westliche Einfluss in der Postkolonialzeit immer und ungeteilt positiv war. Auch hier ist alles relativ: Es kommt darauf an, ob Länder mit starken Verbindungen zu den ehemaligen Kolonialmächten im Allgemeinen mehr oder weniger prodemokratischen Einflüssen ausgesetzt waren als Länder ohne solche postkolonialen Verbindungen zum Westen. Die Fakten deuten darauf hin, dass sich der Einfluss des Westens auf Demokratie und Menschenrechte häufiger positiv als negativ erwiesen hat.

Die Puzzleteile zusammengefügt

Bisher haben wir uns nur jeweils eine der alternativen Erklärungen angesehen. Es könnte jedoch so sein, dass nicht ein einzelner Einfluss, sondern das Zusammenspiel verschiedener Faktoren den Unterschied zwischen islamischen und nichtislamischen Ländern erklären kann. Islamische Länder sind im Durchschnitt ärmer, sie sind wirtschaftlich stärker von Rohstoffen abhängig und sie waren nicht oder nur kurz dem Einfluss des westlichen Kolonialismus ausgesetzt. Können diese Faktoren zusammengenommen den Unterschied zwischen islamischen und nichtislamischen Ländern erklären? Um dies zu untersuchen, können wir sogenannte multivariate statistische Methoden verwenden, die es ermöglichen, den Einfluss verschiedener Faktoren gleichzeitig zu untersuchen. Die Ergebnisse dieser Analysen zeigen, dass alle Faktoren einen unabhängigen Beitrag zur Erklärung der Demokratisierung leisten. Eine geringe Rohstoffabhängigkeit, wirtschaftlicher Wohlstand und eine westliche koloniale Vergangenheit haben alle einen positiven und statistisch signifikanten Einfluss auf die Wahrscheinlichkeit, dass ein Land 2018 demokratisch ist. Für den Unterschied zwischen islamischen und nichtislamischen Ländern ist die Abhängigkeit von Öl und anderen Rohstoffen die wichtigste Erklärung, gefolgt von der kolonialen Vergangenheit und dem Wohlstandsniveau. Was die koloniale Vergangenheit betrifft, so steht dieses Ergebnis im Widerspruch zu der populären Aussage, dass der westliche Kolonialismus für die Krise der islamischen Welt verantwortlich sei. Das Gegenteil ist der Fall. Die islamische Welt wurde vom westlichen Kolonialismus weniger beeinflusst als der Rest der nichtwestlichen Welt, und gerade diese geringere historische Prägung durch westliche Ideen und Institutionen hat negative Auswirkungen auf die Entwicklungsmöglichkeiten der Demokratie in der islamischen Welt.

Der größte Teil des Unterschieds (60 Prozent) zwischen islamischen und nichtislamischen Ländern lässt sich jedoch nicht durch Ressourcenabhängigkeit, die koloniale Vergangenheit oder das Wohlstandsniveau erklären.[20] Das bestätigt das Bild, mit dem wir dieses

Kapitel begonnen haben. Wenn wir ein islamisches und ein nichtmuslimisches Land betrachten, die in anderen relevanten Aspekten ähnlich sind – ein vergleichbares Wohlstandsniveau, eine ähnliche koloniale Vergangenheit und die gleiche Abhängigkeit von Ressourcen –, ist die Wahrscheinlichkeit groß, dass das nichtmuslimische Land demokratisch ist und das islamische Land ganz oder teilweise unfrei. Das gilt nicht nur für Mauritius und die Malediven, sondern zum Beispiel auch für Griechenland und die Türkei. Beide Länder waren über lange Zeit Teil des Osmanischen Reiches – mit der Türkei in der Rolle des Kolonisators und Griechenland als unterworfene Nation – und liegen heutzutage einkommensmäßig nicht weit auseinander, aber Griechenland ist (mit einem Freedom House-Wert von 2 im Jahr 2018) der Militärdiktatur längst entkommen, während die Türkei nun zum wiederholten Mal in die Diktatur zurückgefallen ist (Freedom House-Wert 5,5).

Hat der Mangel an Freiheit und Demokratie in der islamischen Welt nun tatsächlich mit Religion zu tun? Da alternative Erklärungen für die großen Unterschiede zwischen islamischen und nicht islamischen Ländern nicht stichhaltig sind, hat es den Anschein. Aber andere Erklärungen auszuschließen, wie wir es in diesem Kapitel versucht haben, ist nur eine Seite der Geschichte. Wir müssen auch zeigen, dass die Unfreiheit in islamischen Ländern tatsächlich religiöse Wurzeln hat. Das ist das Thema des nächsten Kapitels.

3.

Die religiösen Wurzeln der Unfreiheit

Die Erben von Britisch-Indien

Am 15. August 1947 verlor das Britische Weltreich sein «Kronjuwel». Britisch-Indien wurde aufgeteilt in das heutige Indien mit einer hinduistischen Bevölkerungsmehrheit und Pakistan mit einer islamischen Mehrheit. Diese «partition» (Teilung) wurde von viel Blutvergießen – die Schätzungen der Opferzahlen reichen von mehreren Hunderttausend bis zwei Millionen – und von massiven Flüchtlingsbewegungen begleitet. Mehr als sieben Millionen Hindus und Sikhs flohen von Pakistan nach Indien und ebenso viele Muslime gingen den umgekehrten Weg.[1] Nach einem blutigen Bürgerkrieg fiel Pakistan 1971 in Bangladesch (ehemals Ostpakistan) und Pakistan (ehemals Westpakistan) auseinander. Die drei Länder, die aus dem ehemaligen Britisch-Indien hervorgegangen sind, zeigen einmal mehr die demokratische Kluft zwischen der islamischen und der nichtislamischen Welt. Indien (mit einem Freedom House Wert von 2,5 im Jahr 2018) ist sicherlich nicht perfekt, aber trotz Armut und tiefer ethnischer und religiöser Spaltungen ist es seit der Unabhängigkeit mit 1,3 Milliarden Einwohnern die größte Demokratie der Welt geblieben. Bangladesch (Freedom House Wert 4) und Pakistan (4,5) hingegen wurden während ihrer gesamten Existenz von Staatsstreichen und Militärdiktaturen heimgesucht, und die Demokratie hat dort nie Fuß gefasst. Dies kann nicht auf die Faktoren zurückzuführen sein, die wir im vorherigen Kapitel diskutiert haben. Alle drei

Auf dem Weg zur Trennung von Hindus und Muslimen: Jawaharlal Nehru (links), Vizepräsident der indischen Interimsregierung, Lord Mountbatten (Mitte, schräg hinter ihm sein Berater), Vizekönig von Britisch-Indien, und Muhammad Ali Jinnah (rechts), Präsident der Muslimliga, bei den Unabhängigkeitsverhandlungen am 2. Juni 1947 in New Delhi. Jinnah vertrat die Meinung, dass Hindus und Muslime nicht zusammen in einem Land leben könnten, da sie grundsätzlich verschiedene Gesellschaftsordnungen verträten. Bei den gewaltsamen Auseinandersetzungen während der Teilung von Indien und Pakistan kamen bis zu zwei Millionen Menschen ums Leben.

Länder sind arm (Indien, Pakistan und Bangladesch hatten 2015 ein Pro-Kopf-BSP von 1600, 1400 bzw. 1200 Dollar), sie haben wenig natürliche Ressourcen, und sie teilen die gleiche Kolonialgeschichte.

Der Mangel an Demokratie in Pakistan und zunehmend auch in Bangladesch geht einher mit einem hohen Maß an religiöser Intoleranz und einer mangelnden Trennung zwischen Staat und Religion. Dies begann bereits mit der Teilung Britisch-Indiens, die hauptsächlich das Ergebnis des anhaltenden Drucks der All India Muslim League von Muhammad Ali Jinnah war, der später der erste Führer Pakistans wurde. Die Muslim League lehnte die Idee eines religiös pluralistischen Indiens ab und kämpfte für einen eigenen muslimischen Staat unter dem Namen «Pakistan». Nach der Zwei-Nationen-Theorie der Liga war es für Hindus und Muslime unmöglich, in einem Staat zusammenzuleben. In Jinnahs Worten:

> Es ist schwer vorstellbar, warum unsere hinduistischen Freunde die wahre Natur des Islam und des Hinduismus nicht verstehen. Es sind keine Religionen im engeren Sinne des Wortes, sondern wesentlich unterschiedliche Gesellschaftsordnungen, und es ist ein Traum, dass Hindus und Muslime eines Tages eine gemeinsame Nation bilden könnten. Zwei solcher Nationen unter das Joch eines Staates zu bringen, eine als numerische Minderheit und die andere als Mehrheit, kann nur zu wachsender Unzufriedenheit und der letztendlichen Zerstörung der Grundlagen für die Regierung eines solchen Staates führen.[2]

Nach der Unabhängigkeit ließen die pakistanischen Führer keinen Zweifel daran, dass Pakistan ein islamischer Staat war, dem sich Anhänger anderer Religionen einzufügen hatten. Mit der neuen Verfassung von 1956 wurde das Land in «Islamische Republik Pakistan» umbenannt – und damit die erste islamische Republik der Welt. Die Verfassung schreibt vor, dass der Präsident des Landes ein Muslim sein muss und dass keine Gesetze verabschiedet werden dürfen, die dem Koran und der Sunna – der «Handlungsweise des Propheten» – widersprechen.

Die Rolle des Islam wurde mit den Verfassungsänderungen von 1962 und 1973 weiter gestärkt.[3] So enthält die Verfassung von 1973 eine genaue Definition des Begriffs «Muslim», was dazu führte, dass die Mitglieder der islamischen Minderheit der Ahmadiyya zu Nichtmuslimen erklärt wurden. Die Islamisierung Pakistans gewann während der Diktatur von General Zia ul-Haq von 1977 bis 1988 weiter an Dynamik. Unter Zia wurde die Scharia zu einem integralen Bestandteil der pakistanischen Gesetzgebung, einschließlich des Strafrechts.[4] Das bedeutete unter anderem, dass Körperstrafen wie Auspeitschung eingeführt wurden, dass neue Straftaten wie außerehelicher Sex in das Gesetz aufgenommen wurden, dass die Blasphemiegesetze verschärft wurden, dass die Aussage von zwei Frauen in

Scharia-Fällen der eines Mannes gleichkam und dass Mitglieder der Ahmadiyya zu einer Gefängnisstrafe verurteilt wurden, wenn sie sich selbst als Muslime bezeichneten. Darüber hinaus bedeutete der neue Straftatbestand der «falschen Anschuldigung des außerehelichen Geschlechtsverkehrs», dass Tausende von Frauen, die ihre Vergewaltigung nach islamischem Recht nicht nachweisen konnten, selbst im Gefängnis landeten. Die Beleidigung von Mohammed wird mit der Todesstrafe geahndet. Obwohl diese bisher noch nie vollstreckt wurde, befinden sich derzeit etwa vierzig Menschen in der Todeszelle oder verbüßen lebenslange Haftstrafen wegen Beleidigung des Propheten. Das bekannteste Opfer der pakistanischen Blasphemiegesetzgebung war die Christin Asia Bibi. Sie wurde 2010 zum Tod verurteilt, nachdem muslimische Frauen aus ihrem Dorf sie nach einem Streit am Wasserbrunnen beschuldigt hatten, den Propheten beleidigt zu haben. Dank großen internationalen Drucks konnte sie 2019 das Land verlassen und erhielt Asyl in Kanada. Dutzende von Menschen, denen man Blasphemie vorwarf, wurden von gewalttätigen Mobs ermordet. Die meisten Opfer sind Angehörige religiöser Minderheiten wie Christen oder Ahmadiyya-Muslime. Mehrere pakistanische Politiker, die sich für die Liberalisierung der Blasphemiegesetzgebung einsetzten, mussten in letzter Zeit mit ihrem Leben dafür zahlen.[5]

Auch in Bangladesch ist der Islam die Staatsreligion, aber im Gegensatz zu Pakistan ist die Gesetzgebung überwiegend säkulär geprägt. Eine Ausnahme bildet das Familienrecht, das für Muslime auf der Scharia basiert. Das islamische Familienrecht in Bangladesch verletzt in vielen Punkten die Rechte von Frauen: Ehen können ab dem fünfzehnten Lebensjahr und unter bestimmten Bedingungen auch ab dreizehn Jahren geschlossen werden; Polygamie ist erlaubt; Männer können sich von ihren Frauen durch Verstoßung scheiden lassen (durch das dreifache Aussprechen der Talaq, der Verstoßungsformel); Frauen können ihr Recht auf Unterhalt verlieren, wenn sie sich geweigert haben, ihren Männern sexuell zur Verfügung zu stehen; nach der Scheidung hat der Vater das gesetzliche Sorgerecht für die Kinder – die Mutter hat nur das Recht, Jungen bis zum Alter

Fundamentalistische Muslime in Pakistan fordern die Todesstrafe für die Christin Asia Bibi. Muslimische Frauen aus ihrem Dorf hatten sie nach einem Streit am Wasserbrunnen beschuldigt, den Propheten Mohammed beleidigt zu haben. 2010 wurde sie wegen Blasphemie zum Tod verurteilt. Sie konnte Pakistan 2019 verlassen und lebt jetzt in Kanada.

von sieben Jahren und Mädchen bis zur Pubertät zu betreuen, aber dieses Recht erlischt, wenn die Mutter wieder heiratet; weibliche Erben haben das Recht auf nur die Hälfte des Anteils männlicher Erben; und so weiter.[6] Nach dem von der Organisation für wirtschaftliche Zusammenarbeit und Entwicklung (OECD) erstellten Index zur Diskriminierung von Frauen im Familienrecht in 160 Ländern steht Bangladesch nach Niger (ebenfalls ein Land mit islamischer Mehrheitsbevölkerung) an zweiter Stelle der Länder der Welt.[7]

In Bangladesch gibt es übrigens auch ein eigenes Familienrecht für Hindus auf der Grundlage religiöser Regeln, das bemerkenswerterweise deutlich konservativer ist als das Familienrecht in Indien und unter anderem die Scheidung sehr erschwert, was sich natürlich besonders nachteilig für Frauen auswirkt. Gegen die Tatsache, dass die

Gesetzgebung Bangladeschs außerhalb des Familienrechts auf einer säkularen Basis beruht, wird zunehmend von fundamentalistischen muslimischen Gruppen aufbegehrt. In den letzten Jahren wurden Dutzende säkulare Journalisten und Intellektuelle, Hindus, Christen, Ahmadiyya-Muslime und Homosexuelle Opfer von Mordanschlägen.[8]

Für westliche Verhältnisse ist Indien sicherlich kein Paradies der religiösen Toleranz, und der hinduistische Nationalismus ist dort auf dem Vormarsch. Wie in Pakistan und Bangladesch gibt es viel Gewalt zwischen religiösen Gruppen, insbesondere zwischen Hindus und Muslimen, mit Dutzenden von Todesopfern pro Jahr. Unter dem Einfluss der hindu-nationalistischen Regierung von Narendra Modi, die seit 2014 an der Macht ist, hat die Gewalt gegen Muslime zugenommen. Unter anderem wurden Muslime in verschiedenen Vorfällen ermordet, weil ihnen vorgeworfen wurde, Kühe – die vielen Hindus heilig sind – geschlachtet oder Rindfleisch in ihrem Besitz zu haben. Aber im Gegensatz zu Pakistan und Bangladesch kommt religiöse Gewalt in Indien nicht nur von der Mehrheit, sondern auch von der muslimischen Minderheit. Offizielle Statistiken zeigen, dass es unter den Opfern religiöser Gewalt etwa so viele Muslime wie Hindus gibt.[9] Das macht die Situation für die Opfer nicht weniger schlimm, aber es zeigt, dass im Gegensatz zu Bangladesch und Pakistan, wo es praktisch keine Gewalt von Minderheiten gegen die muslimische Mehrheit gibt, die Macht- und Gewaltbilanz zwischen der Mehrheit und Minderheiten in Indien weniger einseitig ist.

Im Gegensatz zu seinen islamischen Nachbarn hat Indien keine Staatsreligion und definiert sich in der Verfassung als säkularer Staat. Dies spiegelt sich auch in dem Ausmaß wider, in dem Nicht-Hindus in die wichtigsten politischen Positionen eingedrungen sind. Die kleine Sikh-Minderheit (1,7 Prozent der indischen Bevölkerung) stellte sowohl einen der indischen Präsidenten (Gian Zail Singh, von 1982 bis 1987) als auch den bisher dienstältesten Premierminister (Manmohan Singh, von 2004 bis 2014). Nicht weniger als vier der vierzehn Präsidenten, die Indien seit der Unabhängigkeit hatte, waren Muslime (der letzte war Abdul Kalam, von 2002 bis 2007). In Bangladesch hat noch nie ein Hindu eines der höchsten politischen Ämter bekleidet, und in Pakistan ist es sogar verfassungsrechtlich unmöglich: Seit 1973 ist festgelegt, dass nicht nur der Präsident, sondern auch der Premierminister muslimisch sein muss.

Tabelle 3.1: Religiöse Zusammensetzung der Bevölkerung im Gebiet des heutigen Indien, Pakistan und Bangladesch 1941, 1951 und 2010

	Indien			Pakistan			Bangladesch		
	1941	1951	2010	1941	1951	2010	1941	1951	2010
Muslime	12,2%	10,4%	14,4%	78,8%	97,1%	96,4%	70,3%	76,9%	90,4%
Hindus, Sikhs und andere lokale Religionen	85,6%	87,3%	83,1%	19,7%	1,6%	2,0%	29,6%	22,9%	9,3%
Christen	2,2%	2,3%	2,5%	1,5%	1,3%	1,6%	0,1%	0,2%	0,3%
Gesamt	100,0%	100,0%	100,0%	100,0%	100,0%	100,0%	100,0%	100,0%	100,0%

Quellen: Joshi et al. 2003; Pew Research Center.

Der beste Beweis dafür, dass es um die Position religiöser Minderheiten in Indien viel besser bestellt ist als in Bangladesch und sicherlich auch als in Pakistan, ist die Tatsache, dass Millionen von Mitgliedern religiöser Minderheiten mit den Füßen abgestimmt und die beiden islamischen Länder verlassen haben. Vor der Unabhängigkeit hatte Britisch-Indien eine religiös vielfältige Bevölkerung. Hindus bildeten mit 72 Prozent der Bevölkerung eine klare Mehrheit, aber es gab auch viele Muslime (24 Prozent der Bevölkerung), Sikhs (2 Prozent), Christen (2 Prozent) und zahlreiche kleine religiöse Minderheiten wie Buddhisten und Jainas. Wie Tabelle 3.1 zeigt, ist diese religiöse Vielfalt in Indien bis heute weitgehend erhalten.[10] Infolge der religiösen Gewalt und des Bevölkerungsaustauschs im Zuge der Unabhängigkeit sank der Anteil der Muslime im Gebiet des heutigen Indien zwar anfänglich von 12 auf 10 Prozent der Bevölkerung, erholte sich aber danach wieder. Mit einer muslimischen Bevölkerung von 176 Millionen im

Jahr 2010 hat Indien heute nach Indonesien die zweitgrößte muslimische Bevölkerung der Welt. Prozentual ist der Anteil der Muslime an der indischen Bevölkerung seit der Unabhängigkeit sogar von 12 auf 14 Prozent gestiegen. Auch die Bevölkerungsanteile der Sikhs und anderer kleinerer religiöser Gruppen sind stabil geblieben oder gestiegen.

Pakistan und Bangladesch dagegen haben sich in genau die gegengesetzte Richtung entwickelt. In Pakistan war es mit der religiösen Vielfalt bereits kurz nach der Unabhängigkeit vorbei. Vor der Unabhängigkeit machten Hindus etwa 15 Prozent und Sikhs fast 5 Prozent der Bevölkerung im Gebiet des heutigen Pakistan aus. 1951 gab es dort nur noch 1,6 Prozent Hindus und fast keine Sikhs mehr. Fast alle Jainas, die auf pakistanischem Gebiet lebten, flohen ebenfalls nach Indien. Heute ist Pakistan mit einem Bevölkerungsanteil von über 96 Prozent nahezu homogen islamisch. Vor der Unabhängigkeit war das Gebiet des heutigen Bangladesch religiös vielfältiger als Westpakistan: Muslime machten 70 Prozent der Bevölkerung aus, Hindus 30 Prozent. Im Gegensatz zu Pakistan blieb diese Vielfalt auch nach der Unabhängigkeit noch einige Zeit bestehen: 1951 war die hinduistische Bevölkerung zwar zurückgegangen, aber mit 23 Prozent immer noch beträchtlich. Im Laufe der Zeit sank dieser Anteil jedoch immer mehr, teils aufgrund niedrigerer Geburtenraten, vor allem aber aufgrund der Migration nach Indien. Der bengalische Ökonom Abul Barkat schätzt, dass zwischen 1964 und 2013 11,3 Millionen Hindus das Land verlassen haben. Heute machen Hindus nur noch 8,5 Prozent der Bevölkerung von Bangladesch aus. Wenn es so weitergeht, so prognostiziert Barkat, wird es in dreißig Jahren praktisch keine Hindus mehr in Bangladesch geben.[11]

Diskriminierung religiöser Minderheiten

Pakistan und Bangladesch sind keine Ausnahmen. Die Länder im Nahen Osten hatten früher große christliche und jüdische Minderheiten, aber durch Gewalt und systematische Diskriminierung haben diese in großer Zahl anderswo Zuflucht gesucht. Zwischen 1910 und 2010 sank der Anteil der Christen in den Ländern des Nahen Ostens von 14 auf 4 Prozent.[12] Unter dem Einfluss der jüngsten Gewalt des IS und anderer Terrorgruppen hat sich der Exodus der Christen aus Ländern wie Syrien und dem Irak weiter beschleunigt, und sie sind auf dem besten Weg, «christenfrei» zu werden.

Wenn wir islamischen Führern und vielen westlichen Meinungsmachern und Politikern glauben wollen, wird die Welt heute von einer weit verbreiteten «Islamophobie» heimgesucht. In Wirklichkeit gibt es keinen Teil der Welt, in dem religiöse Diskriminierung religiöser Minderheiten und Gewalt gegen sie so hart und so weit verbreitet sind wie in der islamischen Welt. Diese wenden sich nicht nur gegen Anhänger anderer Religionen, sondern auch gegen Muslime, die einer anderen Glaubensrichtung angehören oder einer liberalen Form des Islam folgen. Nicht umsonst sind in den letzten Jahrzehnten Millionen Menschen – Muslime und Nichtmuslime – aus islamischen Ländern geflohen. Man denke nur an die vielen Flüchtlinge aus dem Irak, Iran, Libanon, Syrien, Afghanistan und Somalia, die in Europa, Amerika und Australien eine neue Heimat gefunden haben. Ein umgekehrtes Phänomen gibt es nicht: Angesichts des kläglichen Zustands der Rechte religiöser Minderheiten in der muslimischen Welt wird kaum ein Christ, Hindu oder Buddhist auf die Idee kommen, in ein islamisches Land zu flüchten.

Die Rechtslage von Minderheiten weltweit kann auf der Grundlage des renommierten *Minorities at Risk*-Projekts unter der Leitung des amerikanischen Politikwissenschaftlers Ted Robert Gurr verglichen werden.[13] Auf der Grundlage dieser Daten hat sein israelischer Kollege Jonathan Fox eine Übersicht über die Situation von 597 religiösen Minderheiten in 176 Ländern erstellt: verschiedene christliche Minderheiten in 150 Ländern, islamische Minderheiten in 145 Ländern und andere religiöse Minderheiten (darunter Hindus, Juden, Buddhisten, Bahais, Drusen, Animisten) in 130 Ländern.[14] Religiöse Minderheiten können auch Minderheitsströmungen der dominanten Religion sein, etwa Protestanten in katholischen oder orthodox-christlichen Ländern oder Schiiten in mehrheitlich sunnitisch-islamischen Ländern. Die

Daten umfassen verschiedene Formen der religiösen Diskriminierung und Unterdrückung, darunter Einschränkungen der religiösen Versammlungsfreiheit oder des Baus von Gotteshäusern; Gesetze, die Minderheiten verpflichten, sich an die Regeln der Mehrheitsreligion zu halten; verpflichtender Unterricht in der Mehrheitsreligion; Beschränkungen des Tragens von religiöser Kleidung und Symbolen; Regeln, die die Verbreitung religiöser Schriften durch Minderheiten einschränken; sowie Missionierungsverbote und die Bestrafung der Bekehrung von Mitgliedern der Mehrheitsreligion zu einer Minderheitsreligion. Glücklicherweise genießen religiöse Minderheiten in den meisten Ländern Religionsfreiheit und werden bei der Ausübung ihrer Religion kaum oder gar nicht eingeschränkt. Aber einige religiöse Minderheiten sind einer ganzen Reihe von ernsthaften Einschränkungen ausgesetzt.

Tabelle 3.2 zeigt, welche Minderheiten in welchen Ländern im Jahr 2008 stark diskriminiert oder unterdrückt wurden. Als Grenzwert für schwere Diskriminierung nehme ich einen Wert von mehr als 10 auf dem Fox-Index, der von 0 für Minderheiten, die keiner Form von Einschränkung ihrer Religionsfreiheit ausgesetzt sind (39 Prozent aller religiösen Minderheiten), bis hin zu maximal 38 reicht. Christen werden in 38 Ländern stark diskriminiert: 24 davon (63 Prozent) sind islamische Länder, darunter Iran, Saudi-Arabien, Pakistan, die Türkei, Ägypten, Malaysia sowie die islamischen nördlichen Bundesstaaten Nigerias. Außerhalb der islamischen Welt sind Christen in einer Reihe von buddhistischen Ländern (Bhutan, Myanmar, Laos) sowie in kommunistischen Ländern wie China, Nordkorea, Vietnam und Kuba, die jede Form der Religion unterdrücken, schwerer Diskriminierung ausgesetzt. Eine Reihe christlich-orthodoxer Länder (wie Russland, Weißrussland, Georgien und Eritrea) diskriminieren nichtorthodoxe Christen. Nicht nur Christen, sondern auch andere nichtmuslimische Minderheiten werden insbesondere in islamischen Ländern mit Unterdrückung konfrontiert: von den zwanzig Ländern, in denen solche Minderheiten stark diskriminiert werden, sind dreizehn (65 Prozent) muslimisch. Dazu gehören Hindus in Pakistan, Buddhisten in Malaysia, Bahais im Iran, Drusen in Jordanien, Konfuzianer in Indonesien und Zoroastrier in Afghanistan.

Tabelle 3.2: Länder, in denen christliche, islamische und andere religiöse Minderheiten schwerer Diskriminierung und Verfolgung ausgesetzt sind (Situation im Jahr 2008)

	In Ländern mit christlicher Mehrheit	In Ländern mit islamischer Mehrheit	In Ländern mit einer anderen religiösen Mehrheit	Gesamt
Christliche Minderheiten	Armenien, Kuba, Eritrea, Georgien, Mazedonien, Russland, Serbien, Weißrussland	Afghanistan, Algerien, Aserbaidschan, Brunei, Ägypten, Iran, Jemen, Jordanien, Katar, Kasachstan, Kuwait, Komoren, Libyen, Malaysia, Malediven, Mauretanien, Nordnigeria, Usbekistan, Pakistan, Saudi-Arabien, Sudan, Türkei, Turkmenistan, Vereinigte Arabische Emirate	Bhutan, China, Laos, Myanmar, Nordkorea, Vietnam	38 Länder
Islamische Minderheiten	Deutschland, Georgien, Russland, Weißrussland	Aserbaidschan, Irak, Malaysia, Saudi-Arabien, Pakistan	China, Myanmar	11 Länder
Andere religiöse Minderheiten	Kuba, Eritrea, Georgien, Russland, Weißrussland	Afghanistan, Brunei, Indonesien, Iran, Jordanien, Katar, Kuwait, Malaysia, Malediven, Pakistan, Saudi-Arabien, Sudan, Vereinigte Arabische Emirate	Bhutan, China	20 Länder
Gesamt	9 Länder	25 Länder	6 Länder	

Quelle: Fox (2016)

Muslimische Minderheiten hingegen werden nur in elf Ländern stark diskriminiert, und in fünf davon werden sie von einer islamischen Mehrheit unterdrückt. Schiiten werden zum Beispiel in Malaysia und Saudi-Arabien stark diskriminiert, bis 2008 auch im Irak. Als dort 2008 die Schiiten die Macht übernahmen, fingen sie an, die Sunniten zu diskriminieren, was eine wichtige Erklärung dafür ist, dass die sunnitische Terrorgruppe IS zunächst die lokale Bevölkerung in sunnitischen Teilen des Irak für sich gewinnen konnte. Auch in Aserbaidschan werden Sunniten stark diskriminiert, und in Pakistan werden die Ahmadiyya-Muslime verfolgt. Dagegen werden in nur sechs nichtmuslimischen Ländern Muslime stark diskriminiert: China, Georgien, Myanmar, Russland, Weißrussland und schließlich Deutschland, das (mit einem Wert von 12 auf dem Fox-Index) die zweifelhafte Ehre hat, das einzige westliche Einwanderungsland zu sein, in dem Muslime laut *Minorities at Risk* im Vergleich zu anderen Religionsgruppen stark benachteiligt werden. Dies ist darauf zurückzuführen, dass Religionsgemeinschaften, die vom Staat als Körperschaft des öffentlichen Rechts anerkannt sind, eine Reihe von Privilegien erhalten, etwa das Recht auf Religionsunterricht in öffentlichen Schulen oder staatliche Zuschüsse für Wohlfahrtsverbände. Bis auf wenige regionale Ausnahmen wurde dieser offizielle Status islamischen Organisationen im Gegensatz zu verschiedenen christlichen und jüdischen Religionsgemeinschaften noch nicht verliehen.

Insgesamt sind islamische Länder, wie Tabelle 3.2 zeigt, unter den «Tätern», die die Rechte religiöser Minderheiten schwerwiegend verletzen, stark überrepräsentiert: 25 der 40 Länder (60 Prozent), in denen solche Verletzungen vorkommen, sind islamisch, obwohl islamische Länder nur ein Viertel der Länder der Welt ausmachen. Gleichzeitig sind Muslime unter den «Opfern» religiöser Unterdrückung unterrepräsentiert. In nur elf Ländern sind sie mit gravierenden Einschränkungen ihrer Religionsfreiheit konfrontiert, und in der Hälfte dieser Fälle geht es dabei um Unterdrückung durch andere Muslime.

Die Daten von Gurr und Fox beziehen sich nur auf Anhänger von Minderheitsreligionen oder -konfessionen. Aber die Gruppe, die wahrscheinlich am meisten von religiöser Unterdrückung betroffen ist, sind diejenigen, die nicht oder nicht mehr glauben, die Atheisten und Humanisten. In der islamischen Rechtstradition ist Apostasie oder Abtrünnigkeit eines der schwersten Verbrechen, das eine Person begehen kann. Der Glaubensabfall ist in 23 Ländern strafbar, die alle muslimisch sind. In zwölf Ländern kann der Glaubensabfall sogar mit dem Tode bestraft werden: Afghanistan, Iran, Jemen, Malaysia, die Malediven, Mauretanien, Pakistan, Katar, Saudi-Arabien, Somalia, Sudan und die Vereinigten Arabischen Emirate. Hinzu kommt der islamische Norden Nigerias.[15]

Gesetze gegen Blasphemie oder Gotteslästerung sind eine weitere Quelle der Verfolgung sowohl von Atheisten als auch von religiösen Minderheiten. Solche Gesetze gibt es in etwa einem Viertel aller Länder der Welt. In vielen dieser Länder sind sie ein Relikt der Vergangenheit, das kaum mehr angewandt wird. Auch in Deutschland, Österreich und der Schweiz ist Blasphemie noch strafbar, und es kommt gelegentlich zu Verurteilungen mit geringfügigen Strafen. Zum Beispiel wurde 2006 in Deutschland ein Mann zu 300 Stunden gemeinnütziger Arbeit und einer zwölfmonatigen Bewährungsstrafe verurteilt, weil er Toilettenpapier mit der Aufschrift «Der heilige Qur'an» bedruckt hatte. In einem aufsehenerregenden Fall wurde 2009 in Österreich eine Lehrerin zu einer Geldstrafe von 480 Euro verurteilt, weil sie die Ehe des Propheten Mohammed mit seiner minderjährigen Frau Aischa als Pädophilie bezeichnet hatte. Auch in den Niederlanden gab es bis 2012 ein Blasphemiegesetz, das zuletzt in den sechziger Jahren des letzten Jahrhunderts zur Verfolgung des Schriftstellers Gerard Reve angewandt wurde. Der hatte beschrieben, wie er im Traum analen Sex mit Gott in Form eines Esels hatte. Christliche Organisationen reichten eine Reihe von Klagen ein und gingen bis zum Obersten Gerichtshof, doch der vermeintliche Blasphemist Reve gewann alle Prozesse. Der Schriftsteller konnte seinen Weg fortsetzen, ohne um sein Leben fürchten zu müssen.

In der islamischen Welt dagegen gehen die Folgen von Blasphemie weit über eingestellte Gerichtsverfahren, Geldbußen oder gemeinnützige Arbeit hinaus. Salman Rushdie musste wegen seines angeblich blasphemischen Buches *Die satanischen Verse* jahrelang untertauchen, und Dutzende von Menschen wurden bei Protesten gegen das Buch oder bei Anschlägen auf Verleger, Übersetzer und andere Beteiligte getötet. In vielen islamischen Ländern bringt einen der Vorwurf der Blasphemie in Lebensgefahr. So wurden im Oktober 2017 in Pakistan drei Ahmadis wegen Beleidigung des Islam zum Tode verurteilt, weil sie angeblich ein Anti-Ahmadiyya-Poster von einer Wand entfernt hatten. Ein vierter Verdächtiger war bereits in der Polizeizelle gestorben.[16] In Mauretanien wurde der Blogger Mohamed Cheikh Ould M'Kheitir 2014 zum Tode verurteilt, weil er einen Artikel gegen die Unterdrückung dunkelhäutiger Mauretaner veröffentlicht hatte, in dem er es gewagt hatte, Korantexte und überlieferte Traditionen aus dem Leben des Propheten Mohammed zu kritisieren, die die Sklaverei legitimieren. 2017 wurde die Strafe in der Berufsinstanz auf vier Jahre Gefängnis gesenkt, weil M'Kheitir Reue gezeigt habe. Tausende von wütenden Mauretanern protestierten vor dem Gerichtssaal gegen seine Freilassung. Im April 2018 verschärfte das mauretanische Parlament die Gesetze gegen Apostasie und Blasphemie so, dass Angeklagte der Todesstrafe nicht mehr durch Reue entgehen können.[17]

Der Islam als Rechtsquelle

Die Tatsache, dass nichtislamische Minderheiten oder Muslime, die nicht der Mehrheitsströmung eines Landes angehören, in vielen islamischen Ländern einen so schlechten Rechtsstatus haben, hängt mit der mangelnden Trennung zwischen Staat und Religion zusammen. Ihre theologischen Wurzeln liegen darin, dass ein großer Teil des Korans von Mohammed verkündet wurde, nachdem er und seine Anhänger die Macht in Medina übernommen hatten. Die andere primäre Quelle des Islam, die Sunna – die Überlieferungen zum Leben des Propheten –, bezieht sich in großen Teilen auf den Propheten als weltlichen und religiösen Führer sowie als Oberbefehlshaber der Armee eines islamischen Reiches, das sich durch Eroberungen rasch ausdehnte. Die Quellentexte des Christentums sind dagegen dadurch geprägt, dass Jesus und seine Anhänger in den ersten Jahrhunderten eine verfolgte Minderheit im Römischen Reich waren, die nur durch die Anerkennung der weltlichen Macht des Kaisers überleben konnte. Darauf verweist unter anderem die berühmte Aussage Jesu in Matthäus 22, in der er auf die Frage von Pharisäern nach der Steuerzahlung an den Kaiser antwortet: «So gebt dem Kaiser, was des Kaisers ist, und Gott, was Gottes ist!»

Natürlich müssen 1400 bis 2000 Jahre alte religiöse Texte nicht das Denken und Handeln der Gläubigen in der Gegenwart bestimmen. Sie können im Lichte der sich rasch verändernden sozialen Beziehungen seit ihrer Entstehung und des fortschreitenden moralischen Bewusstseins der Menschheit in Bezug auf Themen wie Demokratie, Religionsfreiheit, Geschlechtergleichstellung und andere Menschenrechte neu interpretiert werden. Der Schlüssel zu einer solchen Neuinterpretation ist die Einsicht, dass religiöse Schriften im Kontext ihrer Zeit und ihres Ursprungsortes verstanden werden müssen und somit keine wörtliche, ewige und kontextunabhängige Gültigkeit haben. Fundamentalistische religiöse Interpretationen widersetzen sich ausdrücklich solchen Neuinterpretationen und bestehen auf der wörtlichen Gültigkeit der heiligen Texte, und im Falle des Islam auch darauf, in der eigenen Lebensweise dem Beispiel des Propheten akribisch nachzufolgen. Genau hier liegt die Gefahr des fundamentalistischen Islam. Die Aussagen des Korans und der Sunna buchstäblich zu befolgen bedeutet, einen islamischen Staat mit einer Rechtsordnung, der Scharia, anzustreben, die auf vermeintlich direkt von Mohammed verkündeten, detaillierten, unveränderlichen und nicht weiter auslegungsbedürftigen Regeln beruht. Es wird oft behauptet, dass der islamische Fundamentalismus und die damit verbundene Ablehnung einer Trennung von Staat und Religion – auch bekannt als «politischer Islam» oder «Islamismus» – eine Randerscheinung innerhalb des heutigen Islam sei, die von der «großen Mehrheit» der «gemäßigten» Muslime abgelehnt wird. Leider basiert diese Behauptung größtenteils auf Wunschdenken darüber, wie man den Islam gerne sehen möchte. Sie steht jedenfalls nicht im Einklang mit den Fakten über den real existierenden Islam in der Welt von hier und jetzt.

Weltweit gibt es derzeit 39 unabhängige Staaten, in denen es keine verfassungsmäßige Trennung von Religion und Staat gibt, weil sie eine offizielle Staatsreligion haben. Elf von ihnen sind christlich. Das wichtigste Beispiel ist das Vereinigte Königreich, wo die Königin gleichzeitig das Oberhaupt der anglikanischen Kirche ist. In Europa haben weiter Island und Norwegen den lutherischen Protestantismus als Staatsreligion, Griechenland den griechisch-orthodoxen Glauben und Monaco und Liechtenstein den Katholizismus. Zwei Länder – Kambodscha und Bhutan – definieren sich als buddhistische Staaten, und Israel versteht sich auch im religiösen Sinne als jüdischer Staat. Die anderen 25 Länder ohne verfassungsmäßige Trennung von Religion und Staat sind alle islamisch, darunter Pakistan, Bangladesch, Marokko, Tunesien, Ägypten, Iran, Irak, Afghanistan, Malaysia und alle Staaten der Arabischen Halbinsel.[18] Eine Staatsreligion kann ein Relikt aus der Vergangenheit sein, das heute nur noch eine symbolische Funktion hat. Mehrere europäische Länder haben daher ihre frühere Staatsreligion offiziell abgeschafft. Schweden, Dänemark und Malta sind Beispiele dafür aus jüngerer Zeit. In Großbritannien und Norwegen hat das Phänomen der Staatsreligion abgesehen von symbolischen Ereignissen wie Krönungen und königlichen Hochzeiten wenig praktische Bedeutung.

In islamischen Ländern ist die verfassungsmäßige Verankerung des Islam jedoch keineswegs nur symbolisch und hat sehr konkrete und tiefgreifende Rechtsfolgen. In fast zwei von drei unabhängigen Staaten mit islamischer Bevölkerungsmehrheit (29 von 47) ist das Schariarecht Teil des Rechtssystems.[19] Dazu gehören alle Länder mit dem Islam als Staatsreligion, mit Ausnahme von Tunesien. Auf der anderen Seite gibt es vier Länder, die sich zwar nicht offiziell als islamische Staaten definieren, aber dennoch Schariarecht umgesetzt haben: der Sudan, Syrien, Gambia und Indonesien. In dreizehn islamischen Ländern basiert das Rechtssystem, einschließlich des Strafrechts, weitgehend oder vollständig auf dem Schariarecht. Dies gilt für Pakistan, Iran, Irak, Afghanistan, Saudi-Arabien, Katar, die Vereinigten Arabischen Emirate, Jemen, Somalia, Mauretanien, Sudan, die Malediven und Brunei. Schariarecht gilt außerdem in der indonesischen Provinz Aceh und in den nördlichen islamischen Staaten Nigerias. Das bedeutet unter anderem, dass Körperstrafen wie Peitschenhiebe und Steinigung verhängt werden können, dass außerehelicher Sex strafbar ist, dass in Schariaverfahren die Aussage einer Frau nur halb so schwer wiegt wie die eines Mannes und dass schwere Strafen auf Blasphemie und Abtrünnigkeit stehen. Sechzehn weitere Länder haben ein gemischtes System, in dem das Strafrecht (ganz oder weitgehend) weltlichen Charakter hat, aber das Familienrecht mit seinen geschlechtsdiskriminierenden Bestimmungen über Scheidung, Erbschaft und Polygamie auf dem Schariarecht basiert. Dazu gehören neben Bangladesch auch Marokko, Algerien, Libyen, Ägypten, Syrien, Jordanien, Kuwait, Bahrain, Libanon, Oman, die Komoren, Dschibuti, Gambia, Malaysia und Indonesien.

In nur 18 der 47 unabhängigen Staaten mit einer islamischen Mehrheitsbevölkerung ist das Schariarecht *keine* offizielle Rechtsquelle. Aber auch in vielen dieser Länder gelten Gesetze, die sich aus dem Schariarecht ableiten. In den fünf zentralasiatischen islamischen Ländern – Usbekistan, Kasachstan, Kirgisistan, Turkmenistan und Tadschikistan – ist die Bekehrung eines Muslims zu einem anderen Glauben ein Verbrechen. In Tunesien, einem der liberalsten islamischen Länder, verbot das Gesetz bis 2017 – der Scharia konform – muslimischen Frauen, Nichtmuslime zu heiraten, und immer noch ist, wie im Tschad und in Mali, ihr Erbteil nur halb so groß wie der männlicher Erben. Die derzeitige tunesische Regierung beabsichtigt, dieses diskriminierende Gesetz abzuschaffen, stößt aber auf starken Widerstand von Islamgelehrten, die dies als «flagranten Verstoß gegen die Regeln des Islam» ansehen.[20] Polygamie ist nicht nur in den Scharialändern, sondern auch im Tschad, in Mali und im Senegal legal, und eine Reihe von nicht-islamischen Ländern wie Indien und die Philippinen erlauben Polygamie speziell für Muslime. Obwohl in der Türkei kein Schariarecht gilt, gibt es auch dort keine Trennung zwischen Moschee und Staat. Türkische Moscheen und Imame stehen unter der direkten Kontrolle der Regierung, und Freitagspredigten werden zentral festgelegt und in allen Moscheen vorgelesen. Der Religionsunterricht ist sunnitisch geprägt und für alle Schulkinder verpflichtend, auch für ungläubige Kinder oder Anhänger nichtsunnitischer islamischer Strömungen (etwa die Aleviten, die 15–20 Prozent der türkischen Bevölkerung ausmachen). Nur Juden und die wenigen griechischen und armenischen Christen, die nach einem Jahrhundert von Verfolgung und Völkermord übriggeblieben sind, können nach dem Vertrag von Lausanne (1923) vom religiösen Pflichtunterricht ausgenommen werden.

Das Schariarecht ist nicht etwas, das von autoritären Politikern oder Klerikern gegen unwillige Bevölkerungen durchgesetzt wurde. In vielen islamischen Ländern sind große Mehrheiten der Bevölkerung der Meinung, dass die Scharia das Recht des Landes sein sollte.[21] Dies gilt für Länder, in denen das Rechtssystem bereits vollständig auf dem Schariarecht basiert, wie Afghanistan (99 Prozent für die Scharia als Recht des Landes) und Pakistan (84 Prozent), aber auch für Länder, in denen die Scharia bisher hauptsächlich auf das Familienrecht angewandt wurde, wie Malaysia (86 Prozent), Indonesien (72 Prozent), Marokko (83 Prozent), Bangladesch (82 Prozent) und Ägypten (74 Prozent). Noch beunruhigender ist, dass selbst in vielen Ländern, in denen die Scharia noch nicht ausdrücklich Teil des Rechtssystems ist, die Mehrheit der Bevölkerung dies wünscht, wie in Niger (86 Prozent), Mali (63 Prozent), Tunesien (56 Prozent) und Senegal (55 Prozent). Wie wir im vorherigen Kapitel gesehen haben, sind Tunesien und Senegal derzeit die einzigen islamischen Demokratien. Die Zahlen von Pew Research zeigen, dass auch dort die Demokratie auf einem wackeligen Fundament steht, denn eine Mehrheit der Bevölkerung hat antidemokratische Präferenzen. Es ist auch nicht beruhigend, dass selbst Muslime in einer Reihe von Ländern, in denen sie in der Minderheit sind, die Scharia als Landesrecht eingeführt sehen möchten, wie in Thailand (77 Prozent), Nigeria (71 Prozent), Kenia (64 Prozent), Ghana (58 Prozent) und Äthiopien (65 Prozent). In einigen postkommunistischen Ländern wie dem Kosovo, Albanien und den zentralasiatischen Ländern ist die Unterstützung für das Schariarecht jedoch immer noch gering: zwischen 8 Prozent in Aserbaidschan und 35 Prozent in Kirgisistan. Auch im Libanon (29 Prozent) und in der Türkei (12 Prozent) sind nur Minderheiten für die

Einführung der Scharia. Eine Tradition des Säkularismus scheint somit einen Puffer gegen den politischen Islam zu bilden. Dennoch: In 15 der 25 von Pew untersuchten islamischen Staaten befürwortet die Mehrheit der Bevölkerung die Beibehaltung oder Einführung der Scharia, ebenso wie Muslime in 10 der 13 untersuchten Länder, in denen die Mehrheit der Bevölkerung nicht-islamisch ist.

Islamische Apartheid: die Position der Frauen

Neben religiösen Minderheiten, Konvertiten und Atheisten sind Frauen die Hauptopfer religiös inspirierter Unterdrückung in islamischen Ländern. Die Regelung der Geschlechterverhältnisse im Schariarecht mag für die zu Lebzeiten Mohammeds herrschenden Verhältnisse auf der Arabischen Halbinsel vielleicht fortschrittlich und «frauenfreundlich» gewesen sein. Die Tatsache, dass die Aussage einer Frau im Schariarecht überhaupt zählt, dass Frauen überhaupt ein Erbe bekommen und dass Männer «nur» vier Frauen heiraten dürfen und das auch nur dann, wenn sie es sich leisten können, ihre Frauen gleich zu behandeln – all dies war für das Mekka und Medina des siebten Jahrhunderts vielleicht nicht so schlecht. Aber in der heutigen Welt bedeutet die rigide Einhaltung von Regeln aus dem siebten Jahrhundert, dass Frauen in den meisten islamischen Staaten einen Status als Bürger zweiter Klasse haben, der in der jüngeren Geschichte nur mit dem der Schwarzen unter dem südafrikanischen Apartheidsregime vergleichbar ist. Dies gilt auch für diejenigen Länder, in denen die Scharia nur das Familienrecht bestimmt, denn dieses deckt alle wesentlichen Aspekte ab, die das Leben gewöhnlicher Frauen von der Wiege bis zur Bahre bestimmen: Ehe- und Scheidungsrecht, das Recht auf sexuelle Selbstbestimmung, das Sorgerecht für Kinder und das Erbrecht. In all diesen Bereichen definiert das Scharia-Gesetz Frauen bestenfalls als halb soviel wert wie Männer. In Ländern, in denen die Scharia weitere Rechtsgebiete bestimmt, gilt die Aussage einer Frau auch im Strafrecht nur halb so viel, und es gibt drakonische Strafen für «Verbrechen» wie außerehelichen Sex, die manchmal sogar gegen vergewaltigte Frauen angewendet werden. Selbst in islamischen Ländern, in denen das Schariarecht wenig oder gar keine Rolle spielt, werden Frauen im öffentlichen Raum segregiert. So müssen sie ihren Körper verhüllen, damit sie Männer nicht in Versuchung führen – anscheinend ist es nicht Aufgabe der Männer, ihre Triebe zu kontrollieren. Viele Cafés und Restaurants sind für Frauen nicht zugänglich oder, wie in weiten Teilen der Türkei, nur in separaten «Familienräumen», und in öffentlichen Verkehrsmitteln zeigt man sich in Ländern wie Ägypten als Frau lieber nicht, wenn man nicht begrapscht werden möchte. Laut einer Studie der United Nations Entity for Gender Equality and the Empowerment of Women geben 96,5 Prozent der ägyptischen Frauen an, solche Formen der sexuellen Belästigung in der Öffentlichkeit erlebt zu haben.[22] Kurz gesagt, große Teile des öffentlichen Lebens in der islamischen Welt sind nur Männern vorbehalten.

In den siebziger und achtziger Jahren des letzten Jahrhunderts war Südafrika der Paria der Welt. Das Land wurde wegen der systematischen Diskriminierung von Nichtweißen von internationalen Sportwettkämpfen ausgeschlossen; westliche Universitäten weigerten sich, mit ihren südafrikanischen Kollegen zusammenzuarbeiten; Verbraucher boykottierten südafrikanische Produkte oder Unternehmen wie Shell, die in Südafrika investierten; Zehntausende von Europäern demonstrierten bei Anti-Apartheid-Demonstrationen; und kein fortschrittlicher Westler träumte davon, Urlaub in Südafrika zu machen. Wie unterschiedlich ist die Reaktion auf die Apartheid, die täglich Millionen Frauen in der islamischen Welt erleiden müssen. Boykottkampagnen gegen Länder wie den Iran oder Pakistan gibt es nicht; der zeitgenössische aktivistische Mitbürger richtet seine Pfeile lieber auf Israel. Westliche Wissenschaftler und Universitäten akzeptieren unbeschwert lukrative Angebote aus Saudi-Arabien und den Golfstaaten; Katar darf die Fußballweltmeisterschaft mit moderner Sklavenarbeit veranstalten; und progressive Westler machen Urlaub im Iran – ein Land, das Homosexuelle aufhängt und «ehebrecherische» Frauen steinigt. Die Frauen unter ihnen ziehen im Iranurlaub dann das obligatorische Kopftuch mit langem Mantel an und erzählen bei ihrer Rückkehr, die Unterdrückung sei doch gar nicht so schlimm, wie man immer meint. Demonstrationen gegen das Unrecht, das Frauen in der islamischen Welt angetan wird, gibt es nicht. Im Gegenteil, wer dieses Unrecht kritisiert, kann damit rechnen, als «islamophob» bezeichnet zu werden – selbst dann, wenn es um Frauen wie Ayaan Hirsi Ali, Necla Kelek oder Seyran Ateş geht, die selbst aus diesen Ländern stammen und deshalb sehr gut wissen, wovon sie reden.

Verschiedene internationale Organisationen haben ländervergleichende Indizes zu den Rechten und der sozialen Stellung von Frauen erstellt, die die außergewöhnlich schlechte Situation von Frauen in islamischen Ländern deutlich machen. Die Organisation für wirtschaftliche Zusammenarbeit und Entwicklung (OECD) hat den Social Institutions & Gender Index (SIGI) entwickelt, der die Position von Frauen in 160 Ländern vergleicht, darunter 44 Länder mit islamischer Bevölkerungsmehrheit.[23] SIGI besteht aus drei Teilbereichen: Geschlechterungleichheit im Familienrecht (Ehe-, Sorge- und Erbrecht), Zugang zu wirtschaftlichen Ressourcen (Land- und Eigentumsrechte) sowie politische und bürgerliche Rechte (Einschränkungen der Bewegungsfreiheit von Frauen, der Frauenanteil in der Politik). Slowenien ist diesem Index zufolge das Land mit der größten Geschlechtergleichstellung, gefolgt von einer Reihe weiterer europäischer Länder, darunter Österreich (Platz 7), Deutschland (11) und die Schweiz (19). Aber auch einige nichtwestliche Länder wie Ecuador (24), die Mongolei (32), Mauritius (36) und El Salvador (37) schneiden sehr gut ab. Das am besten bewertete islamische Land ist die Türkei (57), aber 40 der 44 islamischen Länder befinden sich in der unteren Hälfte der Rangliste. Die vier Länder, in denen die Position der Frauen am schlechtesten ist, sind islamisch: Niger, Jemen, Iran und Katar. Von den zwanzig Ländern mit der stärksten Diskriminierung aufgrund des Geschlechts sind sechzehn islamisch, darunter Ägypten, Syrien und Bangladesch (die nichtislamischen Länder unter den letzten zwanzig sind Sambia, die Demokratische Republik Kongo, Gabun und das halbislamische Nigeria).

Das World Economic Forum (WEF) hat einen ähnlichen Index

entwickelt, der 145 Länder umfasst, darunter 34 islamische.[24] Dieser Index lässt das Familienrecht außer Betracht, umfasst aber stattdessen die Arbeitsmarktbeteiligung, den Bildungsstand und den Gesundheitszustand von Frauen im Vergleich zu Männern. Hier erweist sich Island als das Land mit der größten Gleichstellung der Geschlechter, dicht gefolgt von anderen skandinavischen Ländern. Die Schweiz liegt hier an achter, Deutschland an elfter und Österreich etwas weiter zurück an 36. Stelle. Nicht nur reiche westliche Länder haben ein relativ hohes Maß an Geschlechtergleichstellung: Ruanda belegt Platz sechs, die Philippinen Platz sieben, Nicaragua Platz zwölf, Südafrika Platz siebzehn und so weiter. Das erste islamische Land, Kasachstan, finden wir auf dem 48. Platz. Von den 34 islamischen Ländern befinden sich 31 in der unteren Hälfte der Rangliste. Von den zwanzig Ländern mit der größten Ungleichheit der Geschlechter sind siebzehn islamisch, darunter Tunesien (Platz 126) und die Türkei (129). Die unteren zwölf Plätze werden ausnahmslos von islamischen Ländern belegt, darunter Marokko (138) und die Schlusslichter Iran, Syrien, Pakistan und Jemen. Die Tatsache, dass die Türkei im Ranking des Weltwirtschaftsforums im Vergleich zur OECD so viel schlechter abschneidet, ist darauf zurückzuführen, dass der formelle Rechtsstatus von Frauen in der Türkei dank der Reformen von Atatürk relativ gut ist. Da diese Reformen nur einen begrenzten Einfluss auf die konservativen religiösen Ansichten der Mehrheit der türkischen Bevölkerung hatten, ist die tatsächliche soziale Position türkischer Frauen, die im WEF-Index im Zentrum steht, dennoch sehr schlecht.

Tödliche Liebe: Verfolgung von Homosexuellen

Neben Apostasie und Blasphemie ist Homosexualität nach dem Schariarecht eine der schwersten Straftaten. Am 4. Dezember 2007 wurde der 21-jährige Makwan Moloudzadeh in der iranischen Provinzstadt Paveh hingerichtet. Er wurde beschuldigt, im Alter von dreizehn Jahren drei Jungen anal vergewaltigt zu haben, eine Straftat, die im Iran mit dem Tod bestraft wird. Obwohl die drei Jungen ihre Anschuldigungen im Laufe des Prozesses zurückgezogen hatten und die Internationale Konvention über die Rechte des Kindes die Todesstrafe für Täter, die zum Zeitpunkt des Vergehens minderjährig waren, untersagt, wurde Moloudzadeh gehenkt.[25] Er ist nur einer von vielen Menschen im Iran, die für ihre Homosexualität mit ihrem Leben bezahlen mussten. Laut Amnesty International wurden in dem Land seit 1979, dem Jahr der Islamischen Revolution, 5000 Menschen wegen ihrer Homosexualität hingerichtet.[26]

Der Iran ist kein isolierter Fall. Zehn weitere Länder der Welt kennen die Todesstrafe für Homosexualität, und alle zehn haben, wie der Iran, eine islamische Mehrheitsbevölkerung: Afghanistan, Pakistan, Mauretanien, Katar, Somalia, Sudan, Saudi-Arabien, die Vereinigten Arabischen Emirate, Jemen und neuerdings seit 2019 auch das Sultanat Brunei.[27] Hinzu kommt noch der islamische Norden Nigerias. In weiteren zwanzig islamischen Ländern – wie Marokko, Bangladesch, Tunesien und Senegal – wird Homosexualität mit Freiheitsstrafe geahndet. Im Gegensatz zu den beiden islamischen Erben Britisch-Indiens legalisierte Indien 2018 die Homosexualität.[28] Die Kriminalisierung von Homosexualität ist sicherlich nicht ausschließlich islamischen Ländern vorbehalten. Vor allem in Afrika und der Karibik gibt es auch mehrere nichtmuslimische Länder, in denen Homosexualität strafbar ist. Aber in seiner Gesamtheit betrachtet gibt es doch einen großen Unterschied: Während Homosexualität in zwei Dritteln der islamischen Länder strafbar ist, ist dies in weniger als einem Drittel der nichtislamischen Länder der Fall – und in keinem der nichtislamischen Ländern wird Homosexualität mit der Todesstrafe bedroht.[29]

Der *Spartacus International Gay Guide*, ein seit 1970 veröffentlichter weltweit bekannter Reiseführer, hat den sogenannten Gay Travel Index zusammengestellt, der Reisehinweise für Homosexuelle gibt.[30] Homosexuelle, die die Welt bereisen wollen, sind nämlich nicht nur wie alle Touristen den Gefahren von Terror, Kriminalität und Bürgerkrieg ausgesetzt, sondern auch spezifischen Risiken und Gefahren, die in einigen Ländern lebensbedrohlich sein können. Der Spartacus-Führer untersucht sowohl positive Faktoren (etwa die Akzeptanz gleichgeschlechtlicher Ehen oder Adoptionsrechte für Homosexuelle) als auch negative Faktoren (wie die Strafbarkeit von Homosexualität, Beschränkungen für HIV-positive Menschen, Feindseligkeit der Bevölkerung, Gewalt gegen Homosexuelle) und fasst sie zu einer Gesamtpunktzahl zusammen, die von +10 bis -15 reicht. Schweden und Kanada führten 2018 die Liste mit +10 Punkten an, dicht gefolgt von Deutschland, den Niederlanden und anderen Ländern mit +9 Punkten. Österreich landet mit +8 Punkten auf einem 15. und die Schweiz mit +7 auf einem 21. Platz. Das bedeutet natürlich nicht, dass diese Länder frei von Feindseligkeiten gegenüber Homosexuellen sind oder dass es dort keine Gewalt gegen Schwule gäbe, aber Homosexuelle können ihre Sexualität in diesen Ländern mehr oder weniger frei erleben und in der Öffentlichkeit zeigen. Auf der anderen Seite des Spektrums liegt Somalia mit -15 Punkten an letzter Stelle, gefolgt von Iran und Saudi-Arabien mit -14 und Jemen und den Vereinigten Arabischen Emiraten mit -11. Diese Länder sind im Spartacus-Führer in einem kräftigen Rot dargestellt, um darauf hinzuweisen, dass man sie als offen homosexueller Tourist lieber meidet, wenn einem sein Leben lieb ist. Dies ist eine weitere Liste von Minderheitenrechten, bei denen die unteren Plätze ausschließlich von islamischen Ländern besetzt werden.

Grafik 3.1 unterteilt die unabhängigen Länder der Welt, für die im Spartacus-Führer eine Bewertung verfügbar ist, in drei Gruppen: Länder, in denen die Situation für Homosexuelle positiv ist (Werte von +10 bis 0); Länder, in denen die Situation negativ ist (Werte von -1 bis -6); und Länder, in denen die Situation sehr negativ bis lebensbedrohlich ist (Werte von -7 bis -16). Die Abbildung zeigt die Verteilung für überwiegend christliche Länder, islamische Länder und Länder mit einer anderen religiösen Mehrheit. Leider ist die Situation für Homosexuelle in den meisten Ländern der Welt immer noch negativ. Dies gilt auch für christlich geprägte Länder, von denen nur 45 Prozent in die positive Kategorie fallen. Dazu gehören vor allem die westeuropäischen, nordamerikanischen, ostasiatischen und lateinamerikanischen Länder, aber auch beispielsweise Südafrika, Mosambik und die Seychellen. In mehr als einem Drittel (34 Prozent) der christlichen Länder, darunter eine Reihe osteuropäischer Länder wie Polen, viele

Grafik 3.1: Reisehinweise für Homosexuelle für Länder mit einer christlichen, muslimischen oder anderen dominanten Religion

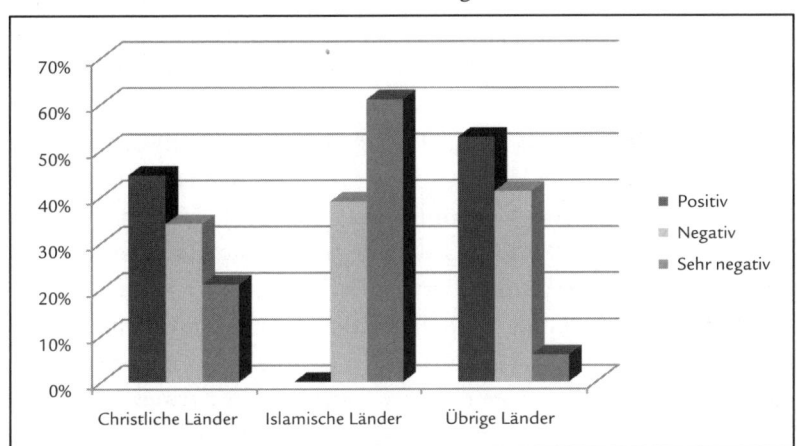

Quelle: Spartacus Guide Gay Travel Index 2018

afrikanische Länder und verschiedene karibische Staaten wie Kuba, ist die Situation negativ, aber nicht dramatisch. In 24 mehrheitlich christlichen Ländern (21 Prozent der Gesamtzahl) ergibt sich eine sehr negative oder lebensbedrohliche Situation. Dies betrifft eine Reihe von afrikanischen Ländern (wie Uganda und Simbabwe), einige karibische Länder (Jamaika und Guyana) und als prominentestes Beispiel Russland.

In Ländern, in denen andere Religionen als das Christentum oder der Islam dominieren, ist die Situation für Homosexuelle im Durchschnitt sogar etwas besser als in christlichen Ländern. Etwas mehr als die Hälfte dieser Länder fällt in die positive Kategorie, darunter Israel, das hinduistische Nepal und eine Reihe von mehrheitlich buddhistischen oder konfuzianischen Ländern wie Japan, China, Kambodscha, Vietnam und Thailand. Die meisten anderen Länder dieser Gruppe gehören zur mittleren Kategorie, darunter Indien und Mauritius als mehrheitlich hinduistische Länder sowie eine Reihe von Ländern mit buddhistischer Tradition wie Sri Lanka und Myanmar. Als einziges nichtchristliches und nichtislamisches Land fällt der Himalaya-Staat Bhutan in die Gruppe der gefährlichsten Länder für Homosexuelle.

Wenn wir uns schließlich die islamischen Länder ansehen, stellen wir fest, dass kein islamisches Land eine positive Reiseempfehlung vom Spartacus-Führer erhält. In der mittleren Gruppe finden wir 39 Prozent der islamischen Länder, darunter die Türkei, die meisten zentralasiatischen Länder, Tunesien und Pakistan. Die größte Gruppe der islamischen Länder (61 Prozent) wird jedoch von denjenigen gebildet, in denen die Situation für Homosexuelle sehr negativ bis lebensbedrohlich ist. Dies gilt für 25 islamische Länder, darunter Ägypten, Marokko, Bangladesch, Senegal und die Malediven. Innerhalb der Gruppe der islamischen Länder gibt es einen klaren Zusammenhang mit dem Grad der Religiosität und der Unterstützung für die Scharia in der Bevölkerung. In den islamischen Ländern, wo die Bevölkerung am wenigsten religiös ist und sie die Scharia mehrheitlich ablehnt (Kosovo, Albanien und die zentralasiatischen Länder), ist die Situation für Homosexuelle besser. Das gleiche Muster zeigte sich bereits bei den Frauenrechten und den Rechten religiöser Minderheiten: Je strenger die Bevölkerung auf der Einhaltung der Scharia beharrt und je weniger Trennung von Staat und Religion es gibt, desto schlechter ist es um die Rechte von Frauen und Minderheiten bestellt.

Der Schleier der Unwissenheit

Kritik an der schlechten Stellung von religiösen Minderheiten, Frauen und Homosexuellen in islamischen Ländern wird oft das kulturrelativistische Argument entgegengebracht, dass Diskriminierung und Unterdrückung ebenso in nichtislamischen und sogar in westeuropäischen Ländern wie Deutschland vorkommen. Wer sind wir, dass wir uns anmaßen, islamische Länder zu kritisieren? Sicherlich gibt es doch auch in Westeuropa keine Gleichstellung von Männern und Frauen? Gibt es bei uns keine Islamophobie und werden Homosexuelle nicht immer noch diskriminiert und manchmal sogar mit Gewalt konfrontiert? Ganz zu schweigen von den nichtmuslimischen Ländern außerhalb des reichen Westens. Ist es so angenehm, dort homosexuell zu sein? Gibt es dort keine Machismo-Kultur, und werden Muslime in Ländern wie Russland und Myanmar nicht verfolgt?

Das ist alles bis zu einem gewissen Grad wahr, aber gleichzeitig eine bedenkliche Relativierung. Das Argument ist richtig, da es tatsächlich noch viel Raum für Verbesserungen gibt, wenn es um die Position religiöser und sexueller Minderheiten sowie von Frauen geht, auch in nichtmuslimischen Ländern und sogar in Westeuropa. Aber es ist zugleich scheinheilig, weil es die Augen vor den enormen Unterschieden verschließt, die im Grad der Diskriminierung, Verfolgung und Rechtlosigkeit bestehen. Ein solcher kultureller Relativismus bedeutet, das Leiden von Millionen gewöhnlicher Frauen und Mädchen zu leugnen, die ihre Tage als Wesen zweiter Klasse verbringen müssen und die nicht frei sind, selbst über die elementarsten Aspekte ihres Lebens zu entscheiden. Der kulturelle Relativismus ist ein Schlag ins Gesicht der Angehörigen religiöser Minderheiten, die zusehen müssen, wie ihre Kulturen untergehen, und die aus den Ländern fliehen müssen, in denen ihre Vorfahren seit Jahrtausenden gelebt haben. Er missachtet das Leid von Atheisten und Konvertiten, die von ihrem sozialen Umfeld verstoßen werden und täglich um ihr Leben bangen müssen. Das relativierende Argument tut so, als ob es keinen großen Unterschied macht, ob man als Homosexueller hin und wieder beschimpft wird und sich vielleicht nicht überall traut, seinen Liebsten auf der Straße zu küssen und mit ihm Hand in Hand zu gehen, oder ob man auf der Straße gelyncht oder von einem Scharia-Richter verurteilt und an den Galgen gebracht werden kann, nur weil andere die eigene Art zu lieben nicht gutheißen.

Frauen, die in einem Land wie Deutschland der Meinung sind, dass wir nicht das Recht haben, andere zu kritisieren, und die sich mit dem Hinweis schützend vor Muslime und den Islam stellen, dass wir selbst noch genug zu tun haben, um die Position der Frauen in unserem Land zu verbessern, mögen sich moralisch überlegen fühlen, doch tatsächlich verschließen sie die Augen vor dem Leid anderer. Wer sich als Homosexueller in Berlin, Wien oder Bern mehr Sorgen um Islamophobie macht als um den täglichen Terror gegen Homosexuelle in weiten Teilen der islamischen Welt, ist weder fortschrittlich noch links, sondern hat die Maßstäbe aus den Augen verloren. Christen, die aus Angst, Muslime zu stigmatisieren, die Augen vor der Verfolgung von Christen und anderen religiösen Minderheiten verschließen, haben mit dem heuchlerischen Pharisäer mehr gemeinsam als mit der Botschaft des Evangeliums, sich ohne Unterschied für die Schwächsten einzusetzen.

Die beste Medizin gegen den kulturellen Relativismus ist vielleicht eine Variante eines Gedankenexperiments, das der amerikanische Philosoph John Rawls in seinem Buch *A Theory of Justice* – «Eine Theorie der Gerechtigkeit» – entwickelt hat.[31] Um herauszufinden, wie eine gerechte Gesellschaft aussehen sollte, müssen wir uns vorstellen, so Rawls, wie wir uns eine Aufteilung der Rechte und Ressourcen in der Gesellschaft wünschen würden, wenn wir nicht im Voraus wüssten, in welcher Position wir als Individuen in dieser Gesellschaft landen würden, das heißt, ob wir Mann oder Frau, hochgebildet oder ungebildet, Unternehmer oder Angestellter, Arzt oder Bauarbeiter, homo- oder heterosexuell, Atheist, Christ oder Muslim usw. sein würden. Unter diesem «Schleier der Unwissenheit» müssen wir entscheiden, wie die Gesellschaft organisiert sein sollte.

Wir können dieses Gedankenexperiment auf die Frage anwenden, welche Art von Land jemand unter dem Schleier der Unwissenheit wählen würde. Jeder, der ernsthaft behaupten möchte, dass es als Frau, Homosexueller, Atheist oder Angehöriger einer religiösen Minderheit egal ist, ob man sich für ein islamisches oder ein nichtislamisches Land entscheiden würde, täuscht sich und andere. Wie wir gesehen haben, ist es selbst für Muslime, die nicht sicher wissen, ob sie in einem islamischen Land landen werden, das zur gleichen islamischen Strömung wie sie gehört, besser, ein nichtislamisches Land zu wählen, weil ihre Rechte dort besser geschützt sind. Dasselbe gilt für einen modernen, liberalen Muslim, der eine wörtliche Koranauslegung für unzeitgemäß hält und die Trennung von Religion und Staat befürwortet. Das sind in vielen islamischen Ländern lebensgefährliche Ideen, und dieser Muslim wäre besser beraten, ein nichtislamisches Land zu wählen. Nur wer ein Mann, heterosexuell und orthodoxer

Muslim ist und mit Sicherheit wüsste, dass er in einem Land leben würde, dessen Mehrheit der gleichen islamischen Strömung anhängt wie er selbst – nur für diesen Mann wäre es vernünftig, ein islamisches Land zu wählen. Aber dann würden wir uns nicht mehr unter dem Schleier der Unwissenheit befinden, unter dem man eben *nicht* weiß, mit welchen Eigenschaften man in welche Gesellschaft gelangt.

Die starke Diskriminierung religiöser Minderheiten, auch innerhalb des Islam selbst, und die Unterdrückung der Religionskritik in vielen islamischen Ländern bergen ein großes Konfliktpotenzial, das mangels Demokratie nicht in zivile und gewaltfreie Kanäle geführt werden kann. Die daraus resultierende Epidemie politischer und religiöser Gewalt in der islamischen Welt ist Gegenstand des nächsten Kapitels.

4.

Die islamischen Religionskriege

Wie eine Miss-Wahl furchtbar außer Kontrolle geriet

Kaduna ist eine Stadt im Norden Nigerias mit rund 1,5 Millionen Einwohnern. Die meisten von ihnen sind Muslime, aber eine große Minderheit von etwa 40 Prozent sind Christen. Diese religiös gemischte Bevölkerung findet sich in ganz Nigeria. Niemand weiß genau, ob dort das Christentum oder der Islam die größte Religionsgemeinschaft ist, denn angesichts einer Geschichte religiöser Konflikte veröffentlicht die Regierung keine Informationen mehr über die religiöse Zusammensetzung der Bevölkerung. Nach den Schätzungen von Pew Research, auf die ich mich in diesem Buch stütze, waren Christen 2010 mit 49,3 Prozent gegenüber 48,8 Prozent Muslimen knapp die größte Gruppe. Andere Quellen behaupten, dass Muslime bereits in der Mehrheit sind. Auch Pew zufolge ist es wegen der höheren Geburtenrate unter den Muslimen nur eine Frage von wenigen Jahren, bis Nigeria überwiegend muslimisch sein wird. Für das Jahr 2050 prognostiziert Pew 59 Prozent Muslime und nur noch 39 Prozent Christen.[1] Der Norden Nigerias ist bereits überwiegend muslimisch, während der Süden von Christen dominiert wird. Im sogenannten *Middle Belt*, zu dem auch der Süden des Bundesstaates Kaduna gehört, halten sich die beiden Religionsgemeinschaften mehr oder weniger im Gleichgewicht.

Im November 2002 war Kaduna Schauplatz der sogenannten Miss-World-Unruhen.[2] Die nigerianische Hauptstadt Abuja war in diesem

Jahr ausgewählt worden, die Miss-World-Wahlen zu organisieren, nachdem Agbani Darego 2001 als erste Nigerianerin zur Miss World gekürt worden war. Der bevorstehende Schönheitswettbewerb hatte eine Kontroverse ausgelöst. Konservative Muslime protestierten gegen den angeblich unmoralischen Charakter des Ereignisses und sein Zusammenfallen mit dem Ende des Ramadans. Die Organisation reagierte schnell auf diesen Einwand und verschob die Wahl auf Anfang Dezember, nach dem Ramadan. Die muslimischen Proteste setzten sich jedoch fort und nahmen an Intensität zu, nachdem die Miss-World-Organisation ihre Unterstützung für eine internationale Kampagne für Amina Lawal bekundet hatte.

Amina Lawal, eine geschiedene Frau, hatte eine uneheliche Tochter zur Welt gebracht und war von einem Scharia-Gericht im nordnigerianischen Bundesstaat Katsina zum Tod durch Steinigung verurteilt worden. Der von Lawal angegebene Vater des Kindes schwor auf den Koran, dass er nichts damit zu tun habe, und wurde vom Gericht ohne Durchführung eines DNA-Tests freigesprochen. Amina Lawal verlor ihren Prozess im August 2002 auch in der Berufungsinstanz. Die Hinrichtung sollte vollstreckt werden, sobald sie aufgehört haben würde, ihre Tochter zu stillen. Aminas Schicksal hatte mittlerweile weltweit Aufmerksamkeit erregt, bis hin zur Talkshow von Oprah Winfrey. Mehrere nationale Schönheitsköniginnen, darunter die von Frankreich, Spanien, Belgien und der Elfenbeinküste, zogen sich aus Protest aus den Miss-Wahlen zurück. Menschenrechtsorganisationen übten Druck auf die Miss-World-Organisation aus, die daraufhin nachgab und sich – zum Zorn konservativer Muslime – öffentlich gegen die Verurteilung von Amina Lawal aussprach.

Mitten in dieser Kontroverse erschien am 16. November ein Kommentar der Journalistin Isioma Daniel in *This Day*, einer Tageszeitung aus der Metropole Lagos im Süden Nigerias. «Muslime halten es für unmoralisch, 92 Frauen nach Nigeria zu bringen und sie zu bitten, ihre Eitelkeit zur Schau zu stellen. Was würde Mohammed davon halten? Um ehrlich zu sein, er hätte wahrscheinlich eine von ihnen als seine Frau gewählt.» Man kann darüber streiten, ob diese Aussage in der angeheizten Debatte klug war, aber die Frage, die wirklich zählt,

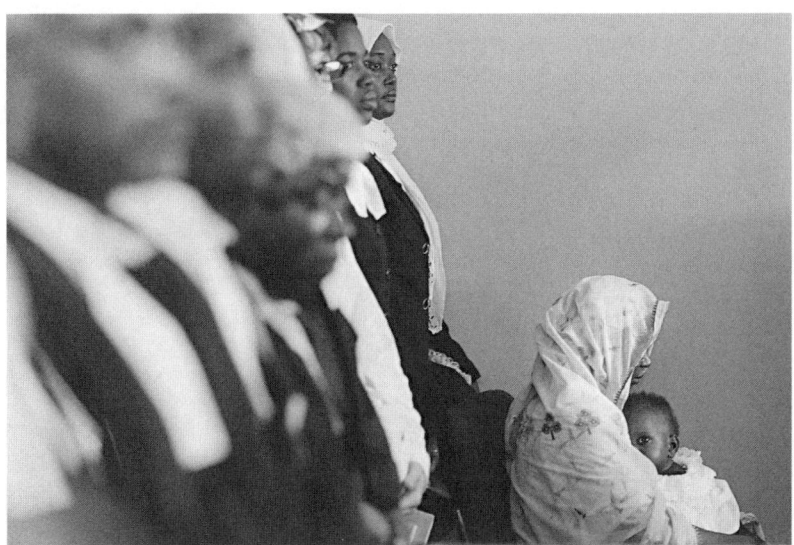

Amina Lawal mit ihrem Baby vor einem Scharia-Gericht in der nordnigerianischen Stadt Katsina. Lawal wurde 2002 wegen außerehelichen Geschlechtsverkehrs zum Tod verurteilt, nachdem sie unehelich ein Kind zur Welt
gebracht hatte.

ist, ob sie erlaubt sein sollte. In den Augen vieler nigerianischer Muslime war die Antwort klar: Die Beleidigung des Propheten durfte
nicht toleriert werden. Die Tatsache, dass die Redaktion von *This Day*
Isioma Daniel sofort suspendierte und sich auf der Titelseite ausführlich für die Verletzung der Gefühle der Muslime entschuldigte, konnte
daran nichts ändern. Am 19. November eskalierte die Lage in Kaduna.
Wütende Muslime griffen das örtliche Büro von *This Day* an und
brannten es bis auf die Grundmauern nieder. Am selben Abend kündigte Isioma Daniel ihren Job und tauchte unter. Am Tag darauf
zogen Gruppen junger Muslime durch die Stadt, riefen «Allahu
Akbar!» und skandierten Slogans gegen die Miss-World-Wahl. Etwa
50 Menschen, die meisten von ihnen Christen, aber auch einige Muslime, die der Mob für Christen hielt, wurden an diesem Tag mit
Macheten und Eisenstangen grausam umgebracht. Eine große Anzahl von Kirchen, Schulen und anderen Gebäuden ging in Flammen

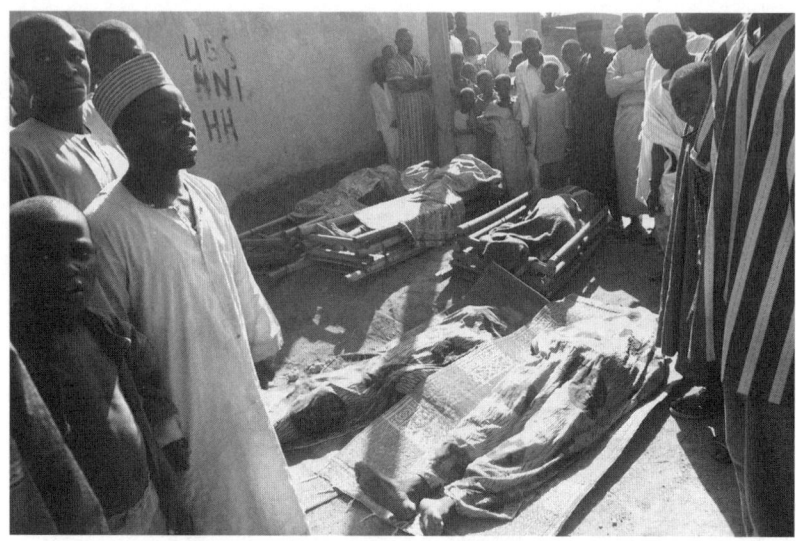

Trauernde am 22. November 2002 in der Stadt Kaduna. Bei Unruhen vor der geplanten Miss-World-Wahl in Nigeria kamen etwa 250 Menschen ums Leben. Die Miss-World-Organisation hatte sich gegen die Todesstrafe für Amina Lawal ausgesprochen und damit die Wut vieler Muslime auf sich gezogen. Der direkte Anlass für die Gewalt war ein angeblich gotteslästerlicher Kommentar zu der Kontroverse in einer Tageszeitung.

auf. Am nächsten Tag starteten Christen auf nicht minder schreckliche Weise den Gegenangriff. Nach vier Tagen Gewalt waren 250 Menschen gestorben, zehntausende hatten ihre Häuser verloren, 22 Kirchen und acht Moscheen waren zerstört.[3] Und das alles wegen eines Schönheitswettbewerbs und einer Kolumne in einer Tageszeitung.

Die Miss-World-Wahl wurde schließlich nach London verlegt. Amina Lawal wurde 2003 in ihrer zweiten Berufung, die unter großem internationalem Interesse stattfand, wegen Formfehlern vom Scharia-Gericht freigesprochen. Das merkwürdigste Argument des Gerichts war eine Scharia-Interpretation, die die Möglichkeit eines «ruhenden Fötus» anerkennt, der bis zu fünf Jahre nach der Empfängnis zur Geburt führen kann. Dies eröffnete die Möglichkeit, dass Aminas Baby noch von ihrem ehemaligen Ehemann stammen könnte und damit nicht außerehelich war. So entkam Amina einer grausamen Strafe durch ein absurdes Argument. Froh, dass sie mit dem Leben davongekommen war, zog sie sich aus der Öffentlichkeit zurück und heiratete später noch einmal. Die Scharia-Welt war damit wieder in Ordnung. Isioma Daniels Leben jedoch kam nie mehr in Ordnung. Die Regierung des nordnigerianischen Staates Zamfara verurteilte sie in einer Fatwa zum Tode: «Genau wie bei Salman Rushdie kann auch Isioma Daniels Blut vergossen werden. Alle Muslime, wo immer sie sich befinden, sollten es als ihre religiöse Pflicht betrachten, diese Schriftstellerin zu töten.» Daniel floh zunächst ins benachbarte Benin und lebt heute im Exil irgendwo in Europa, unterstützt von Amnesty International und einer internationalen Organisation zum Schutz von Journalisten.

Die Miss-World-Unruhen in Kaduna sind kein Einzelfall, sondern Teil des sogenannten Scharia-Konflikts – einer Reihe von gewalttätigen Auseinandersetzungen zwischen Muslimen und Christen, die seit 1999 Tausende von Nigerianern das Leben gekostet haben.[4] Natürlich spielen auch andere Themen als die Religion eine Rolle in diesen Konflikten. In vielen Regionen Nigerias fallen religiöse Grenzen mit ethnischen Trennlinien zusammen. Auch wirtschaftliche Konflikte spielen eine Rolle, zum Beispiel im Middle Belt, wo nomadische islamische Fulani-Hirten mit christlichen Bauern in Konflikt geraten. Darüber hinaus ist die Begeisterung der nigerianischen Muslime für das Schariarecht nicht nur durch Frömmigkeit begründet. Viele sehen das Schariarecht auch als Mittel zur Bekämpfung von politischer Korruption und Willkür. Und natürlich geht es um politischen Einfluss, denn Politiker auf beiden Seiten versuchen, religiöse Befindlichkeiten für ihre Zwecke zu instrumentalisieren. Aber die mobilisierende Kraft religiöser Identitäten und die polarisierende Pro-Scharia-Bewegung unter nigerianischen Muslimen bringen all diese Konfliktlinien zusammen und verstärken ihren explosiven Charakter.

Der Konflikt begann mit der Einführung der Scharia-Gesetzgebung durch das Parlament des überwiegend islamischen Bundesstaates Zamfara im Jahr 1999. Scharia-Gerichte, die in familienrechtlichen Streitfällen wie Scheidungen, Sorgerecht und Erbschaften entschieden, gab es in Nordnigeria bereits vor 1999, aber die neue Gesetzgebung machte die Scharia zur Grundlage aller Gesetzgebung, einschließlich des Strafrechts. Die Einführung des Schariarechts war bei der muslimischen Bevölkerung sehr beliebt. Überall im Norden gingen Muslime auf die Straße, um die Einführung der Scharia in ihrem Staat zu fordern. Umfragen zufolge befürworteten zwischen 73 und 97 Prozent der Bevölkerung der nördlichen Bundesstaaten die Einführung der Scharia.[5] Dass dies keine vorübergehende naive Begeisterung war, zeigen die Daten von Pew Research, die ich im vorherigen Kapitel zitiert habe: 2013 unterstützten immer noch 71 Prozent der nigerianischen Muslime das Schariarecht als Grundlage für die Gesetzgebung des Landes. Innerhalb kurzer Zeit folgten elf weitere Bundesstaaten im Norden Nigerias dem Beispiel Zamfaras und führten die Scharia ein.

Diese Bewegung erreichte bald auch die religiös gemischten Staaten des Middle Belt. Die Christen dort waren nicht sehr begeistert von der Einführung des Schariarechts. Auch die nigerianische Bundesregierung hatte die Scharia-Bewegung von Anfang an kritisiert, denn Nigeria ist offiziell ein säkularer Staat. Um im Rahmen des Bundesgesetzes zu bleiben, hatten die nördlichen Bundesstaaten zwar erklärt, dass das Schariarecht nur für Muslime gelte, aber auch Nicht-Muslime waren direkt und indirekt betroffen. So erließen mehrere Staaten Alkoholverbote, führten die Geschlechtertrennung in öffentlichen Verkehrsmitteln ein und verboten Musikaufführungen. In Kano wandte sich die Landesregierung mit Filmverboten und Verhaftungen von Schauspielern und Produzenten gegen die lokale Filmindustrie («Kannywood»).[6] Die Bekehrung zu einer anderen Religion als dem Islam wurde strafbar, und die drakonischen Strafen für die Beleidigung des Propheten Mohammed und andere Formen der Blasphemie galten ebenso gut – und in der Praxis vor allem – für Nichtmuslime. Darüber hinaus waren die Christen besorgt über das einschüchternde Verhalten der *Hisbah,* der neu geschaffenen Scharia-Polizei, die die Einhaltung des islamischen Rechts in den Nordstaaten überwachen sollte.[7]

Am 3. Februar 2000 kündigte der Gouverneur von Kaduna, Ahmed Mohammed Makarfi, seine Absicht an, die Scharia in seinem Bundesstaat, in dem die Muslime nur eine knappe Mehrheit bildeten, einzuführen. Am 21. Februar organisierte die örtliche Abteilung der Christian Association of Nigeria eine Demonstration, die von muslimischen Jugendlichen angegriffen wurde. Die Gewalt eskalierte, und innerhalb weniger Tage starben Tausende von Menschen, sowohl Christen als auch Muslime. 109 Kirchen und 39 Moscheen wurden zerstört. Als Reaktion auf die Unruhen schwächte die Landesregierung die Scharia-Pläne etwas ab. Das Alkoholverbot sollte nun beispielsweise nicht für Christen in Kaduna gelten, und die zur Scharia gehörende körperliche Bestrafung entfiel. Doch wie bei den Miss-World-Krawallen von 2002, konnte eine solche Maßnahme die Emotionen nicht beruhigen. Christliche Organisationen wollten auch die «Scharia light» nicht akzeptieren, und radikale Muslime sahen in dem Gouverneur nun einen Verräter der islamischen Sache, den sie abwertend «Pastor Makarfi» nannten. Darüber hinaus blieb der Scharia-Konflikt nicht auf Kaduna beschränkt.[8] Auch in anderen Teilen Nigerias, insbesondere im Middle Belt, eskalierte er mehrmals zu blutigen Auseinandersetzungen, zum Beispiel wiederholt in der Stadt Jos (2001, 2008 und 2010). Überall im Norden und im Middle Belt kam es nach der Veröffentlichung der dänischen Mohammed-Karikaturen 2006 sowie während der Wahlkampagne des Jahres 2011 zu heftigen Unruhen.

Nicht nur in Kaduna geht die in den Nordstaaten eingeführte Scharia-Gesetzgebung radikalen Muslimen nicht weit genug. Seit 2002 sind die dschihadistischen Aufständischen von Boko Haram im Nordosten Nigerias aktiv. Der Name bedeutet «westliche Bildung (oder allgemeiner ‹westlicher Einfluss›) ist Sünde».[9] Die Gruppe ist in einen blutigen Krieg mit der nigerianischen Armee verwickelt, der bisher mehr als 50 000 Menschen das Leben gekostet und 2,5 Millionen Menschen in die Flucht getrieben hat. Die Gruppe ist für Dutzende blutiger Terroranschläge verantwortlich, unter anderem auf Kirchen und Schulen. 2014 wurde sie durch die Entführung von 276 Schülerinnen weltweit bekannt. Die Mädchen wurden zum Islam zwangskonvertiert, an Boko-Haram-Kämpfer verkauft und «verheiratet». In einer Videobotschaft verkündete Abubakar Shekau, der Führer von Boko Haram, dass er den Anweisungen Gottes gefolgt sei, denn Mäd-

chen in diesem Alter sollten nicht in der Schule sein, sondern heiraten. Mehrere Dutzend Mädchen konnten seither entkommen, andere
wurden nach Verhandlungen freigelassen. Mindestens dreizehn Mädchen starben, 112 werden noch vermisst.

Ein Kampf der Kulturen?

Ist die religiöse Gewalt in Nigeria ein isoliertes Phänomen oder Teil
eines größeren, globalen Konfliktmusters? Um diese Frage zu beantworten, lohnt es sich, mit einem Buch zu beginnen, das seit seinem
Erscheinen 1996 für viele Kontroversen gesorgt hat: «Kampf der Kulturen», *The Clash of Civilizations,* des 2008 verstorbenen amerikanischen Politikwissenschaftlers Samuel Huntington. Der Autor und
das Buch wirken auf den durchschnittlichen Journalisten oder Sozialwissenschaftler auch mehr als zwanzig Jahre nach der Veröffentlichung noch wie das sprichwörtliche rote Tuch auf einen Stier. Dieser
Mann und sein Buch seien bösartig, und was er behauptet hat, sei
großer – und dazu noch gefährlicher – Unsinn.

Was hatte Huntington behauptet? Er wollte untersuchen, wie die
internationale Politik nach dem Ende des Kalten Krieges, der die Welt-
politik von 1945 bis 1989 in zwei Lager geteilt hatte, aussehen würde.
Während dieser Epoche standen die meisten internationalen Konflikte und Bürgerkriege in direktem oder indirektem Zusammenhang
mit dem Kalten Krieg zwischen den beiden Supermächten, den Vereinigten Staaten und der Sowjetunion, und den von ihnen vertretenen
kapitalistischen bzw. kommunistischen Systemen. Beispiele dafür
sind der Koreakrieg und der Vietnamkrieg sowie Dutzende von Bürgerkriegen zwischen rechten Diktaturen und linken Guerillabewegungen in Afrika und Lateinamerika. Auch viele der damaligen terroristischen Bewegungen, wie die Rote Armee Fraktion und die Roten
Brigaden in Europa oder die rechten Todesschwadronen in Lateinamerika, kämpften für oder gegen den Marxismus.

Viele glaubten, dass nach dem Zusammenbruch des Ostblocks

und der Sowjetunion keine echte Alternative zum westlichen Modell der Demokratie, der Menschenrechte und des freien Marktes mehr existiere. Diese Vision wurde in dem Buch «Das Ende der Geschichte und der letzte Mensch» (*The End of History and the Last Man*) des amerikanischen Politikwissenschaftlers Francis Fukuyama dargelegt, das ebenfalls in den Neunzigerjahren sehr populär war. Natürlich werde es auch in Zukunft noch Kriege und Konflikte geben, schrieb Fukuyama, aber sie würden für sich allein stehen und nicht mehr durch übergreifende ideologische Konfliktlinien miteinander verbunden sein. Letztlich werde sich das westliche Modell immer weiter in der Welt verbreiten, einfach weil es keine wirtschaftlich tragfähige Alternative geben werde, die die Sehnsucht der Weltbevölkerung nach Wohlstand, Demokratie und Freiheit erfüllen könnte. Leider wurden wir mittlerweile eines Besseren belehrt. Länder wie China, Russland und die Türkei zeigen, dass Wirtschaftswachstum und Marktwirtschaft auch ohne Demokratie und fundamentale Menschenrechte möglich sind. Revolutionen und Wahlen in der islamischen Welt haben, wie wir in Kapitel 2 gesehen haben, in der Regel nicht liberale Demokraten an die Macht gebracht, sondern islamische autoritäre Regime, die sich ausdrücklich gegen das westliche Modell wenden.

Im Gegensatz zu Fukuyama argumentierte Huntington, dass der Westen zwar behaupte, sein Modell sei universell, dass aber große Teile der Weltbevölkerung grundlegend unterschiedliche Ansichten zu Themen wie Demokratie, Menschenrechte, Meinungsfreiheit, Geschlechtergleichstellung, zum Verhältnis zwischen Individuum und Kollektiv oder zur Trennung von Religion und Staat hätten. Huntington glaubte, dass diese Ansichten tief in «Zivilisationen» verwurzelt sind, die über Jahrtausende die Kultur und Religion der Menschen in verschiedenen Regionen der Welt geprägt haben. Laut Huntington ist die Sichtweise der westlichen Zivilisation nur eine Möglichkeit, die Welt zu betrachten und Gut und Böse zu definieren. Daneben unterschied er einen orthodox-christlichen Kulturkreis mit Russland als Kernstaat sowie islamische, hinduistische, buddhistische, chinesisch-konfuzianische, japanische, lateinamerikanische und subsaharische Zivilisationen.

Die allgemeine Gültigkeit von Huntingtons Modell kann man mit Recht infrage stellen, insbesondere einige der neun Zivilisationen, die er unterscheidet. Die hinduistischen, chinesisch-konfuzianischen und japanischen Zivilisationen bestehen jeweils weitgehend aus einem einzigen Land, und es bringt keinen Erkenntnisgewinn, ihre Rolle in der internationalen Politik als Zivilisationen und nicht als nationale Großmächte zu analysieren. Darüber hinaus gibt es wenig Hinweise darauf, dass Japan eine eigene Zivilisationsmission auf der Weltbühne anstrebt oder dass buddhistische Länder an einem gemeinsamen Strang ziehen. Die Existenz einer einheitlichen subsaharischen afrikanischen Zivilisation hat Huntington selbst infrage gestellt, und ob Lateinamerika auf der Weltbühne eine Rolle spielt, die eine wesentliche Alternative zum Westen darstellt, ist nach der Demokratisierung eines Großteils dieses Kontinents ebenfalls sehr zweifelhaft. Aber was die islamische Welt und die Rolle Russlands auf der Weltbühne betrifft, war Huntingtons Buch bei weitem hellsichtiger als das von Fukuyama.

Die ersten Anzeichen dafür, dass in der islamischen Welt eine neue Ideologie, die den Westen explizit herausforderte, auf dem Vormarsch war, gab es bereits Ende der Siebzigerjahre. Sie wurden jedoch von vielen nicht als solche erkannt, weil sie noch vom Kalten Krieg überlagert waren. Im Iran wurde das Schah-Regime 1979 gestürzt und durch eine islamische Republik ersetzt, die sich zunehmend als antiamerikanische, antiimperialistische und antijüdische Vorhut einer weltweiten islamischen Revolution profilierte. In Afghanistan verwickelte sich die Sowjetunion seit 1979 in einen blutigen Krieg mit islamischen Rebellengruppen. Nach dem alten Rezept des Kalten Krieges unterstützten die Vereinigten Staaten die Rebellen mit Geld und Waffen. 1989 zogen sich die Sowjets aus Afghanistan zurück, und 1992 wurde das afghanische kommunistische Regime endgültig besiegt. Seitdem ist auch Afghanistan, unter wechselnder Herrschaft, eine erzkonservative Islamische Republik. Wie wir in den beiden vorangegangenen Kapiteln gesehen haben, haben sich nicht nur der Iran und Afghanistan, sondern auch die meisten anderen islamischen Länder in den letzten Jahrzehnten weiter von Demokratie und Menschenrechten entfernt.

Die Passagen in Huntingtons Buch über das, was er «zerrissene

Länder» nennt, sind lesenswert.[10] Dies sind Länder, die am Schnitt-
punkt mehrerer Zivilisationen stehen, weil ein Teil des Landes zu
einem und ein anderer Teil zu einem anderen Kulturkreis gehört oder
weil die Elite des Landes westlich geprägt und die Masse der Bevölkerung auf eine andere Zivilisation hin orientiert ist. Bei einem der Beispiele, die er diskutiert, Mexiko, lag Huntington vorerst klar daneben,
was ganz allgemein damit zu tun hat, dass es keine wirklichen Anzeichen für einen tiefen kulturellen Gegensatz zwischen einer lateinamerikanischen und einer westlichen Zivilisation gibt. Die Auflösung der
Sowjetunion und Jugoslawiens, der Krieg zwischen dem islamischen
Kosovo und dem orthodox-christlichen Serbien, die Abspaltung des
christlichen Südsudans vom islamischen Norden, die Konflikte in
Südrussland mit islamischen Aufständischen sowie die religiösen
Spannungen in Nigeria entlang der christlich-islamischen Bruchlinie
stimmen jedoch durchaus mit den Prognosen Huntingtons überein.
Für die Sowjetunion und Jugoslawien mag dies keine große Kunst
gewesen sein, denn diese Entwicklungen waren bereits im Gange, als
er seine These 1993 in einem Artikel in der Zeitschrift *Foreign Affairs*
erstmals darlegte.[11] Aber es ist sicherlich bemerkenswert, dass Huntington seine Theorie entwickelte, bevor die Welt von Tschetschenien
oder dem Kosovo gehört hatte, und Jahre bevor der Scharia-Konflikt
in Nigeria begann. Auch die Ukraine erkannte Huntington als ein zer-
rissenes Land und wies auf die Gefahr hin, dass es in einen europäisch
orientierten Westen und einen russisch orientierten Osten zerfallen
könnte. Die Türkei mit ihrer westlich orientierten Elite in der Tradition von Atatürk und einer mehrheitlich auf die islamische Zivilisation ausgerichteten Bevölkerung betrachtete Huntington als den Pro-
totyp eines zerrissenen Landes. Wir wissen jetzt, wozu diese Zerrissen-
heit geführt hat: Die westlich orientierte intellektuelle Elite befindet
sich derzeit größtenteils im Gefängnis oder im Exil; die einst domi-
nante säkulare Armee scheint nach dem gescheiterten Staatsstreich
von 2016 endgültig gezähmt zu sein, und in der Außenpolitik flirtet
Präsident Erdoğan offen mit der Hamas und anderen Freunden aus
dem Schoß der Muslimbruderschaft, wie Katar und dem ehemaligen
ägyptischen Präsidenten Mohammed Mursi.

Man könnte sich eigentlich über einen Sozialwissenschaftler freuen, der nicht nur im Nachhinein die Fakten erklärt, sondern die Realität auch mit einer gewissen prognostischen Kraft verständlich machen kann. Huntington ist diese Wertschätzung jedoch nicht zuteilgeworden. Die bekommt man nämlich nur, wenn man eine Theorie verkündet, die vorhersagt, was jeder gerne hören möchte. Ist das nicht der Fall, wird man als Botschafter schlechter Nachrichten an den Pranger gestellt. Viele wollen nicht wahrhaben, dass Kultur und Religion politisch relevante Kategorien sind, die das Handeln und Denken vieler Menschen auf der Erde weitgehend bestimmen. Der Marxismus mag als Staatsideologie seine beste Zeit hinter sich haben, aber viele westliche Intellektuelle glauben immer noch fest an das Dogma des historischen Materialismus, das besagt, dass sich alle wesentlichen politischen Konflikte um wirtschaftliche Ausbeutung und Ungleichheit drehen und dass Kultur und Religion davon nur oberflächliche Nebenerscheinungen sind. Deshalb kann und darf für sie der Mangel an Demokratie und Menschenrechten in der islamischen Welt nichts mit Religion zu tun haben, sondern muss auf Armut, westlichen Kolonialismus und imperialistische Ausbeutung zurückzuführen sein. Deshalb darf es nicht sein, dass islamische Terroristen sich von ihren religiösen Überzeugungen inspirieren lassen, sondern müssen sozioökonomische Ausgrenzung und Diskriminierung die «wahren» Ursachen sein.

Angesichts der Ereignisse der letzten zwanzig Jahre ist es schwer zu leugnen, dass wir in eine Welt eingetreten sind, in der religiöse Konflikte, insbesondere zwischen dem Islam und anderen Religionen, an Zahl und Intensität zugenommen haben. Nach Ansicht vieler Kritiker liegt dies jedoch nicht daran, dass in Huntingtons Analysen ein Kern von Wahrheit steckt, sondern daran, dass seine Theorie diese Konflikte als eine sich selbst erfüllende Prophezeiung erst geschaffen hat.[12] Oft sind es dieselben Leute, die behaupten, dass der Inhalt eines Buches wie des Korans das Weltgeschehen nicht beeinflussen kann, die zugleich fest daran glauben, dass das Buch von Huntington weltpolitische Auseinandersetzungen überhaupt erst angeheizt hat. Als Beleg dafür wird zum Beispiel die Entscheidung von George W. Bush angeführt, den Irak anzugreifen und Saddam Hussein zu vertreiben. Die Beliebtheit solcher Deutungen beweist nur, dass manche Leute, die Huntington kritisieren, sein Buch überhaupt nicht gelesen haben. Wenn sie dies getan hätten, hätten sie nämlich festgestellt, dass die Einmischung in die inneren Angelegenheiten anderer Zivilisationen genau das ist, wovon Huntington dem Westen dringend abrät. Huntington argumentiert im Gegenteil, dass es in einer Welt verschiedener Zivilisationen notwendig ist zu respektieren, dass in anderen Teilen der Welt sehr unterschiedliche Ansichten über grundlegende Normen und Werte existieren. Er warnt ausdrücklich vor dem Glauben, dass der Rest der Welt sehnsüchtig auf Demokratie und Menschenrechte nach westlichem Muster wartet. Die naive Annahme der Bush-Administration, dass die Bevölkerung von Ländern wie Afghanistan und Irak nach der Beseitigung einer Diktatur den Amerikanern dankbar in die Arme fallen und Demokratie und Menschenrechte begrüßen würde, widerspricht dem Rat, den Huntington westlichen Regierungen in seinem Buch gibt. In diesem Sinne war George W. Bush ein Anhänger von Fukuyama, nicht von Huntington.

Das bedeutet jedoch nicht, dass wir die Ratschläge Huntingtons befolgen sollten. Ich persönlich glaube, dass Demokratie und Menschenrechte sehr wohl universelle Werte sind, die wir fördern und verteidigen müssen – wenn auch möglichst nicht mit Gewalt, und schon gar nicht, wie es die Bush-Regierung getan hat, auf der Grundlage von Lügen. Ob diese Werte westlich sind oder nicht, interessiert mich nicht besonders. Wenn sie es schon sind, sollten sie es nicht bleiben. Zu akzeptieren, dass Muslime nun mal anders über Geschlechtergleichstellung oder Religionsfreiheit denken oder dass Russen und Chinesen unterschiedliche Vorstellungen von Demokratie und individueller Freiheit haben, ist für einen Universalisten keine moralisch vertretbare Option. Die moralische Unzulänglichkeit des Zivilisationsrelativismus von Huntington schmälert jedoch nicht die Tatsache, dass er tatsächlich recht hatte mit der Behauptung, dass die Ideologie der Demokratie und der Menschenrechte immer noch mit starken ideologischen Herausforderern konfrontiert ist. Russland und China versuchen, einen autoritären Nationalismus mit einer effizienten Marktwirtschaft zu verbinden, und in der islamischen Welt ist die Idee, dass religiöse Regeln die Grundlage des gesellschaftlichen Lebens bilden sollten, noch immer tief verwurzelt.

Die blutigen Grenzen und das blutende Herz des Islam

Die heftigste Kritik an Huntington richtete sich gegen seine Feststellung, dass an vielen Orten, wo die islamische Welt an andere Zivilisationen grenzt, gewalttätige Konflikte herrschen, während dies an den Trennlinien anderer Zivilisationen viel weniger der Fall sei. Der Islam, so Huntington, habe «blutige Grenzen».[13] Obwohl es in den frühen Neunzigerjahren auch eine Reihe von bewaffneten Konflikten entlang der Grenzen anderer Kulturkreise gab, wie beispielsweise in Jugoslawien zwischen katholischen Kroaten und orthodoxen Serben oder in Sri Lanka zwischen der buddhistischen Mehrheit und den hinduistischen Tamilen, waren diese bei Weitem nicht so zahlreich wie die Konflikte an den Grenzen des Islam. «Überall, wo man an den Außengrenzen des Islam entlangschaut, haben Muslime Probleme, in Frieden mit ihren Nachbarn zu leben», schrieb Huntington. Anhand von Daten des amerikanischen Politikwissenschaftlers Ted Robert Gurr[14] zeigte er, dass islamische Staaten oder muslimische Rebellen in 26 der 50 gewalttätigen ethnischen und politischen Konflikte, die 1993 und 1994 wüteten, verwickelt waren. Da weniger als ein Viertel der unabhängigen Länder überwiegend muslimisch sind und Muslime etwa 30 Prozent der Weltbevölkerung ausmachen, war dies eine deutliche Überrepräsentation. Von den sechs blutigsten Konflikten jener Zeit, die bis dahin jeweils mehr als 200 000 Todesopfer gefordert hatten, bestanden drei zwischen Muslimen und Nichtmuslimen (Bosnien, Osttimor und Sudan), zwei zwischen verschiedenen Gruppen von Muslimen (Somalia und Irak), und nur einer (Angola) war ohne islamische Beteiligung.

Hat Huntington übertrieben, als er diese Momentaufnahme Anfang der 90er-Jahre verallgemeinert und auf die Zukunft projiziert hat? Wir können diese Frage auf der Grundlage der Daten des Uppsala Conflict Data Programs über bewaffnete Konflikte in der Welt seit 1946 beantworten, die von der Universität Uppsala, Schweden, und dem Norwegischen Friedensforschungsinstitut Oslo (PRIO) gesammelt wurden.[15] Diese Datenbank gilt als der internationale Standard für die Erforschung gewalttätiger politischer Konflikte. In den Daten sind bewaffnete Konflikte enthalten, bei denen mindestens eine Partei die Regierung eines Landes ist und die innerhalb eines Kalenderjahres mindestens 25 Menschen das Leben gekostet haben. Dazu gehören sowohl Kriege zwischen Staaten als auch Bürgerkriege innerhalb von Staaten, wobei Letztere die überwiegende Mehrheit der Konflikte ausmachen. Um die Analyse von Huntington zu testen, unterscheide ich vier Gruppen von Ländern, die in bewaffnete Konflikte verwickelt sein können:

1. Islamische Länder – wie überall in diesem Buch definiert als Länder, in denen Muslime die Bevölkerungsmehrheit stellen –, die in einen Bürgerkrieg mit islamischen Aufständischen verwickelt sind. Ich definiere islamische Aufständische nicht auf der Grundlage der Religion der Aufständischen selbst oder der Gruppe, die sie vorgeben zu vertreten, sondern auf der Grundlage der Frage, ob sich die Gruppe in ihrem Namen, ihrer Ideologie oder ihren Zielen mit dem Islam identifiziert. Dies gilt beispielsweise für Gruppen, die die Einführung der Scharia oder die Errichtung eines Kalifats oder die Autonomie von Minderheitsgruppen im Islam anstreben. Die Tuareg-Rebellen in Mali gelten daher nicht als religiös motiviert, die afghanischen Taliban und die schiitischen Houthi-Rebellen im Jemen jedoch schon.[16]

2. Islamische Länder, die in einen internationalen Konflikt oder Bürgerkrieg verwickelt sind, in dem islamisch-religiöse Motive nicht im Vordergrund stehen. Beispiele sind der Iran und der Irak, die in den 1980er-Jahren einen blutigen Krieg führten, oder die Türkei, wo seit Jahrzehnten ein Bürgerkrieg zwischen kurdischen Aufständischen und der Regierungsarmee tobt.

3. Nichtmuslimische Länder, die in einen internationalen Konflikt oder Bürgerkrieg mit nichtmuslimischen Aufständischen verwi-

ckelt sind. Beispiele sind Äthiopien und Eritrea, die sich von 1998 bis 2000 im Krieg befanden, oder die Ukraine, wo die Regierung und ethnisch-russische Aufständische einander gegenüberstehen.

4. Nichtmuslimische Länder, in denen Bürgerkriege mit islamischen Aufständischen oder Separatisten stattfinden. Ein Beispiel ist der Bürgerkrieg in Nigeria zwischen Boko Haram und der Regierungs-armee.

Grafik 4.1 zeigt, wie sich die Anzahl der Länder in diesen vier Kategorien zwischen 1950 und 2015 entwickelt hat. Dabei ist zu berücksichtigen, dass sich die Zahl der unabhängigen Länder zwischen 1950 und 2015 von 83 auf 194 mehr als verdoppelt hat. Dies erklärt zum Teil den Anstieg der Zahl der Länder mit gewalttätigen Konflikten im Laufe der Zeit.

1950 waren zehn Länder an einem Krieg oder Bürgerkrieg beteiligt. Nur eines von ihnen, Indonesien, war ein islamisches Land, und in zwei weiteren – Israel und Myanmar (damals noch Burma genannt) – tobten Konflikte mit islamischen Aufständischen. Die anderen sieben Konfliktländer waren alle nichtislamisch und in Konflikte mit aus-schließlich nichtislamischen Gegnern verwickelt. Zu dieser Gruppe gehörten der Krieg zwischen den beiden Koreas und der tibetische Konflikt in China. Mit anderen Worten, 1950 spielten Muslime nur in drei von zehn Ländern, in denen bewaffnete Konflikte tobten, eine Rolle, und sie waren damit nicht oder kaum überrepräsentiert.

Zwischen 1960 und 1980 nahm die Zahl der bewaffneten Konflikte in der Welt stark zu, insbesondere nach der Dekolonisierung und der Verschärfung des Kalten Krieges zwischen den beiden Supermächten. Dieser Anstieg erfolgte sowohl in islamischen als auch in nichtislami-schen Ländern. 1980 waren elf islamische Länder an Kriegen oder Bür-gerkriegen beteiligt, darunter Irak, Marokko und Bangladesch. Nur in drei islamischen Ländern – Afghanistan, Syrien und Iran – spielten religiöse Motive eine Rolle. Bewaffnete Konflikte wüteten auch in neunzehn nichtmuslimischen Ländern, darunter in afrikanischen Ländern wie Angola und Südafrika, lateinamerikanischen Ländern wie Guatemala und Kolumbien sowie in Europa in Spanien und Großbritannien, die mit der baskischen ETA bzw. der nordirischen

Grafik 4.1: Länder, in denen Kriege oder Bürgerkriege wüteten, 1950–2015

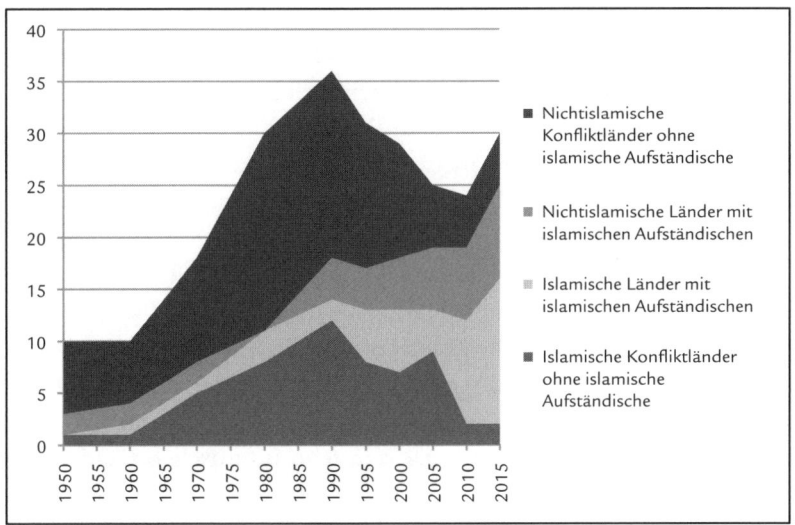

Quelle: PRIO

IRA konfrontiert waren. Kein nichtislamisches Land hatte 1980 mit islamischen Aufständischen zu kämpfen.

Ab Ende der 1980er-Jahre begann dieses Bild jedoch zu kippen, und genau diese Entwicklung hat Huntington in seinem Buch hervorgehoben. 1995 waren 42 Prozent der Länder mit bewaffneten Konflikten islamisch (13 von 31 Ländern, die in gewaltsame Konflikte verwickelt waren), aber vor allem nahm die Zahl der Länder stark zu, die in bewaffnete Konflikte mit islamischen Rebellengruppen verwickelt waren. Dies galt für fünf der dreizehn islamischen Länder mit bewaffneten Konflikten – Afghanistan, Algerien, Ägypten, Irak und Tadschikistan –, aber auch für vier nichtislamische Länder – Indien, Israel, die Philippinen und Russland. Die zunehmende Bedeutung radikalislamischer Gruppen in bewaffneten Konflikten sowohl in islamischen Ländern als auch in Ländern am Rande der islamischen Welt, in denen große islamische Minderheiten leben, veranlasste Huntington zu seiner umstrittenen These von den «blutigen Grenzen des Islam».

Als Beschreibung der Situation Mitte der Neunzigerjahre kann man die These Huntingtons durchaus als etwas überzogen ansehen. Schließlich fand damals noch eine deutliche Mehrheit der bewaffneten Konflikte außerhalb der islamischen Welt statt, und radikalislamische Gruppen waren zwar auf dem Vormarsch, spielten aber auch in der islamischen Welt in den meisten Konflikten keine Rolle. Grafik 4.1 zeigt jedoch eindrucksvoll, dass Huntingtons These als Prognose tatsächlich den Finger auf eine wunde Stelle gelegt hat. Ab 1995 stieg der Anteil der islamischen Länder bei gewalttätigen Konflikten noch weiter an. 2015 waren mehr als die Hälfte – 16 von 30 bzw. 53 Prozent – der Länder, in denen bewaffnete Konflikte wüteten, islamisch. Noch wichtiger war der sehr starke Anstieg der Zahl der Länder, die mit religiös motivierten islamischen Aufständischen zu kämpfen hatten. Dies galt für nicht weniger als vierzehn der sechzehn islamischen Länder mit bewaffneten Konflikten, darunter Mali, Niger, Somalia, Syrien, Irak, Jemen, Afghanistan und Pakistan. In nur einem islamischen Land gab es einen Konflikt mit Anhängern einer anderen Religion als dem Islam: in Aserbaidschan zwischen der Regierung und armenischen Separatisten in der Region Berg-Karabach. Fünf islamische Länder kämpften sowohl mit muslimisch motivierten Gegnern als auch mit nicht religiös motivierten Gegnern: Mali mit den Tuareg, Syrien und Libyen mit säkularen Oppositionsgruppen, Pakistan mit Rebellen aus der Region Belutschistan und die Türkei mit der kurdischen PKK.

Selbst in der nichtmuslimischen Welt dominieren Konflikte mit radikalen Muslimen. 2015 gab es nur fünf nichtmuslimische Länder mit Bürgerkriegen, an denen keine islamischen Extremisten beteiligt waren: die Ukraine, Myanmar, der Südsudan, Burundi und Kolumbien. Sechs nichtmuslimische Länder waren jedoch ausschließlich mit islamischen Aufständischen in bewaffnete Konflikte verwickelt: Nigeria, Kamerun, Kenia, Uganda, Russland und Thailand. Drei nichtmuslimische Länder hatten es sowohl mit islamischen Sezessionsbewegungen als auch mit anderen bewaffneten Gegnern zu tun: Indien und die Philippinen kämpften gegen kommunistische Rebellen, Äthiopien und Indien gegen nichtmuslimische separatistische Bewegungen. Insgesamt waren islamistisch motivierte Gruppen in 23 der 30 Konfliktländer in bewaffnete Konflikte verwickelt (77 Prozent).

Die Prognosen Huntingtons haben sich sicherlich nicht in jeder Hinsicht bestätigt. Entlang den meisten Trennlinien zwischen den neun Zivilisationen, die er identifizierte, existieren keine bewaffneten Konflikte. Was jedoch das Konfliktpotenzial des Islam betrifft, so hat er leider recht behalten. Quer durch Afrika, von Mali, Niger und Nigeria im Westen über Kamerun, den Tschad und den zerfallenen Sudan bis nach Uganda, Kenia und Somalia im Osten zieht sich ein Gürtel blutiger Konflikte zwischen Muslimen und Christen sowie zwischen Muslimen untereinander. Im arabischen Kernland des Islam wüten Kriege an der Grenze zwischen den sunnitischen und schiitischen Einflussbereichen im Irak, in Syrien und im Jemen. Dschihadistische Gruppen, von denen viele mit dem Islamischen Staat oder mit al-Qaida verbunden sind, führen einen bewaffneten Kampf gegen die Regierungen Algeriens, Libyens und Ägyptens und tragen zu den Bürgerkriegen in Syrien, Irak und Jemen bei. Auch im Kaukasus ist es an den nördlichen Grenzen des Islam nach wie vor unruhig. Weiter im Osten befinden sich große Teile Pakistans und Afghanistans in den Händen dschihadistischer Gruppen wie der Taliban, und in Kaschmir kämpfen seit Jahrzehnten islamische Aufständische gegen die indische Regierungsarmee. Der Gürtel bewaffneter Konflikte mit islamischen Gruppen endet erst an den äußersten Grenzen des Einflussbereichs des Islam im Südosten Asiens, in Thailand und auf den Philippinen.

Seit Huntington sein Buch veröffentlichte, sind die Grenzen des Islam nur noch blutiger geworden. Ob dies jedoch als ein Kampf der Kulturen zwischen dem Islam und dem Rest der Welt angesehen werden kann, ist sehr fraglich. Innerhalb der islamischen Welt gibt es nämlich mindestens ebenso viele Konflikte wie zwischen dem Islam und anderen Kulturkreisen. Ein Kampf der Kulturen, wie Huntington ihn beschreibt, wäre nicht nur durch Konflikte zwischen den Zivilisationen, sondern auch durch mehr Solidarität und eine Bereitschaft, Differenzen innerhalb des eigenen Kulturkreises friedlich beizulegen, gekennzeichnet. Letzteres ist in der islamischen Welt nicht der Fall. Sunniten und Schiiten, Fundamentalisten und gemäßigte Konservative, Anhänger der Scharia und religiöse Reformer: sie alle sind mehr der Gefahr ausgesetzt, von anderen Muslimen angegriffen zu werden, als von Mitgliedern anderer Religionen. Der *Dar al-Islam*, das Haus des Islam, das oft auch als *Dar as-Salam*, Haus des Friedens, bezeichnet wird, ist zu einem Haus des Krieges, einem *Dar al-Harb*, geworden: Der Islam hat auch ein blutendes Herz.

Terror im Namen des Islam

Bisher haben wir uns mit bewaffneten Konflikten zwischen und innerhalb von Staaten beschäftigt, in denen mindestens eine der Parteien die Regierung eines Landes ist. Darüber hinaus ist die Welt in den letzten Jahrzehnten zunehmend mit dem Terrorismus als einer Form der politischen Gewalt konfrontiert worden. Terrorismus ist ein belasteter Begriff, der oft verwendet wird, um politische Gegner in ein schlechtes Licht zu rücken. In den 1970er- und 1980er-Jahren wurden beispielsweise linke Guerillabewegungen in Lateinamerika von den rechten Regimen, gegen die sie kämpften, ausnahmslos als Terroristen bezeichnet. Linke Regime taten das Gleiche mit ihren Gegnern: Für die Vereinigten Staaten waren die Contras in Nicaragua Freiheitskämpfer, für das linke Regime waren sie Terroristen. Wenn wir den Terrorismus unideologisch betrachten wollen, brauchen wir daher eine klare und möglichst neutrale Definition.

Dazu nehme ich die Global Terrorism Database (GTD) der University of Maryland in den Vereinigten Staaten als Ausgangspunkt, die Daten zu mehr als 170 000 Terrorakten zwischen 1970 und 2016 enthält.[17] Die Forscher definieren einen Terrorakt auf der Grundlage von drei Merkmalen, die erfüllt sein müssen: Es muss erstens um eine vorsätzliche Handlung gehen; sie muss zweitens die Anwendung oder Androhung von Gewalt gegen Personen oder Sachen beinhalten; und die Täter dürfen drittens nicht dem Staatsapparat angehören. Darüber hinaus müssen zwei der drei folgenden Kriterien erfüllt sein: Die Aktion dient einem politischen, religiösen oder sozialen Zweck; sie

Grafik 4.2: Anzahl der Terrorakte und Todesfälle, 1970–2016

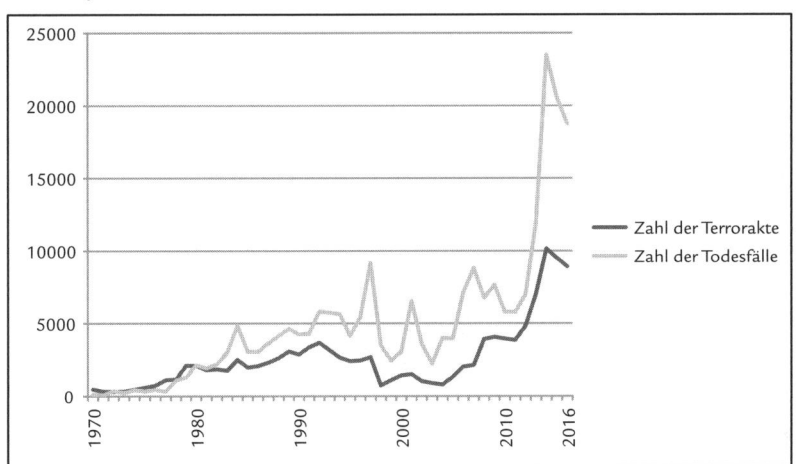

Quelle: Global Terrorism Database

zielt darauf ab, eine breitere Öffentlichkeit und nicht nur die unmittelbaren Opfer einzuschüchtern, zu nötigen oder zu erschrecken; und sie verstößt gegen internationale Vorschriften legitimer Kriegshandlungen, insbesondere gegen das Verbot gezielter Gewalt gegen Zivilisten und unbewaffnete Gegner. Meiner Meinung nach ist diese Definition noch zu weit gefasst, da sie den Einsatz von Gewalt gegen bewaffnete Gegner beinhalten kann: 15 Prozent der Terroranschläge in der Global Terrorism Database haben militärische Ziele, 13 Prozent richten sich gegen die Polizei und knapp 2 Prozent gegen andere bewaffnete Milizen und terroristische Gruppen. In all diesen Fällen ist es eine politisch-ideologische Frage, ob diese Gewalt als Terrorismus oder als legitimer Akt des Widerstands angesehen werden sollte. Daher schließe ich bei meiner Definition Aktionen aus, die auf bewaffnete Gegner abzielen. Ich definiere einen Angriff palästinensischer Aktivisten auf israelische Soldaten oder die israelische Polizei nicht als Terrorismus, wohl aber das Erstechen von Zivilisten oder das Sprengen eines Stadtbusses. Viele Israelis werden Angriffe auf Armee und Polizei auch als Terrorismus betrachten, und viele Palästinenser werden Angriffe auf israelische Zivilisten als legitime Widerstands-

Grafik 4.3: Anzahl der Todesfälle bei Terroranschlägen in islamischen und nichtislamischen Ländern, 1970–2016

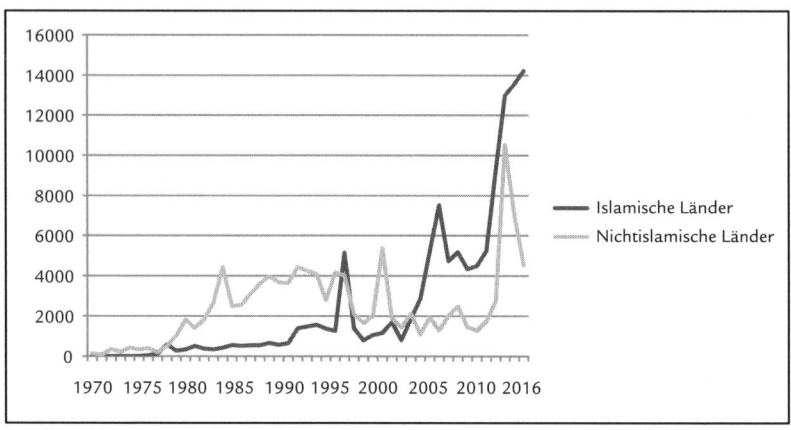

Quelle: Global Terrorism Database

aktionen ansehen, aber in einer sauberen Definition von Terrorismus muss die Unterscheidung zwischen bewaffneten und unbewaffneten Zielen eine zentrale Rolle spielen.

Wenn man diese engere Definition von Terrorismus zugrundelegt, bleiben in der Global Terrorism Database zwischen 1970 und 2016 mehr als 120 000 Terrorakte mit insgesamt etwa 230 000 Todesopfern übrig. Wie Grafik 4.2 zeigt, ist sowohl die Zahl der Terroranschläge als auch die Zahl der Todesopfer seit 1970 stark angestiegen, von mehreren Hundert terroristischen Gewaltakten pro Jahr weltweit in den frühen Siebzigerjahren auf mehr als 10 000 im Jahr 2014. Die Zahl der Todesfälle durch terroristische Gewalt nahm noch stärker zu: von einigen Hundert pro Jahr in den frühen 1970er-Jahren auf einen Höchststand von fast 24 000 im Jahr 2014.

Die regionale Verteilung der terroristischen Gewalt hat sich jedoch im Laufe der Zeit erheblich verändert. Grafik 4.3 zeigt dies für die Zahl der Todesfälle bei Terroranschlägen in islamischen und nichtislamischen Ländern. Bis Mitte der 1990er-Jahre fanden mit Abstand die meisten Terroranschläge außerhalb der islamischen Welt statt. Obwohl die terroristische Gewalt auch in islamischen Ländern stetig zunahm, fanden bis 2004 immer noch die meisten Gewaltakte in nichtmuslimischen Ländern statt. Seit 2005 ist die terroristische Gewalt in der islamischen Welt eskaliert, und seitdem ist die Zahl der Gewalttaten und Opfer in islamischen Ländern mehr als doppelt so hoch wie im Rest der Welt zusammen. Bei der Interpretation der Daten sollte insbesondere für die Zeit seit 2001 berücksichtigt werden, dass ein erheblicher Teil der terroristischen Gewalt in nichtmuslimischen Ländern auf islamische Terrorgruppen zurückgeht. So wird beispielsweise der starke Anstieg 2001 durch die Terroranschläge vom 11. September in New York und Washington verursacht, bei denen fast 3000 Menschen ums Leben kamen. Der Anstieg der Zahl der Todesfälle in nichtmuslimischen Ländern in den Jahren 2014–2016 ist vor allem auf Boko Harams Terrorkampagne in Nigeria und benachbarten Teilen Kameruns zurückzuführen.

Tabelle 4.4: Länder mit den meisten Todesfällen durch Terroranschläge, 1970–1979 und 2007–2016

Top 10 der Länder mit den meisten Todesfällen durch Terroranschläge, 1970–1979	Anzahl der Todesfälle durch Terroranschläge, 1970–1979	Top 10 der Länder mit den meisten Todesfällen durch Terroranschläge, 2007–2016	Anzahl der Todesfälle durch Terroranschläge, 2007–2016
Großbritannien	976	Irak	37 556
Iran	489	Nigeria	16 378
Israel	234	Afghanistan	13 234
El Salvador	215	Pakistan	11 358
Rhodesien (jetzt Simbabwe)	193	Syrien	6148
Türkei	183	Somalia	3361
Nicaragua	170	Indien	3230
Kolumbien	165	Jemen	3152
Italien	148	DR Kongo	2258
Libanon	142	Philippinen	1613
Alle nichtislamischen Länder	3702	Alle nichtislamischen Länder	35 080
Alle islamischen Länder	1060	Alle islamischen Länder	81 477
Gesamt	4762	Gesamt	116 557

Quelle: Global Terrorism Database

Tabelle 4.4 zeigt, wie sehr sich das Profil des globalen Terrorismus verändert hat, wenn wir die 1970er-Jahre mit den letzten zehn Jahren (2007–2016) vergleichen. Für jedes dieser Jahrzehnte zeigt die Tabelle die zehn Länder, in denen die meisten Todesfälle durch Terrorismus zu beklagen waren, sowie die Gesamtzahl der Opfer in islamischen und nichtislamischen Ländern. In den 1970er-Jahren führte Großbritannien die Liste des internationalen Terrorismus an, mit fast tausend Toten durch Anschläge der IRA und protestantischer paramilitärischer Gruppen. Italien auf Platz 9 litt mit Angriffen der Roten Brigaden und rechtsgerichteter Terrorgruppen ebenfalls sehr stark unter terroristischer Gewalt. Außerhalb der Top Ten galt in Europa das Gleiche für Spanien. Deutschland stand mit 38 Toten, die meisten davon Opfer der Roten Armee Fraktion, in den 1970er-Jahren auf Platz 26 der Weltrangliste des Terrors. Zu den Top Ten gehörten auch drei lateinamerikanische Länder – El Salvador, Nicaragua und Kolumbien – sowie das afrikanische Rhodesien (jetzt Simbabwe). In dieser Spitzengruppe tauchten nur drei islamische Länder auf: Iran, Libanon und die Türkei. Die Gewalt in der Türkei hatte außerdem nichts mit Religion zu tun und bestand aus Angriffen linksrevolutionärer und rechtsnationalistischer Gruppen. Insgesamt waren islamische Länder mit einem Anteil von 22 Prozent an den Todesfällen, die in den 1970er-Jahren durch terroristische Gewalt verursacht wurden, sogar leicht unterrepräsentiert.

Für den Zeitraum 2007–2016 ist das Bild völlig anders. Erstens hat sich das globale Niveau der terroristischen Gewalt enorm erhöht. Während es in den Siebzigerjahren insgesamt weniger als 5000 Todesopfer durch Terroranschläge gab, wurden in den zehn Jahren von 2007 bis 2016 mehr als 116 000 Menschen durch Terror getötet – also alle fünf Monate so viele wie damals in zehn Jahren. Europäische und lateinamerikanische Länder gehören nicht mehr zu den Top Ten, und sechs der zehn Spitzenreiter sind heute islamische Länder, angeführt vom Irak. Von den vier nichtmuslimischen Ländern hat der Terrorismus nur in der Demokratischen Republik Kongo nichts mit dem Islam zu tun. In Indien starb ein Viertel der Terrortoten bei Anschlägen von islamischen Gruppen, aber der größte Teil der Gewalt dort wurde von marxistischen und maoistischen Gruppen verübt. Auch auf den Philippinen spielte der kommunistische Terrorismus – in diesem Fall der New People's Army – eine wichtige Rolle, aber die meisten Todesfälle wurden dort durch Angriffe der Abu Sayyaf und anderer islamischer Gruppen verursacht. In Nigeria schließlich sind fast alle Todesfälle auf islamische Gruppen zurückzuführen. Boko Haram allein ist für drei Viertel der nigerianischen Terroropfer verantwortlich, die meisten anderen gehen auf das Konto islamischer Fulani-Extremisten. Insgesamt 70 Prozent der Terroropfer im Zeitraum 2007–2016 waren in islamischen Ländern zu verzeichnen. Wenn wir die Opfer in den islamischen Regionen Nigerias, der Philippinen und Indiens hinzuzählen, waren 85 Prozent der Todesfälle durch Terrorismus in Teilen der Welt zu beklagen, in denen Muslime die Mehrheit stellen.

Westeuropa ist relativ wenig von dieser Welle terroristischer Gewalt betroffen. Laut der Global Terrorism Database wurden in den zehn Jahren zwischen 2007 und 2016 in Westeuropa 516 Menschen bei Anschlägen getötet. In einigen Fällen – mit insgesamt 81 Toten – war nicht sicher, ob es sich tatsächlich um einen Terroranschlag handelte, entweder weil es möglicherweise ein Unfall gewesen sein könnte (der Absturz eines ägyptischen Flugzeugs im Mittelmeer 2016 mit 66 Toten) oder weil die Motive der Täter unklar waren. Von den 435 Todesfällen, die mit Sicherheit einen terroristischen Hintergrund hatten, gingen nur vier (alle in Griechenland) auf das Konto linksextremistischer Gruppen. Regionale und ethnische Bewegungen waren für 14 Todesfälle verantwortlich, die meisten davon in Nordirland. Rechtsextreme und Neonazis haben eine größere Zahl von Menschen getötet, insgesamt 93, die meisten Anders Breivik, der am 22. Juli 2011 in Oslo und Umgebung 77 Menschen erschoss. Mit 314 Todesfällen war jedoch der überwiegende Teil (72 Prozent) der europäischen Terroropfer auf Angriffe islamischer Extremisten zurückzuführen. Dazu gehörten unter anderem die Angriffe auf die Redaktion von Charlie Hebdo und auf die Bataclan-Konzerthalle in Paris im Januar und November 2015, auf die U-Bahn und den Flughafen von Brüssel im März 2016 sowie die Attacken mit Lastwagen in Nizza und Berlin im Juli und Dezember 2016.

In Nordamerika ist die Zahl der Todesfälle durch Terror mit Ausnahme der Anschläge vom 11. September 2001 noch geringer als in Europa. Um die amerikanische Reaktion auf den 11. September richtig zu verstehen, muss man allerdings bedenken, dass diese Anschläge, bei denen fast 3000 Menschen ums Leben kamen, mehr Opfer forderten als alle Terrorangriffe in Westeuropa seit 1980 zusammen. In jüngster Zeit ist die Zahl der Todesfälle durch Terrorismus in Nordamerika relativ begrenzt: 142 zwischen 2007 und 2016. Linke und regionalistische tödliche Gewalt gibt es in Nordamerika überhaupt nicht, und wie in Europa sind Rechtsextreme für eine beträchtliche Zahl von Todesfällen verantwortlich: 39 insgesamt. Der schwerste rechtsextreme Angriff im Untersuchungszeitraum war 2015 auf eine schwarze Kirche in Charleston, South Carolina, bei dem neun Kirchenbesucher starben. Aber auch in Nordamerika gehen die meisten Todesfälle, 84 an der Zahl, auf das Konto von islamischen Extremisten. Die meisten Opfer waren beim Angriff auf eine Schwulendisko in Florida im Jahr 2016 (50 Tote) und auf eine Betriebsweihnachtsfeier in San Bernardino, Kalifornien, im Jahr 2015 (16 Tote) zu beklagen.

Leugnungsthesen

Trotz der überwältigenden Belege dafür, dass islamische Extremisten für die allermeisten terroristischen Gewalttaten verantwortlich sind, wird nach jedem Anschlag von vielen Politikern, Journalisten und Kommentatoren behauptet, dass Terrorismus «nichts mit dem Islam zu tun» habe. Dass die Täter selbst verkünden, vom Koran und vom Beispiel Mohammeds inspiriert zu sein, dass sie in ihren Manifesten und Videobotschaften reichlich Korantexte zitieren, dass sie betonen, ihren Glauben mit ihren Taten verteidigen oder verbreiten zu wollen und in vielen Fällen laut «Allahu Akbar!» rufen, während sie ihre Opfer töten – all das ist anscheinend irrelevant. Laut der Leugnungsthese sind sie «einsame Wölfe» oder «verwirrte Personen», die nichts mit Muslimen zu tun haben und vom Islam oder dem Koran nichts verstanden haben.

Nehmen wir zum Beispiel den Angriff in Orlando. In seiner Reaktion auf das Massaker bezeichnete Präsident Barack Obama die Tat als ein Beispiel von «hausgemachtem Terrorismus» (*homegrown terrorism*) und damit als ein amerikanisches Problem. Derartige Taten, so argumentierte er weiter, werden von «verwirrten und gestörten» Individuen begangen, die sich über das Internet «selbst radikalisieren».[18] Das Konzept der «Selbstradikalisierung» wird, wie die Metapher des «einsamen Wolfes», nach islamischen Angriffen häufig verwendet, um zu suggerieren, dass es sich um den Akt eines isolierten Individuums handelt, das ohne jegliche Verbindung zur weiteren muslimischen Gemeinschaft völlig von sich aus radikalisiert ist. Das Argument erinnert an die gebetsmühlenartig vorgetragenen Abwehrfloskeln der amerikanischen Waffenlobby, die nach jedem Schusswaffenmassaker argumentiert: Waffen töten nicht, sondern Menschen töten (*guns don't kill, people do*) – als ob diese Gewalt nichts mit dem freien Verkauf von Waffen in den USA zu tun hätte und nur auf die einzelnen Täter zurückgeführt werden könnte, die auch nach Ansicht der Waffenlobby ausnahmslos «verwirrt» und «gestört» seien.

Hatte das Massaker von Orlando nichts mit dem Islam zu tun? Während er mordete, schwor der Täter, Omar Mateen, in mehreren Telefongesprächen dem Islamischen Staat die Treue. Er bekundete seine Solidarität mit den Tätern des Anschlags auf den Marathon in Boston und mit dem ersten amerikanischen Selbstmordattentäter in Syrien, einem Anhänger der al-Nusra-Front, den Omar Mateen persönlich kannte, weil sie die gleiche Moschee in Fort Pierce in Florida besuchten. Auf seiner Facebookseite schrieb Mateen: «Die wahren Muslime werden den schmutzigen Weg des Westens nie akzeptieren. Du tötest unschuldige Frauen und Kinder bei Luftangriffen. Jetzt wirst du die Rache des Islamischen Staates spüren.» Er beendete seinen Beitrag mit: «Möge Allah mich aufnehmen.» Das Verhalten von Mateen vor dem Angriff zeigt auch, dass er ein religiöser Muslim war. Nach Angaben seines Imams ging er drei- bis viermal pro Woche in die Moschee, das letzte Mal zwei Tage vor dem Angriff. Zweimal, in den Jahren 2011 und 2012, war er auf einer Pilgerreise in Saudi-Arabien. Aber laut Mir Seddique Mateen, Omars Vater, hatte die Tat seines Sohnes natürlich «nichts mit Religion zu tun», und der Präsident und große Teile der amerikanischen Presse folgten dieser Auffassung. Als alternative Erklärung wies der Vater, der selbst mit den Taliban sympathisierte, auf ein Ereignis einige Zeit vor dem Angriff hin. Omar habe sich sehr aufgeregt, als er sah, wie sich zwei Männer in der Öffentlichkeit küssten, als ob das beweisen würde, dass Omars Motive nichts mit dem Islam zu tun hatten. Doch gewalttätige Homophobie ist, wie wir im vorherigen Kapitel gesehen haben, der islamischen Welt keineswegs fremd.

Ein weiteres Argument, mit dem ein Zusammenhang zwischen Terror und Islam abgestritten wird, ist der Hinweis darauf, dass die meisten Opfer Muslime sind. Barack Obama twitterte in diesem Sinne: «IS spricht für keine Religion. Seine Opfer sind überwiegend Muslime, und keine Religion lehrt ihre Anhänger, unschuldige Menschen zu töten.»[19] Auch das deutsche Bundesinnenministerium benutzt dieses Argument, um die These zu untermauern, der Terror habe nichts mit dem Islam zu tun:

> Der Islam ist wie das Christentum eine friedliebende Religion. Muslime lehnen Terrorismus und seine Ziele ebenso ab, wie andere Teile unserer Bevölkerung. Dies belegen unabhängige Umfragen. Der Islam als Glaubenslehre wird lediglich von Extremisten und Terroristen, die in jeder Glaubensrichtung vertreten sind, missbraucht, um Menschen von ihren Zielen zu überzeugen und für terroristische Handlungen zu gewinnen. [...] Weltweit gesehen sind die meisten Opfer des angeblich im Namen des Islam verbreiteten Terrorismus Muslime.[20]

Da der größte Teil des islamistischen Terrors in islamischen Ländern stattfindet, sind die meisten Opfer tatsächlich Muslime. Dies können Muslime sein, die einer anderen religiösen Richtung angehören, die sich gegen die Scharia stellen und für Meinungsfreiheit und Frauenrechte eintreten, Muslime, die rivalisierenden Terrorgruppen angehören, oder solche, die einfach zur falschen Zeit am falschen Ort waren. Aber wenn das bedeuten würde, dass die Gewalt nichts mit dem Islam zu tun haben kann, dann müssten wir auch sagen, dass die Religionskriege zwischen Katholiken und Protestanten oder die Verfolgung von Ketzern durch die Inquisition nichts mit dem Christentum zu tun hatten. Und die Mafia hat dann auch nichts mit der sizilianischen Kultur zu tun, da ja die meisten ihrer Opfer Sizilianer sind.

Bei Angriffen in der westlichen Welt argumentieren die Beschwichtiger meist mit dem Ausmaß des Terrors im Namen des Islam. In Europa wird dabei oft auf die Jahresberichte von Europol verwiesen.[21] Diese zeigen, wie viele Terroranschläge in der Europäischen Union in einem Jahr stattgefunden haben und wer für sie verantwortlich war. Es zeigt sich, dass nur eine kleine Minderheit der Angriffe von islamischen Gruppen oder Einzelpersonen verübt wurden: 2015 beispielsweise nur 17 der 215 von Europol erfassten Terroranschläge. Deutlich mehr Angriffe haben einen regional-separatistischen Hintergrund (65 im Jahr 2015). Das Gleiche können wir auf der Basis der Global Terrorism Database zeigen. Wenn wir das Jahrzehnt von 2007 bis 2016 als Grundlage nehmen, waren nur 49 von 1632 Terroranschlägen in Europa islamistisch motiviert, was weniger ist als die Zahl der Angriffe korsischer Separatisten (67), ganz zu schweigen von der separatistischen Gewalt in Regionen wie Nordirland. Auch die Zahl der linksextremen Gewalttaten war deutlich höher. Fazit vieler Beschwichtiger im Internet und in der Presse: Die Gefahr des islamischen Extremismus wird stark übertrieben. Nach den Angriffen auf die Redaktion von Charlie Hebdo und einen jüdischen Supermarkt (mit insgesamt zwanzig Toten) behauptete zum Beispiel Alexander Pechtold, der Vorsitzende der linksliberalen Fraktion im niederländischen Parlament, mit Hinweis auf die Europol-Daten, der islamische Terrorismus sei nur eine marginale Erscheinung, da 99,3 Prozent der Terroranschläge in Europa von Nichtmuslimen verübt würden.[22] Daten zu Terroranschlägen in den Vereinigten Staaten zeigen ein ähnliches Bild, mit deutlich mehr rechtsgerichteten und rassistischen Angriffen als islamistischen Terrorakten.

Bei solchen Vergleichen wird allerdings völlig ausgeblendet, dass sich fast alle Angriffe von linksextremen und separatistischen Gruppen nicht gegen Menschen richten, sondern in Sachbeschädigungen von Gebäuden oder Autos bestehen, oder, im Falle der beträchtlichen

Anzahl von Aktionen von Tieraktivisten, aus Angriffen auf Versuchs-
labore und Pelzfarmen, bei denen Tiere freigelassen werden. Bei keinem der korsischen Anschläge gab es Tote, bei Hunderten von separatistischen Angriffen in zehn Jahren waren insgesamt vierzehn Todesopfer zu beklagen. Die weniger zahlreichen islamisch inspirierten
Anschläge waren jedoch fast ausnahmslos darauf ausgerichtet, möglichst viele Menschen zu töten, und das Ergebnis war entsprechend:
314 Todesfälle bei nur 49 Angriffen. In Europa gibt es laut Europol
auch viel mehr linksextreme als rechtsextreme Anschläge. Dennoch
hört man selten, dass die Gefahr des Rechtsextremismus in Europa
stark überschätzt wird – und das zu Recht, denn die linke Gewalt richtet sich weitgehend gegen Sachen, es gab nur vier Todesopfer. Rechts-
extremistische Gewalt forderte dagegen 93 Todesopfer im Jahrzehnt
von 2007 bis 2016.

Aber die Beschwichtiger geben nicht auf: Auch diese Toten lassen
sich auf irreführende Weise mit anderen Zahlen in Beziehung setzen.
Dazu nehme man die Zahl der Todesfälle durch islamistische Gewalt
und vergleiche sie mit einer willkürlich gewählten anderen Todesursa-
che, etwa dem Sturz von einer Treppe oder aus dem Bett.[23] Allein in
den Niederlanden starben 2016 mehr als 3000 Menschen an den Folgen eines Sturzes, 266 von ihnen durch einen Sturz aus dem Bett – das
niederländische Statistikbureau CBS hält all dies akribisch fest.[24]
Worüber reden wir also eigentlich, wenn wir über die 314 Todesfälle
durch islamistischen Terror in Westeuropa in zehn Jahren sprechen?
Die Wahrscheinlichkeit, durch einen Sturz aus dem Bett ums Leben
zu kommen, ist um ein Vielfaches größer, als bei einem Terroranschlag zu sterben. Beweist das nicht, dass die große Medienaufmerk-
samkeit und die ganzen Sicherheitsmaßnahmen gegen den Terrorismus übertrieben sind?

Bei näherer Betrachtung erweisen sich solche Argumente jedoch
als absurd. Erstens gehen sie implizit davon aus, dass die Zahl der
Anschläge und Todesfälle gleich bleiben würde, wenn wir dem Terrorismus keine Beachtung schenken und keine Sicherheitsmaßnahmen
ergreifen würden. Das würden sie aber natürlich nicht, denn es werden viel mehr Pläne geschmiedet und Anschlagsversuche verhindert,

als tatsächlich erfolgreich umgesetzt werden. Hätten die Vereinigten Staaten und andere Länder beispielsweise nichts getan, um die Kontrollen bei der Pilotenausbildung zu verschärfen, den Zugang zu Cockpits zu sichern und die Kontrollen an Flughäfen zu intensivieren, wären nach dem 11. September noch viele andere Flugzeuge unter Anrufung Allahs in Gebäude gesteuert worden. Es würden aber immer noch gleich viele Menschen aus ihrem Bett fallen – vor allem, weil sie alt und gebrechlich sind.

Das Argument ist auch deshalb absurd, weil es das wesentliche Ziel des Terrors ignoriert, eine ganze Gesellschaft einzuschüchtern. Während des Zweiten Weltkriegs wurden 2800 Niederländer von den Deutschen hingerichtet, entweder weil sie Widerstand geleistet hatten oder aus Vergeltung für Widerstandsaktionen.[25] Das ist weniger als die Zahl der Niederländer, die in einem Jahr durch einen Sturz sterben, aber bedeutet das, dass die deutsche Besatzung so schlimm doch nicht war? Die Gefahr eines Sturzes ist Teil des Lebens und schränkt unsere Freiheit nicht ein, aber Hinrichtungen durch einen Besatzer oder tödliche Terroranschläge tun dies sehr wohl, weil die von ihnen ausgehende Bedrohung Auswirkungen auf die Gesellschaft insgesamt hat. Manchmal muss man dafür nicht einmal jemanden töten; die Drohung reicht aus. Wer wagt es nach Salman Rushdie noch, einen Roman zu schreiben, in dem eine Person vorkommt, die an Mohammed erinnert? Welcher Filmemacher wagt es nach dem Tod von Theo van Gogh noch, einen islamkritischen Film wie *Submission* zu machen?

Verschwörungstheorien

In der islamischen Welt ist die mit Abstand beliebteste Form der Leugnung die Verschwörungstheorie. In jedem Land gibt es wohl ein paar Verrückte, die glauben, dass die Landung auf dem Mond inszeniert wurde, dass der Holocaust nie stattgefunden hat, dass Elvis noch lebt und Paul McCartney schon lange tot ist. In der islamischen

Grafik 4.5: Prozentsatz der Muslime, die nicht glauben, dass Araber für die Anschläge vom 11. September 2011 verantwortlich waren.

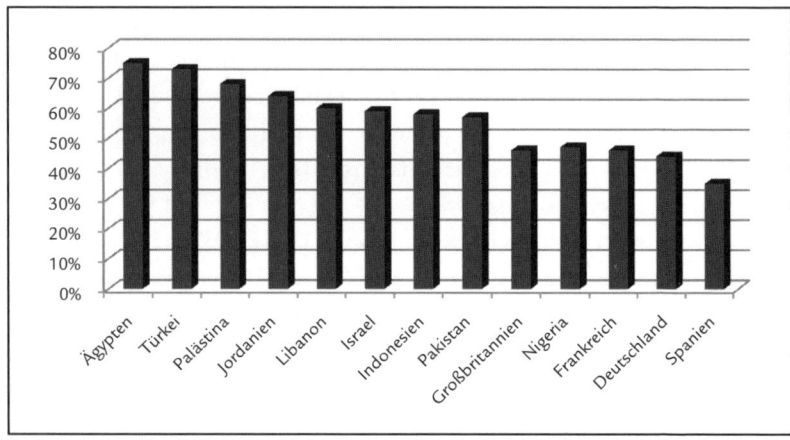

Quelle: Pew Research Center

Welt ist diese Art von Torheit an der Tagesordnung, wenn es darum geht, die eigene Verantwortung für Bürgerkriege und Terrorismus zu leugnen. Die Ansichten vieler Muslime zu den Anschlägen des 11. September 2001 in den Vereinigten Staaten sind das bekannteste Beispiel dafür. Das amerikanische Pew Research Center hat Muslimen in Ländern auf der ganzen Welt die Frage gestellt: «Glauben Sie, dass Araber für die Anschläge auf die Vereinigten Staaten (World Trade Center und Pentagon) vom 11. September 2001 verantwortlich waren, oder glauben Sie das nicht? Grafik 4.5 zeigt, dass Mehrheiten in allen islamischen Ländern, die Teil der Studie waren – von 57 Prozent in Pakistan bis 75 Prozent in Ägypten –, nicht glaubten, dass Araber für die Angriffe verantwortlich waren. Muslime in Israel (59 Prozent) und Nigeria (47 Prozent) waren ebenfalls in großer Zahl dieser Meinung. Noch bemerkenswerter ist, dass selbst unter islamischen Einwanderern in westlichen Ländern viele nicht an die offizielle Version glaubten. Unter den britischen Muslimen war dies sogar eine Mehrheit (56 Prozent), aber auch in anderen westlichen Ländern halten große Minderheiten zwischen 28 Prozent (USA) und 46 Prozent (Frankreich) die offiziellen Berichte über die Hintergründe des 11. September für falsch.

Aus den Befunden von Pew Research wird jedoch nicht klar, wen Muslime für verantwortlich halten. Eine Studie des britischen Think Tank Policy Exchange stellte daher die Frage anders: «Wer ist Ihrer Meinung nach für den 11. September verantwortlich?»[26] Nur 4 Prozent der britischen Muslime antworteten mit «al-Qaida». Fast doppelt so viele, 7 Prozent, glaubten, dass Juden hinter den Angriffen steckten, 31 Prozent, dass es die Vereinigten Staaten selbst waren, 6 Prozent erwähnten jemand anderen und 52 Prozent gaben an, es nicht zu wissen. Unter den nichtislamischen Briten befanden sich auch einige Anhänger von Verschwörungstheorien, aber die große Mehrheit (71 Prozent) war doch der Meinung, dass al-Qaida verantwortlich sei (16 Prozent gaben an, es nicht zu wissen; 10 Prozent gaben den USA und 1 Prozent den Juden die Schuld). Um einen Einblick in die Gedankenwelt solcher Verschwörungstheorien zu gewinnen, ist es lehrreich zu hören, was britische Muslime in Gruppendiskussionen, die Policy Exchange mit ihnen führte, darüber sagten:

Interviewer: Jemand hat den 11. September erwähnt, denkst du, dass das eine Erfindung ist?
- Ja (allgemeine Zustimmung).
- Ja, sie haben den Film gemacht, den sie jetzt zeigen; ich glaube, sie wollen den Muslimen die Schuld geben.
- Es war alles im Voraus geplant.
- Ihre Pässe wurden unbeschädigt gefunden, weißt du?
- Ja, ich habe so etwas gehört.
- Außerdem arbeiten in den Twin Towers überwiegend Juden, aber kein einziger Jude war an diesem Tag auf der Arbeit.
- Keiner von ihnen war auf der Arbeit.
- Ich glaube, sie hatten auch die Twin Towers im Voraus versichert.
- Es war im Voraus geplant, ja.
- Ein Jahr im Voraus oder so, sie haben es für eine riesige Summe versichert.[27]

Wer glaubt, dass diese Art von Unsinn vor allem unter schlecht informierten, wenig gebildeten Muslimen verbreitet ist, irrt. Die Tatsache, dass so viele Muslime an Verschwörungstheorien glauben, ist kaum

verwunderlich, wenn man bedenkt, dass politische und religiöse Führer in der islamischen Welt bei der Verbreitung solcher Hirngespinste
selbst vorangehen. Nach den Anschlägen Anfang 2015 in Paris speku-
lierte der türkische Präsident Recep Tayyip Erdoğan, dass die Franzosen wahrscheinlich selbst daran beteiligt waren, mit der Absicht, Muslimen die Schuld in die Schuhe zu schieben:

> Französische Staatsbürger begehen ein solches Massaker, und Mus-
> lime zahlen den Preis. Das ist sehr bemerkenswert [...] Behalten ihre
> Sicherheitsdienste nicht im Auge, wer das Gefängnis verlässt? Wir
> müssen uns bewusst sein, dass Spielchen mit der islamischen Welt
> getrieben werden. Die Heuchelei des Westens ist offensichtlich. Als
> Muslime haben wir uns noch nie terroristischer Massaker schuldig
> gemacht. Dahinter stehen Rassismus, Fremdenfeindlichkeit und Isla-
> mophobie.[28]

Als wolle er beweisen, dass es innerhalb der AKP Erdoğans durchaus
Raum für unterschiedliche Meinungen gibt, meinte der damalige
Bürgermeister von Ankara, Melih Gökçek, dass nicht Frankreich, son-
dern Israel hinter den Anschlägen in Paris stecke: «Der Mossad steckt
sicherlich hinter solchen Vorfällen. [...] Sie sind damit beschäftigt, die
Feindseligkeit gegenüber dem Islam zu verstärken.»

Nach Ansicht vieler Muslime ist die Terrororganisation Islamischer Staat, die weltweit Tod und Zerstörung bringt, auch eine Schöpfung des Westens und der Juden. Es sind einflussreiche Leute, die
diese Botschaft in die Welt setzen. Ahmad al-Tayyeb ist der Großmufti
der Al-Azhar-Universität in Kairo, die als wichtigste religiöse Institution in der sunnitischen Welt gilt. Auf einer Konferenz in Saudi-Arabien zur Bekämpfung des Terrorismus verkündete er 2015:

> Wir sind mit großen internationalen Verschwörungen gegen Araber
> und Muslime konfrontiert, mit dem Ziel, die Gesellschaft so zu spal-
> ten, wie es den Träumen des neuen Weltkolonialismus entspricht, der
> ein Bündnis mit dem Weltzionismus gebildet hat – Hand in Hand
> und Schulter an Schulter [...] Das Ergebnis dieser ausgefeilten Mani-
> pulationen ist, dass der Irak verloren gegangen ist, Syrien verbrannt,

Jemen auseinandergerissen und Libyen zerstört wurde. Sie haben noch viel auf Lager, von dem nur Gott weiß und vor dem wir Schutz bei Gott suchen.[29]

Und das sind nicht einmal die Hassprediger in den salafistischen Moscheen, sondern die politischen und religiösen Führer, die als «gemäßigt» gelten müssen. Es fasst den desolaten Zustand der islamischen Welt zusammen, dass so viel Macht in den Händen von Politikern und religiösen Führern liegt, die Ideen verbreiten, die an nationalsozialistische Parteitage erinnern würden, wenn man im obigen Zitat «Araber und Muslime» durch «Deutschland und das deutsche Volk» ersetzte.

Ursachen

Wie die meisten Kriege, sind die islamischen Religionskriege kein einfacher Kampf zwischen Gut und Böse. Dies gilt sicherlich für die direkten Gegner. In Syrien ist es schwierig, sich zwischen dem Massenmörder Assad und der syrischen Opposition zu entscheiden, in der dschihadistische und fundamentalistische Gruppen dominieren. Im Irak war der Erfolg von IS im nördlichen Teil des Landes vor allem auf die systematische Diskriminierung von Sunniten durch das schiitische Regime von Premierminister al-Maliki zurückzuführen. In Libyen, Somalia, Afghanistan und Jemen ist es nicht viel anders: Aus dem Blickwinkel von Demokratie, Menschenrechten und Religionsfreiheit bieten einem die verschiedenen Kriegsparteien nur die Wahl zwischen Teufel und Beelzebub.

Ausländische Interventionen haben nicht immer zur Verbesserung der Lage beigetragen. Es gibt positive Beispiele wie die Vertreibung des IS aus den meisten Gebieten Syriens und des Irak und die relativ erfolgreiche Intervention unter französischer Führung in Mali. Aber in anderen Fällen haben ausländische Interventionen die Konfliktlage nicht bessern können oder sogar verschlimmert. Das gilt sicherlich für die Interventionen Russlands, der Türkei und des Iran in Syrien und für die saudische Einmischung im Jemen. Aber auch die von den USA geführte Intervention in Afghanistan hat ihre Ziele nur sehr partiell erreicht. Es gelang zwar, das Taliban-Regime zu stürzen und die al-Qaida-Basen zu zerstören, aber Frieden und Demokratie im Land hat das alles nicht gebracht. Gleiches gilt für die Intervention in Libyen unter britischer und französischer Führung: Das Gaddafi-Regime wurde zwar beseitigt, aber stattdessen entfaltete sich ein chaotischer Bürgerkrieg. Der größte und blutigste Fehler des Westens war ohne Zweifel der amerikanische Angriff mit britischer Unterstützung auf das Regime von Saddam Hussein im Irak im Jahr 2003. Die falsche Behauptung, das irakische Regime besitze Massenvernichtungswaffen, hat die Glaubwürdigkeit der Vereinigten Staaten nachhaltig beschädigt. Der andere von den Amerikanern angeführte Grund, das irakische Regime biete al-Qaida Unterschlupf, wurde erst nach dem amerikanischen Sieg wahr. Nach der Vertreibung Saddam Husseins sah die schiitische Mehrheit im Land ihre Chance, sich für ihre jahrzehntelange Unterdrückung durch die Sunniten unter Saddam zu revanchieren. Dies wiederum schuf die Voraussetzungen für das Terrornetzwerk al-Qaida, von dem sich später der IS abspaltete, in den sunnitischen Teilen des Landes die Sympathie der Bevölkerung zu gewinnen und Fuß zu fassen.

Es besteht deshalb kein Zweifel daran, dass ausländische Interventionen, auch die des Westens, nicht ohne Schuld an der weiteren Eskalation von Konflikten in der islamischen Welt sind. Viele in der islamischen Welt und auch im Westen selbst halten jedoch die westliche Politik für die Hauptursache für die Gewalt in der islamischen Welt. Das beginnt mit dem Argument des westlichen Kolonialismus. Wie wir bereits in Kapitel 2 gesehen haben, fehlt dieser Theorie jegliche sachliche Grundlage. Die islamische Welt ist viel kürzer und weniger tiefgreifend kolonisiert worden als andere Teile der nichtwestlichen Welt. Es sind sogar die islamischen Länder mit der längsten Kolonialgeschichte wie Indonesien, Malaysia und Senegal, die in Bezug auf Demokratie, Religionsfreiheit und politische Stabilität noch am besten abschneiden. Darüber hinaus waren Kernländer der islamischen Welt wie der Iran, die Türkei und Saudi-Arabien nie westliche Kolonien oder Mandatsgebiete. Dabei sind gerade der Iran und Saudi-Arabien das Epizentrum des islamischen Fundamentalismus und die Wiege vieler terroristischer Gruppen.

Die willkürlichen postkolonialen Grenzen sind ein weiteres häufig hervorgebrachtes Argument, das erklären soll, warum es so viele gewalttätige Konflikte in der islamischen Welt gibt. Dies wirft die Frage auf, ob die Grenzen in der nichtmuslimischen Welt denn nicht ebenso willkürlich sind und ob es überhaupt «natürliche» Grenzziehungen gibt. Bis auf wenige Länder mit einer ethnisch extrem homogenen Bevölkerung und eindeutigen geographischen Grenzen wie Island sind Grenzen immer «willkürlich». Sind die Grenzen der Niederlande oder Deutschlands, die beide eine gemischt katholische und protestantische Bevölkerung haben, so natürlich? Wo befindet sich die «natürliche» Grenze zwischen den Niederlanden und Deutschland, wo doch Plattdeutsch sprechende Menschen auf deutscher Seite besser mit Niederländern kommunizieren können als mit Bayern oder Sachsen? Nationalstaaten und ihre Grenzen sind überall historische Konstrukte, die durch Kriege, Waffenstillstands- und Friedensabkommen, die Aufteilung von Einflussbereichen zwischen Großmächten oder die Heiratspolitik von Adelshäusern entstanden sind. Einige der Grenzen in der islamischen Welt sind sogar viel «natürlicher» als viele Grenzen außerhalb. Ägypten und der Iran haben in annähernd den heutigen Grenzen eine kontinuierliche Geschichte von Tausenden von Jahren, aber das hat sie nicht demokratischer, toleranter gegenüber Minderheiten oder friedlicher gemacht.

Häufig wird auf das Sykes-Picot-Abkommen verwiesen, mit dem Frankreich und Großbritannien 1916 ihre Einflusssphären im Nahen Osten für die Zeit nach dem Fall des Osmanischen Reiches abgrenzten. Den Briten wurde ein Mandat für das Gebiet südöstlich einer Linie erteilt, die von den Diplomaten Sykes und Picot durch die arabische Wüste gezogen wurde. Daraus sind die heutigen Staaten Irak, Jordanien und Israel hervorgegangen. Den Franzosen wurde der nordwestliche Teil zugewiesen, der heute aus dem Libanon und Syrien besteht. Nach Ansicht vieler Kommentatoren ist diese koloniale Willkür

für die aktuelle politische Gewalt in Syrien verantwortlich. Die Anhänger dieser Theorie zeigen damit aber, dass sie sich nicht wirklich
in die Geschichte Syriens vertieft haben. Die Franzosen haben nämlich das heutige Syrien gar nicht geschaffen, sondern sie teilten ihr
Mandatsgebiet zunächst in sechs Regionen auf, darunter nicht nur
den damals noch christlich dominierten Libanon, sondern auch
einen kleinen Staat für das drusische Volk und einen alawitischen
Staat an der Mittelmeerküste mit Latakia als Hauptstadt. Die hauptsächlich sunnitisch bewohnten Staaten Damaskus und Aleppo fusio-
nierten bereits 1925. Unter dem Druck des aufkommenden syrischen
Nationalismus wurden 1936 auch die Alawiten- und Drusenstaaten
Teile Syriens. Schließlich kam die Region um Alexandretta (das heutige Hatay), die eine ethnisch gemischte Bevölkerung aus Arabern
und Türken hatte, nach einem Referendum 1939 an die Türkei.[30] Das
heutige multireligiöse Syrien, in dem alawitische Schiiten und Sunniten zusammenleben, ist eine Schöpfung des arabisch-syrischen Nationalismus, nicht der kurzen Herrschaft der Franzosen. Den eigenen
Staat für die Alawiten um Latakia, der nun manchmal als Lösung für
das syrische Problem vorgeschlagen wird, hatten die Franzosen bereits 1920 erfunden. Wäre es nach den Wünschen der Kolonialmächte
gegangen, hätte es im Übrigen nach dem Fall des Osmanischen Reiches
auch einen – im Vertrag von Sèvres (1920) vorgesehenen – unabhängigen kurdischen Staat gegeben, der durch den erfolgreichen «nationalen
Befreiungskrieg» der Türken unter der Führung von Mustafa Kemal
Atatürk nie zustande kam.

Das nächste Argument im Diskurs «Der Westen ist schuld» ist,
dass westliche Länder Diktaturen in der islamischen Welt aus macht-
politischen und wirtschaftlichen Gründen unterstützen und die Gewalt in der islamischen Welt aus dem Widerstand gegen diese Vasallen
des Westens hervorgeht. Ägypten und Saudi-Arabien sind die am häufigsten genannten Beispiele, und beide Regime werden tatsächlich
militärisch und im Falle Ägyptens auch wirtschaftlich vom Westen –
insbesondere von den Vereinigten Staaten – unterstützt. Und das, obwohl es sich um äußerst undemokratische und gewalttätige Regime
handelt, die im Falle Saudi-Arabiens bei weitem nicht unschuldig an

der Entstehung des dschihadistischen Fundamentalismus sind. Auch im Falle des Irak kann man argumentieren, dass es die Amerikaner waren, die dem schiitischen Regime von al-Maliki in den Sattel geholfen haben, obwohl das Regime in diesem Fall auch durch eine mehr oder weniger demokratische Wahl legitimiert wurde.

Als Sozialwissenschaftler habe ich jedoch gelernt, dass wir vermeintliche Ursachen als Variablen betrachten müssen, deren Vorhandensein oder Fehlen systematisch mit dem Vorhandensein oder Fehlen der vermeintlichen Folgen zusammenhängen muss. Dazu muss man übrigens kein Wissenschaftler sein – logisches Denken genügt. Die Theorie, dass die westliche Unterstützung von Diktaturen die Ursache für die Probleme der islamischen Welt sei, besteht diesen Test nicht. Welchen Diktator hat der Westen zum Beispiel in Syrien unterstützt? Waren Baschar al-Assad und sein Vater nicht sogar Feinde des Westens? War es nicht der Westen, der nach dem Ausbruch des Aufstands gegen Assad und nachdem das Regime damit begonnen hatte, gewaltsam gegen seine Bürger vorzugehen, im UN-Sicherheitsrat einen Antrag auf Intervention auf der Oppositionsseite stellte? Ein Antrag, der aufgrund von Vetos von China und Russland scheiterte? Oder was ist mit Libyen? War das Land nicht Teil der von George W. Bush verkündeten «Achse des Bösen»? War Muammar al-Gaddafi ein Freund des Westens? Waren es nicht westliche Truppen, die auf Ersuchen der Opposition geholfen haben, sein Regime zu stürzen? Was war das Ergebnis in beiden Fällen? Genau: Bürgerkrieg, religiöse Konflikte und antiwestliche, dschihadistische Gewalt. Wenn ein Ergebnis B eintritt, unabhängig vom Vorhandensein oder Fehlen einer vermeintlichen Ursache A, dann kann A nicht die Ursache von B sein.

Warum gibt es dann wohl so viel Gewalt in der islamischen Welt, und warum spielt die Religion bei dieser Gewalt eine so große Rolle? Damit kommen wir zu den Faktoren, die wir in den beiden vorangegangenen Kapiteln behandelt haben. Der erste ist, dass die meisten islamischen Länder Diktaturen sind – ob westlich orientiert oder antiwestlich, spielt keine Rolle – oder bestenfalls halbautoritäre Regime. Undemokratischen Regimen fehlen institutionalisierte Kanäle, um Konflikte durch Wahlen, Verhandlungen oder friedlichen Protest ohne Gewaltanwendung zu lösen. Es ist kein Zufall, dass der Senegal und Tunesien – derzeit die beiden einzigen islamischen Demokratien – bisher von religiösen Bürgerkriegen verschont geblieben sind. Die Unterdrückung religiöser Minderheiten und die fehlende Trennung von Religion und Staat, die wir in Kapitel 3 erörtert haben, haben zur Folge, dass Konflikte um die Staatsmacht in islamischen Ländern oft mit religiösen Konflikten zusammenfallen. Sunniten und Schiiten im Irak wissen aus Erfahrung, wie es ist, wenn die andere Glaubensgruppe im Land das Sagen hat. Die syrischen Alawiten und Christen, die Baschar al-Assad trotz all seiner Grausamkeiten und Defizite unterstützen, tun dies, weil sie sich zu Recht Sorgen darüber machen, wie es ihnen erginge, wenn die sunnitische Opposition die Macht ergreifen würde. In Ägypten unterstützen viele Kopten, säkulare Intellektuelle und liberale Muslime das ihrer Meinung nach kleinere Übel von Präsident Mohammed al-Sisi, um zu verhindern, dass die Muslimbrüder das Land in eine fundamentalistische Theokratie verwandeln.

Der totalitäre Machtanspruch des fundamentalistischen Islam, der seit 1979 zunehmend die islamische Welt in seinen Griff bekommen hat, ergänzt und verstärkt die beiden anderen Faktoren. Aufstände gegen Diktaturen und Wahlen haben in vielen Fällen nicht zu Demokratie und Freiheit geführt, sondern zu Siegen fundamentalistischer Parteien, die ihre Version des wahren Glaubens zur verbindlichen Norm für alle machen wollen. Dies hat das theokratische Regime der Ayatollahs im Iran und die Taliban in Afghanistan an die Macht gebracht. In Algerien und Ägypten führte es zu Wahlsiegen für fundamentalistische Parteien und zur Intervention der Armee. Da der islamische Fundamentalismus so populär ist, versuchen viele Herrscher in islamischen Ländern, ihre Position zu stärken, indem sie selbst die Scharia einführen, wie es im Norden Nigerias und in Pakistan der Fall war. Nach den Scharia-Gesetzen wird dann jede von der Norm abweichende Glaubensgruppe gnadenlos unterdrückt, was wiederum die Voraussetzungen für den nächsten Zyklus von Gewalt schafft.

All dies wird durch einen Faktor verstärkt, der Gegenstand des nächsten Kapitels ist: die wirtschaftliche Stagnation eines großen Teils der islamischen Welt. Solange unfreie Regime Wirtschaftswachstum und Wohlstand garantieren können, können sie die Unzufriedenheit der Bevölkerung in Grenzen halten und die Eskalation politischer und religiöser Gegensätze vermeiden. Eine schwächelnde Wirtschaft bringt Regierungen aber immer in Schwierigkeiten, sogar in Demokratien. In demokratischen Ländern lenken Wahlen diese Unzufriedenheit in gewaltfreie Kanäle, und die Opposition darf versuchen, es in den nächsten vier Jahren besser zu machen. Ohne solche institutionellen Mechanismen der Konfliktregulierung und Kompromissfindung ist das Risiko in autoritär regierten Ländern groß, dass wirtschaftliche Stagnation zu einem Zyklus von Protest, Unterdrückung und Bürgerkrieg führt.

5.

Die wirtschaftliche Stagnation
der islamischen Welt

Religiöse Ursachen für den wirtschaftlichen Niedergang

Wirtschaftshistoriker haben gezeigt, dass die islamische Welt allmählich immer mehr hinter Europa zurückgeblieben ist, weil die starren und unveränderlichen religiösen Regeln, auf denen das Gesellschaftssystem basiert, immer weniger eine angemessene Antwort auf die Herausforderungen einer sich verändernden Welt boten. Der türkisch-amerikanische Ökonom Timur Kuran hat in detaillierten historischen Untersuchungen gezeigt, wie das islamische Erbrecht die wirtschaftliche Entwicklung bremste.[1] Der Koran schreibt klare Regeln für die Verteilung von Erbschaften vor. Eine zentrale Regel besagt, dass jedes männliche Familienmitglied mit dem gleichen Verwandtschaftsgrad Anspruch auf einen gleichen Erbteil hat; weibliche Familienmitglieder mit diesem Verwandtschaftsgrad erben die Hälfte davon. Die Rechtsquellen des Korans und der Hadithe werden im Einzelnen von den Rechtsschulen unterschiedlich gedeutet, aber die Grundregeln sind immer die gleichen. Auch das christliche Alte Testament bzw. die jüdische Thora enthält erbrechtliche Bestimmungen, die aber nie in gleicher Weise verbindlich wurden. Daneben spielten regionale Rechtstraditionen eine Rolle. So kam es in der christlichen Welt zu großen regionalen Unterschieden, wobei meist das sogenannte Primogeniturprinzip dominierte, bei dem der älteste Sohn den Löwenanteil des Erbes bekommt. Aus moralischem Gesichtspunkt scheint mehr für die differenzierte Verteilung, die der Koran vorschreibt, zu sprechen, als für die sehr ungleiche Praxis in großen Teilen der christlichen Welt. Aber auf die Entwicklung einer kapitalistischen Wirtschaft wirkte sich das islamische Erbrecht sehr ungünstig aus, weil das von einem Unternehmer zu seinen Lebzeiten erwirtschaftete Kapital nach seinem Tod über viele Erben verstreut wurde.[2] Die Polygamie verstärkte diesen Effekt, denn vor allem erfolgreiche Geschäftsleute konnten es sich leisten, mehrere Frauen zu heiraten, was bedeutete, dass ihr Erbe unter noch mehr Nachkommen geteilt werden musste.[3] Unternehmen in der islamischen Welt blieben daher klein, während in der christlichen Welt Kapitalkonzentrationen von Generation zu Generation weitergegeben und akkumuliert werden konnten. Das ermöglichte größere Investitionen, von denen zunächst der Überseehandel und später die Industrialisierung profitierte.

Hinzu kommt, dass das islamische Recht nur natürliche Personen und keine öffentlich-rechtlichen Institutionen (wie Kommunen) oder privatrechtliche Organisationen (wie Unternehmen oder Verbände) als Rechtssubjekte anerkennt. Auf diese Weise konnten hier keine Unternehmen entstehen, die das Kapital mehrerer Geldgeber konzentrierten und über den Tod der ursprünglichen Eigentümer hinaus Bestand hatten. Zwar arbeiteten auch in der islamischen Welt Unternehmer zusammen – zum Beispiel Kapitalgeber und Händler –, aber da beim Tod eines von ihnen das investierte Kapital durch das islamische Erbrecht aufgeteilt worden wäre, war diese Zusammenarbeit immer zeitlich begrenzt – zum Beispiel für die Dauer einer Handelsreise. Partnerschaften zwischen vielen Parteien, die sich nicht einmal persönlich kannten, waren undenkbar. Die wirtschaftliche Revolution, die die Einführung von Aktien und börsennotierten Unternehmen in der Republik der Vereinigten Niederlande und in England im siebzehnten Jahrhundert und danach im übrigen Europa mit sich brachte, ging daher an der islamischen Welt vorbei.

Um die fragmentierende Wirkung des Erbrechts zu umgehen und angesammeltes Kapital vor willkürlicher Besteuerung zu schützen, entstand ab dem achten Jahrhundert in der islamischen Welt der sogenannte *Waqf*.[4] Es handelt sich dabei um eine fromme Stiftung mit einem vom Koran legitimierten gemeinnützigen Zweck, etwa Religionsunterricht in *Madrasas*, Infrastruktureinrichtungen wie Brunnen oder Mühlen und verschiedene Formen der Armenfürsorge. Die religiöse Grundlage des Waqf schützte das darin enthaltene Kapital vor Beschlagnahmung durch politische Herrscher, die ihrerseits von den Waqfs profitierten, da diese sie von sozialen Aufgaben entlasteten. Waqfs waren sicherlich keine reine Wohltätigkeitsorganisation, denn die Gründer konnten zunächst sich selbst und danach ihre Erben als bezahlte Verwalter der Stiftung ernennen. Angesichts der individualistischen Ausrichtung des islamischen Rechts waren Waqfs jedoch keine freien Rechtssubjekte, die ihr Kapital zusammenbringen oder ihre Ziele an veränderte Umstände anpassen konnten. Ein Waqf ist für alle Ewigkeit verpflichtet, den vom Gründer formulierten Zweck zu erfüllen. So wurde im Laufe der Zeit immer mehr Kapital in Stiftungen gebunden, deren Aufgaben zum Zeitpunkt ihrer Gründung vielleicht nützlich und zweckmäßig waren, aber nicht an veränderte Umstände angepasst werden konnten. Im Gegensatz zu Stiftungen, Unternehmen und Verbänden im christlichen Westen war es den Waqfs zudem verboten, sich politisch zu engagieren. Im Gegensatz zu ihren westlichen Gegenstücken wurden sie daher nie zu Kristallisationspunkten für eine kritische Zivilgesellschaft, die ein Gegengewicht zu politischen und religiösen Herrschern hätte bilden können.

Jared Rubin, ein anderer amerikanischer Ökonom, hat gezeigt, dass auch das islamische Zinsverbot der wirtschaftlichen Entwicklung im Wege stand.[5] Kreditzinsen gelten auch in der Bibel als sündhaft, insbesondere wenn die Kreditnehmer bedürftig sind. Im Mittelalter versuchte die Kirche daher, wie die Islamgelehrten, lange Zeit, ein Zinsverbot durchzusetzen. Aber anders als die Geistlichen in der islamischen Welt musste die Kirche schließlich nachgeben, und die biblische Ablehnung des Zinses wurde in ein Verbot übermäßiger «Wucherzinsen» umgewandelt. Oft überließ man auch Juden, die nicht dem Zinsverbot unterlagen, die Kreditgeschäfte. Dies ebnete den Weg für das Bankensystem, das es Unternehmern ermöglichte, mit Hilfe von Darlehen größere Investitionen zu tätigen, die die kapitalistische Wirtschaft weiter ankurbelten.

Bis ins neunzehnte Jahrhundert hinein waren Banken ein unbekanntes Phänomen in der islamischen Welt. Natürlich liehen sich auch die Menschen im Osmanischen Reich gegenseitig Geld, und der Kreditgeber erwartete dafür meistens eine Gegenleistung, und sei es nur, um das Risiko eines Verlustes auszugleichen. Um dies zu legitimieren, gab es verschiedene Konstruktionen, die dem Darlehensgeber eine Kompensation boten, die zwar nicht Zins heißen durfte, diesem aber finanziell gleichkam. Solche Konstruktionen waren aber letztlich immer vom Segen islamischer Juristen abhängig, was das Risiko mit sich brachte, dass ein Kreditnehmer den Vertrag vor einem islamischen Gericht als «unislamisch» anfechten konnte. Daher blieben Kredite in der Praxis auf Personen beschränkt, die sich gut kannten und voneinander wussten, dass sie auch in Zukunft aufeinander angewiesen sein würden. In solchen Beziehungen wird das Risiko eines Vertragsbruchs dadurch verringert, dass beide Parteien ein Interesse am Fortbestehen ihrer Beziehung und an der Aufrechterhaltung ihres Rufs in der Gemeinschaft, der sie angehören, haben. Lange Zeit blieben umfangreichere, von persönlichen Beziehungen unabhängige Kredite, wie sie durch das westliche Bankwesen ermöglicht wurden, ein unbekanntes Phänomen in der islamischen Welt.

Aber warum, fragt Rubin, konnten die islamischen Autoritäten das Zinsverbot erfolgreich aufrechterhalten, während die katholische Kirche schließlich ihren Widerstand aufgeben musste, obwohl sowohl der Koran als auch die Bibel Zinsen ablehnen. Dieses Rätsel wird noch größer, wenn man bedenkt, dass die katholische Kirche über eine starke zentralisierte Organisation mit eigener Machtbasis in Rom verfügte, während der Islam keine mit dem Vatikan vergleichbare zentrale religiöse Institution hat. Die Macht der islamischen Gelehrten – ihr «größeres legitimierendes Vermögen» gegenüber dem Staat, wie Rubin es nennt – und die relative Machtlosigkeit der christlichen Kirchen beruhen jedoch weniger auf ihrer Organisation als auf dem unterschiedlichen theologischen Verständnis des Verhältnisses von Religion und Staat.[6] Schon zu Lebzeiten Mohammeds wurde der Islam zur Staatsreligion eines im Entstehen begriffenen Weltreiches, und diese Einheit von weltlicher und religiöser Macht spiegelt sich in vielen Stellen im Koran wider. Die Regierung einer islamischen Gemeinschaft muss sich auf die in Koran, Sunna und Hadithen festgelegten Regeln stützen und leitet daraus ihre Legitimität und ihren Anspruch auf den Gehorsam ihrer Bürger ab. Die Pflicht zum Gehorsam erlischt, wenn eine Regierung gegen die göttlichen Vorschriften handelt.[7] Dies machte es für die politischen Herrscher von großer Bedeutung, den Segen der religiösen Autoritäten zu erhalten. Das bedeutete natürlich nicht, dass die Gelehrten die politischen Herrscher nach Belieben kontrollieren konnten, aber wohl, dass die politischen Herrscher auf Gesetze und Maßnahmen verzichten mussten, die in den Augen der religiösen Autoritäten im Widerspruch zu den Vorschriften des Korans standen. Umgekehrt waren die Islamgelehrten für die Umsetzung der islamischen Vorschriften auf die Macht der weltlichen Führer angewiesen.[8]

Das Christentum hingegen entwickelte sich bis zum Beginn des vierten Jahrhunderts in einem feindlichen politischen Umfeld, in dem es wichtig war, so wenig Anlass wie möglich für politische Verfolgung zu geben. In seinem «Brief an die Römer» (13,1) beschwört der Apostel Paulus daher die Gläubigen, der (heidnischen) Regierung zu gehorchen: «Jedermann sei untertan der Obrigkeit, die Gewalt über ihn hat. Denn es ist keine Obrigkeit außer von Gott; wo aber Obrigkeit ist, ist sie von Gott angeordnet.» Im Laufe der Zeit gab es häufig Konflikte zwischen Päpsten und weltlichen Herrschern, in deren Verlauf die Päpste immer weitergehende Machtansprüche erhoben, bis hin zum Recht, weltliche Herrscher abzusetzen. Aber die Grundidee einer Trennung in «zwei Reiche» blieb bestehen. Der Philosoph und Theologe Thomas van Aquin formulierte es wie folgt:

> Die geistliche und die weltliche Macht leiten sich beide von der göttlichen Macht ab, und deshalb steht die weltliche Macht nur in dem Maße unter der geistlichen Macht, wie Gott es vorgesehen hat, nämlich in jenen Dingen, die die Erlösung betreffen. Deshalb muss in solchen Fällen der geistlichen und nicht der weltlichen Macht gehorcht

werden. Aber wenn es um das Zivilwohl geht, muss der weltlichen über die geistliche Macht gehorcht werden, nach dem Gesagten in Matthäus 22,21: «So gebt dem *Kaiser*, was des Kaisers ist, und Gott, was Gottes ist!»[9]

Auch hier ist die christliche Lehre aus moralischer Sicht nicht unbedingt der islamischen Lehre überlegen. Die christliche Vorstellung, dass alle politische Macht von Gott gegeben ist, wurde im Laufe der Geschichte häufig missbraucht, um Krieg, Völkermord und Ausbeutung zu legitimieren, vom Kolonialismus über die Unterwerfung der Indianer bis hin zur Sklaverei und dem südafrikanischen Apartheidsregime. Der entscheidende Unterschied zwischen christlicher und islamischer Lehre ist dagegen praktischer Natur. Die christliche Zwei-Reiche-Lehre ermöglichte es Politik und Wirtschaft, sich – im Guten wie im Bösen – von religiösen Regeln zu befreien, während die islamische Idee der Einheit von Religion und Staat dem politischen und wirtschaftlichen Wandel im Wege stand.

Die wichtige Rolle, die der Islam bei der Legitimation der politischen Macht spielt, ist auch die Erklärung für eine der größten verpassten Chancen des Osmanischen Reiches, deren Folgen noch heute spürbar sind, wie wir später noch sehen werden. Im Jahr 1450 erfand Johannes Gutenberg in Mainz die Druckerpresse, die sich schnell in ganz Europa verbreitete. Gutenbergs Erfindung führte zu einer Kommunikationsrevolution, die noch weitreichender war als die spätere Einführung von Telegraf und Telefon und in jüngster Zeit die des Internets. Informationen wurden für weite Teile der Bevölkerung zugänglich und konnten sich viel schneller als bisher verbreiten. Das kurbelte nicht nur die Wirtschaft an, sondern hatte auch weitreichende soziale und politische Folgen. Die Verfügbarkeit von Büchern führte zu einem starken Anstieg der Alphabetisierungsrate. Im Jahr 1500 lag der Anteil der Menschen, die lesen und schreiben konnten, in keinem europäischen Land über 10 Prozent, aber bis zum Jahr 1800 waren es in England und den Niederlanden 50 Prozent und im übrigen Europa zwischen 20 und 40 Prozent.[10] Die besser ausgebildete Bevölkerung – das sogenannte Humankapital – wirkte sich wiederum positiv auf die Wirtschaft aus. In politischer Hinsicht demokratisierte die Druckerpresse die Öffentlichkeit und ermöglichte es Oppositionsgruppen, das Informationsmonopol der politischen und religiösen Eliten durch Broschüren und Pamphlete, später durch Zeitungen und Zeitschriften zu durchbrechen. So spielte beispielsweise die Druckerpresse eine zentrale Rolle bei der Verbreitung der Ideen der Reformation.[11]

Natürlich wussten auch die politischen und religiösen Eliten des Osmanischen Reiches von der Erfindung der Druckerpresse und waren sich ihrer tiefgreifenden Folgen bewusst. Generell zögerten sie auch nicht, westliche Erfindungen zu übernehmen. Sie importierten Militärtechnologie, und manchmal gelang es im Osmanischen Reich, westliche Innovationen zu verbessern. Die für ihre Zeit extrem feuerkräftigen Geschütze, mit denen die Osmanen 1453 die als uneinnehmbar geltenden Mauern von Konstantinopel zerschossen, wurden zum Beispiel mit Hilfe des ungarischen Waffenschmieds Orban entwickelt, der Sultan Mehmet II. seine Dienste angeboten hatte.[12] Aber im Falle der Druckerpresse kam es anders. Sultan Bayezid II. verbot 1485 ohne Ausnahme den Buchdruck in arabischer Schrift, in der damals auch die türkische Sprache geschrieben wurde. Nichtmuslime im Osmanischen Reich – wie Armenier, Griechen und Juden – durften die Druckerpresse benutzen, solange es sich um Druckerzeugnisse in ihrer eigenen Sprache und Schrift handelte.

Grund dafür, auf die lukrativen wirtschaftlichen Vorteile des Buchdrucks zu verzichten, waren die sozialen und politischen Nachteile, insbesondere für die Machtposition der religiösen Elite, die wiederum für die Legitimation der politischen Herrscher von zentraler Bedeutung war. Religionsführer befürchteten, ihr Monopol auf religiöses Wissen und die Interpretation der religiösen Quellentexte könnte erodieren. Angesichts der religiösen Aufstände der Reformation in Europa war diese Angst durchaus berechtigt. Seit den Anfängen des Islam basierte die Machtposition der religiösen Elite auf einer mündlichen Tradition, in der der Status der Religionsgelehrten (*Ulama*) auf der Fähigkeit beruhte, den Koran und die Hadithe auswendig zu rezitieren. Die Zugänglichkeit der heiligen Schriften für

Osman Normalverbraucher hätte auf einen Schlag den Wert eines lebenslangen Lernens zunichte gemacht. Auch für den Sultan wäre es gefährlich geworden, wenn Bürger unabhängig von der religiösen Elite die autoritativen Schriften hätten lesen und so zu einer eigenen Meinung darüber gelangen können, ob das Handeln des Sultans mit dem Islam übereinstimmte. Erst 1726, fast dreihundert Jahre nach Gutenbergs Erfindung, wurde die erste Lizenz für eine Druckerpresse mit arabischen Lettern in Istanbul erteilt. In der Fatwa, auf der sie beruhte, schränkten die Ulama, die Religionsgelehrten, die Erlaubnis jedoch ausdrücklich auf den Druck nichtreligiöser Texte ein.[13] Erst 1802 wurde das Druckverbot für religiöse Texte aufgehoben. Da es nichts zu lesen gab, konnten um 1800 nur 2 bis 3 Prozent der Bevölkerung des Osmanischen Reiches lesen, verglichen mit 20 bis 50 Prozent in den wichtigsten europäischen Ländern.[14] Im Vergleich zur eigenen Vergangenheit zeigte sich, wie sehr sich die islamische Welt von einem fortschrittlichen zu einem rückständigen Teil der Welt entwickelt hatte. Um das zwölfte Jahrhundert, zur Zeit der Kreuzzüge, war die Lesekundigkeit im islamischen Nahen Osten verbreiteter als im christlichen Westen und lag in Städten wie Damaskus und Kairo deutlich über zehn Prozent.[15] Sogar zu Beginn des zwanzigsten Jahrhunderts konnten schätzungsweise nur 5–15 Prozent der Bevölkerung im Osmanischen Reich lesen.[16] Dabei muss noch bedacht werden, dass dieser Anteil unter den nichtmuslimischen Minderheiten vermutlich deutlich höher lag. Offizielle Daten aus dem Osmanischen Reich gibt es dazu nicht, aber Daten zu bulgarischen Armeerekruten aus dem Jahr 1897, kurz nach der Unabhängkeit des Landes vom Osmanischen Reich, zeigen, dass von den bulgarischsprachigen Rekruten 44 Prozent Analphabeten waren, ebensoviele wie bei den griechischen Rekruten. Unter den armenischen (20 Prozent) und jüdischen (16 Prozent) gab es relativ wenige Analphabeten, aber von den türkischsprachigen Rekruten konnten 95 Prozent nicht lesen und schreiben.[17]

Durch den Vökermord an den Armeniern und die erzwungene Emigration der meisten Griechen war die Türkische Republik zur Zeit des ersten Zensus im Jahr 1927 zu 99 Prozent muslimisch geworden. 92 Prozent der Bevölkerung, so zeigte der Zensus, waren

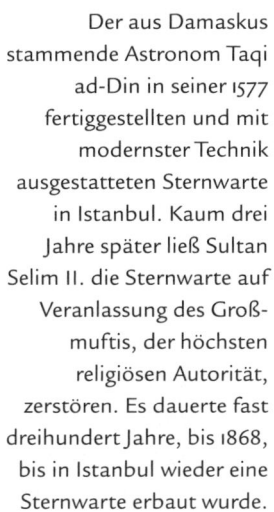

Der aus Damaskus stammende Astronom Taqi ad-Din in seiner 1577 fertiggestellten und mit modernster Technik ausgestatteten Sternwarte in Istanbul. Kaum drei Jahre später ließ Sultan Selim II. die Sternwarte auf Veranlassung des Groß-muftis, der höchsten religiösen Autorität, zerstören. Es dauerte fast dreihundert Jahre, bis 1868, bis in Istanbul wieder eine Sternwarte erbaut wurde.

Analphabeten. Der zweite Zensus von 1945 differenzierte auch nach Muttersprachen. Von den türkischsprachigen Einwohnern waren damals immer noch 76 Prozent Analphabeten, von den arabisch- und kurdischsprachigen sogar 89 bzw. 95 Prozent. Unter den nicht-muslimischen Minderheiten war der Anteil der Analphabeten aber deutlich niedriger: 38 Prozent unter den yiddischsprachigen Juden, 40 Prozent unter den Armeniern und 51 Prozent unter den Griechen.[18]

Ein weiteres wichtiges Beispiel für die hemmende Rolle der islamischen Religionsgelehrten im Osmanischen Reich ist die Geschichte der großen Sternwarte, die 1577 im Istanbuler Bezirk Galata errichtet wurde. Die Initiative dazu ging auf den Astronomen Taqi ad-Din zurück, der sich von seinem dänischen Zeitgenossen Tycho Brahe inspirieren ließ. Ad-Din ließ die Sternwarte mit modernster Technik ausstatten und bemannte sie mit hochspezialisiertem Fachpersonal. Weniger als drei Jahre später ließ Sultan Selim II. die Sternwarte auf Veranlassung des Großmuftis, der höchsten religiösen und rechtlichen Autorität, zerstören. Es dauerte fast dreihundert Jahre, bis 1868, bis in Istanbul – mit französischer Hilfe – wieder eine Sternwarte erbaut wurde.[19]

Im Laufe des neunzehnten Jahrhunderts wurde sich die osmanische Elite zunehmend bewusst, dass eine auf islamischen Grundsätzen beruhende Wirtschaft scheitern musste, zumal die wirtschaftliche Schwäche auch militärische Folgen zu haben begann. Griechenland wurde 1830 mit französischer, englischer und russischer Hilfe unabhängig, die Franzosen besetzten 1830 Algerien, und Ägypten erhielt nach einem erfolgreichen Aufstand einen quasi-unabhängigen Status. Mangels einer soliden wirtschaftlichen Basis war das Osmanische Reich ständig knapp bei Kasse und auf ausländische Geldgeber angewiesen, weil diese nicht dem islamischen Zinsverbot unterlagen. Die wirtschaftliche und militärische Misere führte schließlich zu einer Reihe von Reformen, mit denen die Osmanen versuchten, das Land zu modernisieren.[20] Banken wurden erlaubt, aber mangels inländischen Kapitals mussten die ersten Kreditinstitute mit ausländischem Kapital finanziert werden.

Mit dem Beschluss, ein «Haus der Wissenschaften» (*Darülfünun*) zu gründen, wurde 1846 eine Hochschule im europäischen Sinne angestrebt. Doch erst nach zwei gescheiterten Anläufen öffnete die Universität Istanbul im Jahr 1900 tatsächlich ihre Türen. Sie gilt heute als die älteste im Land, weil sie auf das Jahr der Eroberung Konstantinopels 1453 zurückgehe, doch tatsächlich war die Vorgängerinstitution bis ins neunzehnte Jahrhundert eine *Madrasa*, in der nur islamischer Religionsunterricht erteilt wurde. Im achtzehnten Jahrhundert wurden auch eine Reihe von nichtreligiösen Hochschulen gegründet, die sich allerdings auf militärisches Wissen konzentrierten, etwa die Ingenieurschule der Sultanischen Marine, die später mit einer Reihe anderer Hochschulen militärischen Ursprungs zur Technischen Universität Istanbul fusionierte. Die erste wirkliche multidisziplinäre Universität im Osmanischen Reich war eine ausländische Initiative: 1863 gründeten der protestantische Missionar Cyrus Hamlin und der amerikanische Philanthrop Christopher Rhinelander Robert das Robert College, das sowohl ein Gymnasium als auch eine breite Universitätsausbildung umfasste. 1971 wurde die Universitätsabteilung des Robert College dem türkischen Staat übergeben und trägt seitdem den Namen Boğaziçi Üniversitesi, Bosporus-Universität. Bis heute ist die Boğazici Üniversitesi die unangefochtene Nummer eins unter den türkischen Universitäten. Viele berühmte türkische Wissenschaftler haben dort studiert, darunter der bereits erwähnte Timur Kuran. Im jährlichen Wettbewerb türkischer Schüler um Sekundarschulplätze ist das Robert College nach wie vor eine der gefragtesten Schulen, neben anderen Schulen mit amerikanischen, deutschen, österreichischen, französischen und italienischen Wurzeln.[21]

Wirtschaftstiger und islamische Nachzügler

Mit der Gründung der Türkischen Republik unter Mustafa Kemal Atatürk gab die Türkei das Gesellschaftsmodell des Osmanischen Reiches endgültig auf. Atatürk schaffte unter anderem die Scharia und das Kalifat ab, machte Männer und Frauen vor dem Gesetz gleich und verstaatlichte die Waqfs. Im Iran, dem anderen großen unabhängigen islamischen Staat zu Beginn des zwanzigsten Jahrhunderts, wurden ebenfalls Modernisierungen nach westlichem Vorbild durchgeführt. Das vermochte jedoch wenig daran zu ändern, dass die wirtschaftliche Entwicklung in der islamischen Welt dem Westen hinterherhinkte. Die kulturellen Revolutionen, die in der Türkei und im Iran von oben verordnet wurden, änderten zwar die formellen Gesetze, konnten aber den im Laufe der Jahrhunderte entstandenen Rückstand nicht ausgleichen. Darüber hinaus gelang es den Reformen nur bedingt, die im Islam wurzelnde Kultur breiter Bevölkerungsschichten zu verändern. Und schließlich verpasste die islamische Welt erneut aus religiösen Gründen den Zug der Innovation, nun der wahrscheinlich wichtigsten sozialen Revolution des zwanzigsten Jahrhunderts, der Emanzipation der Frau. So hat die islamische Welt wirtschaftlich und gesellschaftlich auch im zwanzigsten Jahrhundert den Anschluss an den Westen verpasst, und nach dem Zweiten Weltkrieg wurden islamische Länder sogar von vielen nichtwestlichen überholt.

Nehmen wir zum Beispiel Ägypten und Südkorea. Beide Länder wurden etwa zur gleichen Zeit unabhängig: Ägypten brach 1954 seine letzten Verbindungen zu Großbritannien ab, und Korea wurde 1946 von Japan unabhängig und fiel nach dem Koreakrieg (1950–1953) in Nord- und Südkorea auseinander. Weder Ägypten noch Südkorea beziehen ihren wirtschaftlichen Reichtum hauptsächlich aus Rohstoffen, obwohl der wirtschaftliche Anteil der Einnahmen aus Öl, Gas und anderen Rohstoffen in Ägypten mit etwa 10 Prozent des Nationalproduktes etwas höher ist. 1970 hatten beide Länder eine ähnliche Bevölkerungszahl (Südkorea 32 Millionen; Ägypten 36 Millionen) und befanden sich mit einem Jahreseinkommen von 234 Dollar pro Kopf in Ägypten und 286 Dollar in Südkorea auf einem ähnlichen Wohlstandsniveau.[22] Damit belegten sie unter den damals 139 unabhängigen Ländern den 91. und den 83. Platz. Weniger als ein halbes Jahrhundert später hat Südkorea mit dem Westen gleichgezogen. Mit einem jährlichen Pro-Kopf-Einkommen von über 27 000 US-Dollar im Jahr 2015 liegt das Land nun auf Platz 31, kurz hinter Italien, vor Spanien und deutlich vor EU-Ländern wie Portugal und Griechenland. Der durchschnittliche Ägypter dagegen verdiente 2015 achtmal weniger als ein Südkoreaner. Mit einem jährlichen Pro-Kopf-BSP von 3400 Dollar ist Ägypten auf den 121. Platz unter den 194 unabhängigen Ländern abgerutscht. Wie konnten sich zwei Länder mit so ähnlichen Ausgangspositionen so unterschiedlich entwickeln?[23]

Zunächst zu Ägypten. Dort starb 1970 Präsident Gamal Abdel Nasser, der 1954 bei einem Militärputsch die Macht übernommen und die letzten britischen Militärberater aus dem Land vertrieben hatte. Ihm folgte der ebenfalls diktatorisch regierende Anwar al-Sadat, unter dessen Führung Ägypten 1973 in den von Israel besetzten

Sinai einmarschierte. Im Vergleich zu den drei bitteren vorherigen Niederlagen gegen Israel – 1948, 1956 und 1967 – endete der Yom-Kipur-Krieg mit einem Waffenstillstand ohne klaren Sieger. Sadat nutzte die verbesserte Verhandlungsposition seines Landes, um Frieden zu schließen. Auf der Grundlage des 1979 in Washington unterschriebenen Friedensvertrages gab Israel die Sinaihalbinsel an Ägypten zurück während Ägypten als erstes arabisches Land den Staat Israel anerkannte. Sadat musste diesen Frieden mit seinem Leben bezahlen: 1981 wurde er während einer Militärparade von islamischen Extremisten innerhalb der Armee ermordet. Sein Nachfolger Hosni Mubarak regierte danach mit harter Hand bis zum Volksaufstand im «Arabischen Frühling» 2011. Bei den darauffolgenden Wahlen von 2012 waren es aber nicht die liberalen jungen Ägypter, die bei den Protesten gegen Mubarak an vorderster Front gestanden hatten, die die Mehrheit der Stimmen für sich gewinnen konnten, sondern die fundamentalistische Muslimbruderschaft. Ihr Anführer, Mohammed Mursi, wurde Präsident. Nach einem Jahr der Proteste gegen Mursis autoritären Regierungsstil und zunehmender politischer Gewalt übernahm die Armee 2013 wieder die Macht. Hunderte von Anhängern der Muslimbrüder wurden getötet, Hunderte weitere in den folgenden Monaten zum Tode verurteilt, darunter auch der ehemalige Präsident Mursi, der im Juni 2019 während einer Gerichtsverhandlung starb.

Im Hintergrund dieses Putsches spielte Saudi-Arabien eine finstere Rolle. In der Welt der sunnitischen Fundamentalisten herrschen Hass und Neid zwischen den Anhängern der international agierenden Muslimbruderschaft – zu der nicht nur Mursi, sondern auch der türkische Präsident Erdoğan und seine Regierungspartei AKP, das Regime in Katar und die palästinensische Hamas gehören – und den Königreichen und Emiraten der Arabischen Halbinsel.[24] Dies erklärt, warum al-Sisi und sein Regime beste Freunde Saudi-Arabiens sind und warum sie zwar Mursi absetzten, aber gleichzeitig ein Bündnis mit einer anderen fundamentalistischen Gruppe, der von den Saudis unterstützten salafistischen Al-Nur Partei, eingingen. Um Ägypten für die saudische Milliardenhilfe nach dem Staatsstreich zu danken, schenkte al-Sisi 2016 Saudi-Arabien trotz heftiger innenpolitischer Kritik zwei strategisch wichtige Inseln im Roten Meer.

Wie sein Vorgänger Mubarak genießt al-Sisi die Unterstützung der religiösen Führer der al-Azhar-Universität in Kairo, die als wichtigste religiöse Autorität in der sunnitischen Welt gilt. Im Gegenzug hält er, wie die Osmanen vor Jahrhunderten und seine Vorgänger Sadat und Mubarak vor ihm, die islamische Gesetzgebung des Landes aufrecht. Islamischen Extremisten geht dies jedoch nicht weit genug. Seit Jahrzehnten wird Ägypten von Terroranschlägen gegen Regierungsvertreter, koptische Christen und Touristen heimgesucht, bei denen Tausende von Menschen getötet wurden. Die Sinaihalbinsel, früher ein beliebtes Reiseziel für europäische und israelische Touristen, ist zu einem lebensbedrohlichen Kriegsgebiet geworden; aber auch Kairo, die Touristenattraktionen des Niltals und die Küste des Roten Meers sind regelmäßig Schauplatz von Angriffen. Das enorme wirtschaftliche Potenzial des Tourismus in Ägypten kann daher nur sehr begrenzt ausgeschöpft werden.

Wie Ägypten hat auch Südkorea eine turbulente politische Geschichte. Seit dem Ende des Koreakrieges wurde das Land bis 1987 fast ununterbrochen von rechtsautoritären Regimen regiert und erlebte 1961 und 1979 zwei Militärputsche. Anfang der Sechzigerjahre entstand jedoch eine starke Opposition aus Studenten und anderen gesellschaftlichen Gruppen, die regelmäßig Massendemonstrationen durchführten, die von Armee und Polizei gewaltsam unterdrückt wurden. Nach einer weiteren Welle massiver Proteste vollzog das Land 1987 den allmählichen Übergang zu einem demokratischen System. Die ersten Präsidentschaftswahlen wurden zwar noch von einem Angehörigen des Militärs, Roh Tae-woo, einem der Führer des Putsches von 1979, gewonnen, aber 1992 kam zum ersten Mal seit 1961 wieder ein ziviler Präsident an die Macht. 1997 gewann zum ersten Mal ein Oppositionskandidat die Präsidentschaftswahlen, und das Land erlebte seinen ersten friedlichen, demokratischen Machtwechsel. Trotz mehrerer Korruptionsskandale hat die Demokratie im Land seither Bestand. Wirtschaftlich hat sich Südkorea innerhalb eines halben Jahrhunderts von einem armen Land, das die

Grafik 5.1: Relatives Pro-Kopf-Einkommen in islamischen Ländern im Vergleich zu nichtislamischen Ländern, 1970–2015

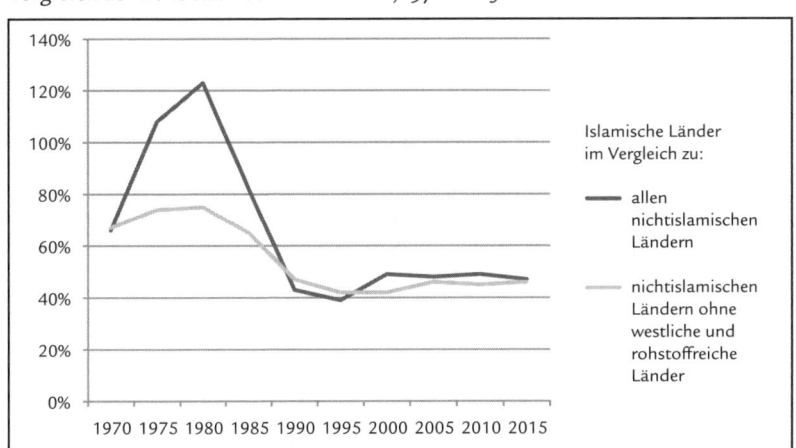

Quelle: Vereinte Nationen

ehemalige Kolonialmacht Japan ausgeplündert hatte, zu einer reichen Industrienation entwickelt. Konzerne wie Samsung, LG Electronics und Hyundai sind Weltmarken. Wer einen auch nur einigermaßen vergleichbaren ägyptischen Exporterfolg nennen kann, möge es sagen.

Sind Südkorea und Ägypten repräsentativ für ein allgemeines Muster oder sind sie Einzelfälle? Längst nicht alle nichtislamischen Länder – zum Beispiel in Afrika – waren wirtschaftlich so erfolgreich wie Südkorea. Darüber hinaus haben einige islamische Länder wie Malaysia, Indonesien und die Türkei weitaus größere wirtschaftliche Fortschritte gemacht als Ägypten. Grafik 5.1 zeigt, dass es trotz dieser Heterogenität ein Muster gibt, bei dem die islamische Welt immer mehr hinter dem Rest der Welt zurückbleibt.[25] 1970 betrug das durchschnittliche Pro-Kopf-Einkommen in islamischen Ländern zwei Drittel (66 Prozent) desjenigen in nichtislamischen Ländern. Zehn Jahre später, 1980, lag das Durchschnittseinkommen in den islamischen Ländern dank der durch die Ölkrisen 1973 und 1979 reichlich fließenden Öldollars sogar fast ein Viertel höher als in der nichtmuslimischen Welt. Als die Ölpreisexplosion jedoch zu Ende ging, sank das

Pro-Kopf-Einkommen in der islamischen Welt zunächst stark, erholte sich dann etwas, betrug 2015 jedoch weniger als die Hälfte (47 Prozent) desjenigen in der nichtmuslimischen Welt.

Um zu untersuchen, ob diese Entwicklung eher durch die Rohstoffpreise oder durch die Wirtschaftskraft der reichen westlichen Länder verursacht ist, ist es sinnvoll, alle westlichen Länder sowie alle Länder, die für einen großen Teil ihres Einkommens von Rohstoffen abhängig sind, von dem Vergleich auszuschließen. Ich definiere westliche Länder dabei als alle europäischen Länder, die vor 1989 nicht zum kommunistischen Ostblock gehörten, ergänzt durch Kanada, die Vereinigten Staaten, Australien und Neuseeland. Länder, die im Zeitraum von 1970 bis 2015 mehr als 20 Prozent ihres Nationaleinkommens aus dem Verkauf von Öl, Gas und anderen Rohstoffen erzielten, gelten als stark ressourcenabhängig. Dies betrifft die Länder der Arabischen Halbinsel, Irak, Libyen, Aserbaidschan, Turkmenistan und Brunei sowie eine Reihe von mehrheitlich nichtmuslimischen Ländern wie Nigeria, Angola, Gabun, Guyana und Papua-Neuguinea. Die hellgraue Linie in Grafik 5.1 berücksichtigt nur nichtwestliche Länder ohne große Rohstoffeinkünfte. Dabei zeigt sich, dass der vorübergehende Ölboom im Einkommen der islamischen Länder um 1980 zwar verschwindet, aber das Bild sich ansonsten nicht wesentlich ändert: 1970 betrug das Pro-Kopf-Einkommen in der islamischen Welt zwei Drittel (65 Prozent) desjenigen in nichtislamischen Ländern; bis 2015 hatte sich die Kluft vergrößert und die Einwohner islamischer Länder verdienten weniger als die Hälfte des Einkommens in nichtislamischen Ländern (46 Prozent).

Es ist sinnvoll, auch die Weltregion zu berücksichtigen, in der sich ein Land befindet, denn die wirtschaftliche Entwicklung hängt auch von der geografischen Lage ab, etwa indem Nachbarländer gegenseitig ihre Wirtschaftschancen beeinflussen. Die beiden Regionen der Welt, in denen wir einen Vergleich zwischen islamischen und nichtislamischen Ländern anstellen können, sind Afrika und Asien. Die Länder mit einer hohen Abhängigkeit von Rohstoffen lasse ich dabei wiederum außer Betracht. Afrika ist die ärmste Region der Welt, aber Grafik 5.2 zeigt, dass auch hier der Wohlstand in islamischen Ländern

Grafik 5.2: Relatives Pro-Kopf-Einkommen in islamischen Ländern im Vergleich zu nichtislamischen Ländern in Afrika und Asien, 1970–2015

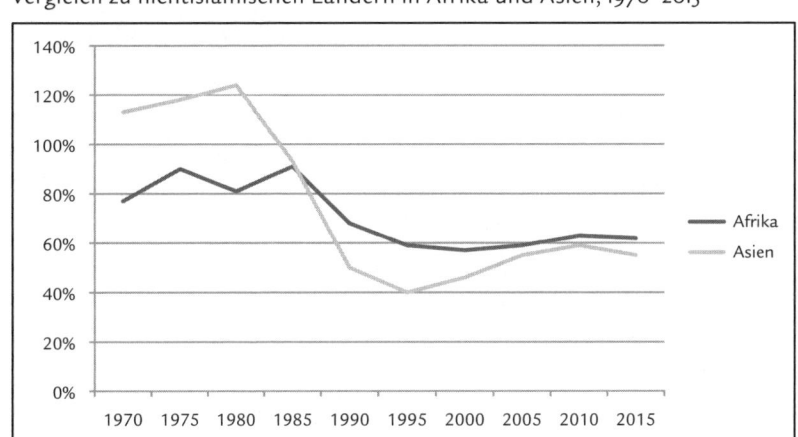

Quelle: Vereinte Nationen

geringer ist als in nichtislamischen Ländern und dass sich der Abstand zwischen den beiden Gruppen seit 1970 vergrößert hat. Da der Wohlstand in den islamischen Ländern Afrikas langsamer wuchs als im übrigen Afrika, nahm der wirtschaftliche Rückstand dieser Länder zu. 1970 verdiente hier der Durchschnittsbewohner 77 Prozent des Einkommens der Einwohner nichtislamischer Länder in Afrika. Bis 2015 sank dieser Prozentsatz auf 62 Prozent.[26] Wenn wir Nordafrika ausschließen, ist der Unterschied noch dramatischer: Das Durchschnittseinkommen in den islamischen Ländern südlich der Sahara ist seit 1970 von 70 Prozent auf 33 Prozent des Einkommens in nichtmuslimischen Ländern gesunken.

Asien – einschließlich der Türkei – war in den letzten Jahrzehnten die wirtschaftlich dynamischste Region der Welt. Auch hier kommt der Unterschied zwischen islamischen Ländern und dem Rest deutlich zum Ausdruck. 1970 war das durchschnittliche Pro-Kopf-Einkommen im islamischen Asien noch etwas (13 Prozent) höher als in den nichtmuslimischen asiatischen Ländern, und 1980 war dieser Wohlstandsvorteil sogar auf 24 Prozent gestiegen. Danach stieg das Einkommensniveau im übrigen Asien jedoch rapide an, während die islamischen Länder Asiens immer weiter zurückblieben. 2015 verdiente der Durchschnittsbewohner eines muslimischen Landes in Asien nur etwas mehr als die Hälfte (55 Prozent) dessen, was die Bewohner nicht-muslimischer Länder ausgeben konnten. Mit anderen Worten, zwischen 1970 und 2015 stieg das Pro-Kopf-Einkommen in islamischen Ländern mehr als doppelt so langsam wie im übrigen Asien.[27] Wenn wir die Länder des Nahen Ostens ausschließen, ändert sich das Bild nicht wesentlich: 1970 betrug das Einkommen der Einwohner islamischer Länder in Süd- und Ostasien 73 Prozent desjenigen der Einwohner nichtislamischer Länder in dieser Region; bis 2015 sank dieser Prozentsatz auf 43 Prozent.

Vergleiche zwischen einzelnen Ländern bieten weitere Belege für dieses Muster. So war Pakistan 1970 mehr als doppelt so wohlhabend wie Indien und hatte etwa das gleiche Pro-Kopf-Einkommen wie Sri Lanka. 2015 wurde Pakistan (Pro-Kopf-Einkommen 1413 Dollar) von Indien (1629 Dollar) überholt, und Sri Lanka hatte nun ein fast dreimal höheres Einkommen (3892 Dollar). In Westafrika war zum Zeitpunkt der Unabhängigkeit 1975 die überwiegend islamisch geprägte portugiesische Kolonie Guinea-Bissau weniger arm als die ebenfalls bis dann portugiesischen und christlichen Kapverden, aber bis 2015 war das Pro-Kopf-Einkommen im Kapverden-Archipel auf mehr als das Fünffache des Wertes für Guinea-Bissau angestiegen (2995 gegenüber 573 Dollar). Aufgrund ihrer Lage in einer Wachstumsregion sind Indonesien und Malaysia zwar islamische Tigerstaaten, aber dennoch ist das Wohlstandsniveau nicht so stark gestiegen wie das der nicht-muslimischen Tiger Singapur, China, Taiwan und Südkorea. Die ehemalige britische Kronkolonie Singapur ist heute eines der reichsten Länder der Welt mit einem Pro-Kopf-Einkommen von mehr als 53 000 US-Dollar im Jahr 2015. Die ehemalige britische Kronkolonie Aden, die wie Singapur an strategischen Handelsrouten liegt, gehört heute zum Jemen, der 2015 mit einem Pro-Kopf-Einkommen von 999 Dollar eines der ärmsten Länder der Welt war.

Demokratie und Wirtschaftswachstum

Warum hinkt die islamische Welt nicht nur dem Westen, sondern auch dem Rest der nichtwestlichen Welt zunehmend hinterher? Mit dem Fokus auf den Nahen Osten und Nordafrika steht diese Frage auch im Mittelpunkt der Arab Human Development Reports, die seit 2002 regelmäßig vom Entwicklungsprogramm der Vereinten Nationen (UNDP) veröffentlicht werden. Größtenteils von Experten aus der arabischen Welt verfasst, werfen sie einen sehr kritischen Blick auf den Stand der Dinge in den 22 Mitgliedsstaaten der Arabischen Liga und zögern nicht zu fragen, warum es Ländern wie Südkorea und Israel so viel besser geht. Im ersten Bericht von 2002 identifizieren die Autoren drei Schwachstellen, die der schwachen Entwicklung der arabischen Welt zugrunde liegen: das Freiheitsdefizit, das Wissensdefizit und das Frauenemanzipationsdefizit.[28]

Dass Freiheit und Demokratie Voraussetzungen für wirtschaftliche Entwicklung sind, ist eine verlockende Idee. Wäre das der Fall, dann wären Unterdrückung und Diktatur zum Verschwinden verurteilt, denn im Wettbewerb mit wirtschaftlich stärkeren Demokratien würden sie letztlich unterliegen. Wenn Demokratie eine Voraussetzung für Wirtschaftswachstum ist, kann es im Interesse der Eliten in autoritären Regimen liegen, ihre Macht zu teilen, denn es ist für sie attraktiver, sich mit einem kleineren Teil eines großen und wachsenden Wirtschaftskuchens zufrieden zu geben, als an einem großen Teil eines kleinen und stagnierenden Kuchens festzuhalten. Leider ist der Zusammenhang zwischen Demokratie und wirtschaftlicher Entwicklung, wie die wissenschaftliche Forschung gezeigt hat, nicht so klar: Experten sind sich immer noch nicht einig, ob Demokratie nun zum Wirtschaftswachstum beiträgt oder nicht.[29]

Was die Beantwortung dieser Frage erschwert, ist, dass einige Länder ihren Wohlstand nicht ihrer internen wirtschaftlichen Dynamik, sondern ihrem Reichtum an Rohstoffen verdanken. In diesen Ländern können die herrschenden Eliten die Einnahmen aus Rohstoffen nutzen, um sowohl einen effizienten Repressionsapparat als auch wirtschaftliche Vorteile für die Bevölkerung zu finanzieren. In der islamischen Welt gibt es eine ganze Reihe solcher Länder: Ein Viertel der islamischen Staaten, darunter alle Länder der Arabischen Halbinsel mit Ausnahme von Bahrain, beziehen mehr als 20 Prozent ihrer Einnahmen aus Öl, Gas und anderen Rohstoffen. Auch die Beispiele der Sowjetunion in den ersten Jahrzehnten ihres Bestehens und des heutigen Chinas zeigen, dass autoritäre Regime auf den unteren und mittleren Stufen wirtschaftlicher Entwicklung manchmal sehr gut in der Lage sind, Wirtschaftswachstum durch gezielte staatliche Beihilfen für die industrielle Entwicklung und den Aufbau einer modernen Infrastruktur zu fördern. Dieses Rezept spielte auch in Südkorea und Taiwan eine wichtige Rolle. Der wirtschaftliche Erfolg Südkoreas war nicht das Ergebnis der politischen Demokratisierung des Landes nach 1987, sondern begann lange zuvor. In den 1970er- und 1980er-Jahren, als das Militär Südkorea regierte, waren die Wachstumsraten sogar noch höher als in der anschließenden demokratischen Periode. Das gleiche Muster sehen wir in Taiwan.

Es scheint daher eher so zu sein, dass Freiheit und Demokratie eine Voraussetzung für die wirtschaftliche Weiterentwicklung sind, die über das Stadium industrieller Massenproduktion hinausführt. Eine auf Dienstleistungen und technologischer Innovation basierende Wirtschaft ist auf Dauer ohne eine gut ausgebildete Bevölkerung und die Freiheit, Wissen zu sammeln, Meinungen auszutauschen und außerhalb eines vorgeschriebenen Rahmens zu denken, nicht möglich. Autoritäre Regime haben mit solcher Gedankenfreiheit wenig am Hut und schränken daher die Pressefreiheit und den Zugang zum Internet und zu sozialen Medien ein. Bislang steht die Tatsache, dass China weltweit das Land mit den stärksten Einschränkungen der digitalen Kommunikation ist, dem Wirtschaftswachstum des Landes nicht im Wege, und auch die Türkei unter Erdoğan verbindet Wachstum mit starken Restriktionen der Freiheit von Offline- und Online-Medien.[30] Die große Frage ist, ob ihnen trotz begrenzter Kommunikationsfreiheit der Übergang zu einer höheren Stufe der wirtschaftlichen Entwicklung gelingen wird.

Wie berechtigt diese Frage ist, zeigt die Tatsache, dass von den

53 Ländern mit einem Pro-Kopf-Einkommen über dem Weltdurchschnitt 44 Länder (83 Prozent) demokratisch sind. Von den neun Ausnahmen von dieser Regel verdanken sechs Länder (davon fünf auf der arabischen Halbinsel plus Brunei in Südostasien) ihren Reichtum den Einnahmen aus Öl und Gas. Nur drei der reichsten Länder verdanken ihren Wohlstand nicht ihren Rohstoffvorräten und sind dennoch teilweise unfrei (Seychellen und Singapur) oder autoritär (Bahrain). In allen Fällen handelt es sich jedoch um Zwergstaaten, die durch Tourismus und Handel stark von der Außenwelt abhängig sind. Bislang ist es keiner undemokratischen, größeren Volkswirtschaft gelungen, ohne Rohstoffreichtum ein hohes Maß an Wohlstand zu erreichen. Das hindert die chinesischen Führer jedoch nicht daran, Singapur – dessen Bevölkerung größtenteils aus ethnischen Chinesen besteht – als leuchtendes Zukunftsbeispiel zu betrachten. In Singapur geben sich chinesische Delegationen, die sich über das dortige Entwicklungsmodell informieren wollen, die Klinke in die Hand. Die neue Elite von Managern und Bürokraten, die China für die Zukunft rüsten soll, studiert oft an einer der exzellenten Universitäten Singapurs. Zweifellos träumen die chinesischen Führer davon, dass der Weg Singapurs auch vom bevölkerungsreichsten Land der Welt beschritten werden kann und dass wirtschaftlicher Fortschritt nachhaltig unter autoritärer Herrschaft gelingt. Der Rest der Welt kann nur hoffen, dass sie – und mit ihnen andere autoritäre Führer wie Wladimir Putin und Recep Tayyip Erdoğan, die die gleiche Hoffnung hegen – sich irren.

Wie auch immer die Zukunft aussehen mag, es deutet vorerst viel darauf hin, dass Freiheit und Demokratie für den Übergang zu höheren Stufen von Wohlstand und wirtschaftlicher Entwicklung zumindest von Vorteil sind. Dass die islamische Welt, wie wir in Kapitel 2 gesehen haben, bei der Demokratisierung weit hinter dem Rest der Welt zurückbleibt, ist daher Teil der Antwort auf die Frage nach den Ursachen für ihre stagnierende wirtschaftliche Entwicklung.

Das Volk des einen Buches

Zu den reichsten 55 Ländern der Welt gehören mehrere ehemalige Diktaturen, die den Übergang zu Wohlstand und Demokratie erfolgreich vollzogen haben. Das gilt für Südkorea und Taiwan, aber zum Beispiel auch für Spanien, Portugal und Griechenland in Südeuropa; Slowenien, die Tschechische Republik, die Slowakei, Estland und Litauen in Osteuropa; außerdem Argentinien und Uruguay in Südamerika. Wie ist diesen Ländern gelungen, was bisher noch kein islamisches Land geschafft hat?[31] Das in den Arab Human Development Reports festgestellte Wissensdefizit ist ein wichtiger Grund.[32] Für eine moderne Wirtschaft sind Bildung und Wissen – das «Humankapital» – die wichtigsten Ressourcen. Eine gut ausgebildete und gut informierte Bevölkerung ist nicht nur aus wirtschaftlicher Sicht wichtig. Herrschende Eliten geben ihre Privilegien in der Regel nicht freiwillig auf, und in fast allen oben genannten Beispielen erfolgreicher Demokratisierung spielten Demonstrationen und andere Formen des Protestes eine wichtige Rolle beim Sturz diktatorischer Regime. Nehmen wir das Beispiel Osteuropas. Im Laufe der 1980er-Jahre waren die Ostblockländer wirtschaftlich eindeutig an ihre Grenzen gestoßen, aber ohne die regimekritische Gewerkschaftsbewegung Solidarnosc in Polen und die Massendemonstrationen in Städten wie Leipzig, Prag, Bukarest und Tallinn wären die kommunistischen Regime noch heute an der Macht. Auch im Falle Südkoreas wurde 1987 der Übergang zur Demokratie mit Massenprotesten der Bevölkerung erkämpft.

Der Sturz eines autoritären Regimes durch Massenproteste bedeutet jedoch nicht automatisch, dass es durch eine Demokratie ersetzt wird. Genau das zeigen leider viele Beispiele in der islamischen Welt. Im Iran brachte der Volksaufstand gegen den Schah die islamische Theokratie der Ayatollahs an die Macht; in Afghanistan wurden das kommunistische Regime und die sowjetischen Truppen durch einen Volksaufstand in die Knie gezwungen, aber das Ergebnis war die Talibanherrschaft; in Algerien erzwangen Proteste freie Wahlen, die von

Grafik 5.3: Durchschnittliche Zahl der Schul- und Ausbildungsjahre in islamischen und nichtislamischen Ländern auf verschiedenen Wohlstandsebenen

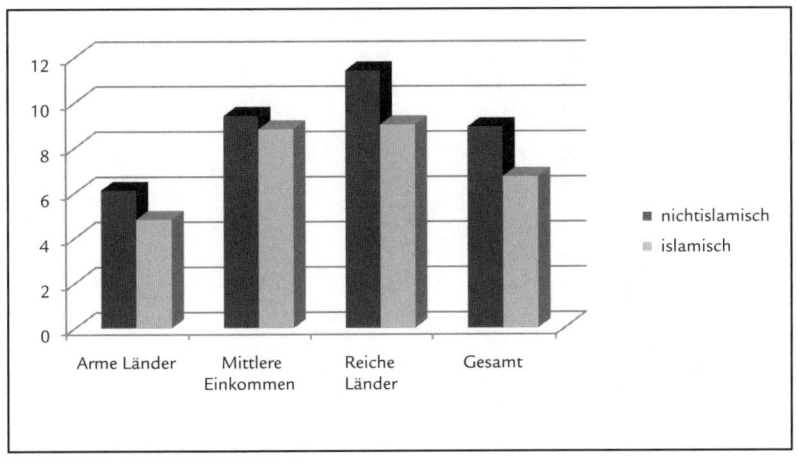

Quelle: UNDP Human Development Report 2016

der fundamentalistischen islamischen Heilsfront gewonnen wurden, gefolgt von einem blutigen Bürgerkrieg; und der «Arabische Frühling» der Jahre 2010 bis 2012, der so hoffnungsvoll begann, mündete schließlich nur in Tunesien in die Demokratie – und das auch nur, weil nach den Ereignissen in Ägypten die Gefahr einer militärischen Intervention die tunesischen Fundamentalisten zu Kompromissen zwang. Eine Demokratie erfordert kritische und unabhängig denkende, demokratisch gesinnte Bürger. Die gibt es in Ländern wie Ägypten, Iran und der Türkei zwar in den Protestbewegungen gegen autoritäre Regime, aber sie sind letztlich zu wenig zahlreich, wenn es darum geht, demokratischen Kräften zu einem Wahlsieg zu verhelfen.

Grafik 5.3 zeigt, dass die islamische Welt beim Bildungsniveau der Bevölkerung hinter dem Rest der Welt zurückbleibt. Im Durchschnitt haben Bürger islamischer Länder mehr als zwei Jahre weniger Bildung erhalten als Bürger nichtmuslimischer Länder.[33] Und das nicht wegen fehlender finanzieller Ressourcen, denn ob wir nun die ärmsten Länder betrachten, die ein Pro-Kopf-Einkommen von weniger als einem

Grafik 5.4: Prozentsatz der Muslime und Nichtmuslime ohne abgeschlossene Schulbildung in verschiedenen Regionen der Welt

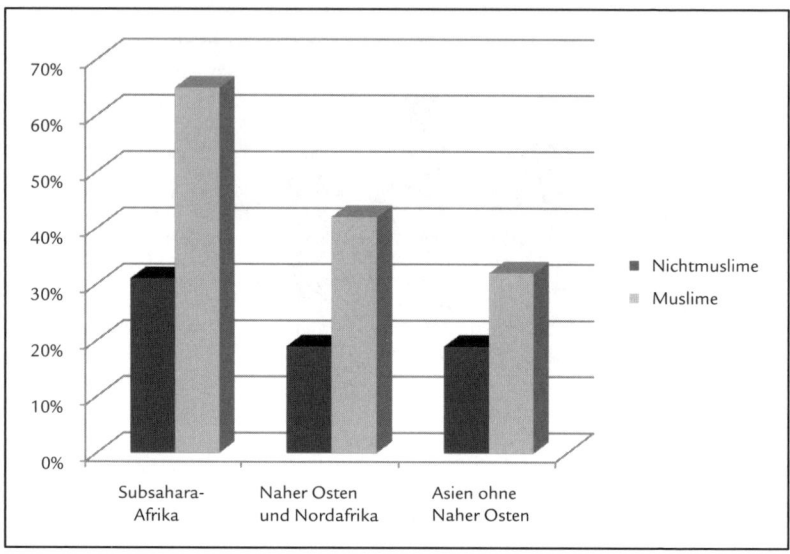

Quelle: Pew Research Center 2016

Viertel des Weltdurchschnitts haben, die reichsten Länder mit einem überdurchschnittlichen Einkommen oder die mittlere Gruppe: in allen Fällen liegt das Bildungsniveau in den islamischen Ländern unter dem der nichtmuslimischen. Mit 2,4 Jahren ist die Lücke in der Gruppe der reichen Länder sogar am größten: Die islamischen Ölstaaten haben ihren Reichtum eindeutig nicht genutzt, um das Bildungsniveau der Bevölkerung maßgeblich zu erhöhen.

Wir sehen dieses Muster auch innerhalb von Weltregionen und in Ländern mit einer religiös heterogenen Bevölkerung. Grafik 5.4 zeigt anhand von Daten des Pew Research Center, dass 65 Prozent der Muslime im subsaharischen Afrika keine abgeschlossene Schulbildung haben, verglichen mit 31 Prozent der Nichtmuslime. Selbst im muslimisch dominierten Nahen Osten und Nordafrika schneiden nichtmuslimische Minderheiten viel besser ab: 42 Prozent der Muslime haben dort keinen Bildungsabschluss, verglichen mit 19 Prozent bei Angehörigen nichtmuslimischer Minderheiten. Im übrigen Asien sehen wir wieder das gleiche Muster: 32 Prozent der Muslime und 19 Prozent der Nichtmuslime haben dort keinen Bildungsabschluss.[34]

Wir finden dieses Muster auch in Ländern mit einer gemischten religiösen Bevölkerung. In Ghana, Kenia und Nigeria haben rund 60 Prozent der Muslime keine Schulbildung erhalten, verglichen mit einem Viertel oder weniger unter den Christen.[35] Im Allgemeinen gilt: Je höher der Anteil der Muslime in einem Land oder einer Region, desto niedriger ist das Bildungsniveau der Muslime. Mit anderen Worten: Je weniger Muslime es in einer Region gibt, desto besser ist das individuelle Bildungsniveau der Muslime. Die amerikanische Politikwissenschaftlerin Melina Platas hat in einer detaillierten Studie zum ostafrikanischen Malawi gezeigt, dass in muslimisch dominierten Regionen religiöse Führer die Botschaft verbreiten, religiöse Identität und weltliche Bildung stünden im Widerspruch zueinander. So halten islamische Eltern in solchen Regionen ihre Kinder von der Schule fern, vor allem wenn sie selbst wenig gebildet sind. In Regionen, in denen Christen dominieren, sehen Muslime hingegen, dass Bildung zum sozialen Aufstieg führt, und sind daher geneigt, die positive Einstellung zur Bildung ihrer christlichen Umwelt zu übernehmen.[36]

Platas verbindet die negative Einstellung von Muslimen zur säkularen Bildung mit der Tatsache, dass historisch gesehen Bildung im subsaharischen Afrika ihren Ursprung hauptsächlich in der christlichen Missionsarbeit hatte. Muslime hätten eine negative Einstellung zur säkularen Bildung entwickelt, weil sie befürchteten, durch Bildung christlichem Einfluss und Bekehrungsversuchen ausgesetzt zu werden. Diese Theorie bietet jedoch keine plausible Erklärung dafür, dass die Bildungsbenachteiligung der Muslime auch in Ländern Westafrikas und des Mittleren Ostens auftritt, in denen Muslime bei Weitem die Mehrheit stellen. Darüber hinaus bleibt in dieser Theorie unklar, warum Muslime, die in Afrika missioniert haben, dort abgesehen von der koranischen Ausbildung keine Bildungsangebote bereitgestellt haben. Wie wir vorher bereits gesehen haben, hat die moderne Bildung sogar im damaligen Zentrum der islamischen Welt, der Türkei, ihren Ursprung in christlichen Missionsschulen.

Jungen (*vorne*) und Mädchen (*hinten*) in einer Koranschule auf der tansanischen Insel Sansibar. Während in christlichen Missionsschulen auch weltliches Wissen vermittelt wurde, verbreitete sich in den islamischen Regionen Afrikas hauptsächlich der Koranunterricht. Bis auf den heutigen Tag liegt das Bildungsniveau der afrikanischen Muslime, auch in Ländern mit einer gemischten Bevölkerung, weit unter dem der Christen.

Bildung ist nicht nur eine Frage der Ausbildungsjahre, sondern auch der Qualität des vermittelten Wissens. Auch daran mangelt es den Arab Human Development Reports zufolge: «Das eigentliche Problem liegt in der Qualität der Bildung [...], infolgedessen entsprechen die Ergebnisse des Bildungssystems nicht den Anforderungen des Arbeitsmarktes und der Entwicklung.»[37] Die geringe Priorität, die islamische Länder der Wissensbildung beimessen, spiegelt sich auch in ihren Ausgaben für Forschung und Produktentwicklung wider. Daten der UNESCO zeigen, dass islamische Länder dafür dreimal weniger ausgeben als nichtislamische (durchschnittlich 1,01 Prozent bzw. 0,35 Prozent des Nationaleinkommens).[38] Während nichtislamische Länder einen höheren Anteil ihres Bruttoinlandsprodukts in Forschung investieren, je höher dieses ist (durchschnittlich 1,91 Prozent des Nationaleinkommens in den reichsten nichtmuslimischen Ländern), geben die reichsten islamischen Länder weniger für Forschung aus, je wohlhabender sie sind (0,26 Prozent). Ägypten ist immerhin eines der islamischen Länder, das mit 0,68 Prozent des Nationaleinkommens noch am meisten in die Forschung investiert, aber das ist nichts im Vergleich zu Ländern wie Südkorea (4,29 Prozent) oder Israel (4,11 Prozent). Oder nehmen wir die Nachbarländer Indien und Pakistan: Indien investiert fast dreimal so viel in Forschung und Entwicklung (0,82 Prozent) wie Pakistan (0,29 Prozent).

Dieser Mangel an Investitionen in Bildung und Forschung hat weitreichende Folgen für die Innovationsfähigkeit der Volkswirtschaften. Daten der Weltorganisation für geistiges Eigentum (WIPO) zeigen, dass 2016 in islamischen Ländern durchschnittlich 65 Patente je eine Million Einwohner registriert wurden, gegenüber sechsmal so vielen in nichtislamischen Ländern (395).[39] Wer wissen will, warum Südkorea wirtschaftlich erfolgreicher ist als Ägypten, muss nicht weiter suchen: 2016 wurden in Ägypten 23 Patente pro eine Million Einwohner angemeldet, in Südkorea waren es mehr als 4000. Und auch hier lohnt es sich, einen Blick auf die Länder des ehemaligen Britisch-Indien zu werfen: Pakistan und Bangladesch lagen mit 4 bzw. 2 Patenten pro eine Million Einwohner weit hinter Indien mit 65 Patenten zurück.

Der Wissensmangel der islamischen Welt hat tiefe historische Wurzeln. In diesem Kapitel ging es bereits um die sehr späte Einführung der Druckerpresse im Osmanischen Reich, um den späten Beginn eines modernen akademischen Bildungssystems, die verspätete Verbreitung einer freien Presse und den extrem niedrigen Alphabetisierungsgrad der Bevölkerung. Dieses Erbe hat Folgen bis heute. Auch im einundzwanzigsten Jahrhundert werden nach Angaben der UNESCO in nichtislamischen Ländern pro Kopf viermal mehr Buchtitel produziert als in islamischen.[40] Die Türkei ist in dieser Hinsicht eine positive Ausnahme. Mit 632 Buchtiteln pro eine Million Einwohner im Jahr liegt sie gleichauf mit Griechenland. Der radikale Abschied vom osmanischen Erbe und die Einführung eines modernen säkularen Bildungssystems unter Mustafa Kemal Atatürk waren zumindest auf diesem Gebiet erfolgreich. Aber Ägypten bestätigt das Bild wieder: Mit jährlich 95 Buchpublikationen pro eine Million Einwohner kommt es nur auf ein Zehntel des israelischen Nachbarn (1029) oder Südkoreas (935). Indien ist mit 71 Buchpublikationen sicherlich kein Land der Leseratten, aber es werden dort immer noch viel mehr Bücher veröffentlicht als im benachbarten Pakistan (18), ganz zu schweigen vom Inhalt der Bücher, die gelesen werden. Dazu gibt es weniger Daten, aber der Arab Human Development Report von 2003 deutet an, dass der Schwerpunkt der arabischen Buchproduktion auf religiösen Themen liegt und dass die Bestseller der führenden internationalen Buchmesse von Kairo in der Regel religiöse Inhalte haben.[41]

Bei Übersetzungen aus anderen Sprachen – ein wichtiger Indikator für die Offenheit einer Kultur für Wissen und Perspektiven von außen – sieht das Bild für die islamische Welt noch trauriger aus. Nach Angaben der UNESCO wurden zwischen 1979 und 2014 nur rund 41 000 Bücher ins Arabische, Türkische, Farsi und Bahasa Indonesia übersetzt, das heißt in die vier wichtigsten Sprachen der islamischen Welt mit insgesamt mehr als 500 Millionen Sprechern.[42] Zum Vergleich: Im selben Zeitraum wurden etwas über 300 000 Titel ins Deutsche und 111 000 ins Niederländische übersetzt. Sogar 5 Millionen Finnen brachten es auf mehr übersetzte Buchtitel als eine halbe Milliarde Muslime. Ins Koreanische wurden 28 000 Bücher übersetzt, ins Arabische 13 000, obwohl es viermal mehr Arabisch- als Koreanischsprecher gibt. Laut dem Arab Human Development Report von 2003 war die Gesamtzahl der ins Arabische übersetzten Bücher von der Blütezeit des Abbasidenkalifats im neunten Jahrhundert bis in die 1980er-Jahre geringer als die Zahl der in einem Jahr ins Spanische übersetzten Titel.[43]

Wo so wenige Bücher veröffentlicht und übersetzt werden und wo selbst beim Koran noch mehr Wert darauf gelegt wird, den Text im arabischen Original auswendig zu lernen, als ihn verstehend zu lesen, ist es nicht verwunderlich, dass auch heute noch erhebliche Teile der Bevölkerung nicht lesen und schreiben können. 25 Prozent der Bevölkerung islamischer Länder sind Analphabeten, doppelt so viel wie in nichtmuslimischen Ländern (12 Prozent).[44] Und dabei reden wir nicht nur über sehr arme Länder, sondern auch über Ägypten, wo 26 Prozent der Bevölkerung Analphabeten sind. Eine ziemlich traurige Situation für ein Land, das die Wiege einer der größten antiken Zivilisationen ist, die eine der ersten Schriften der Menschheit hervorgebracht hat. Dank Atatürks Bildungsreformen und Alphabetisierungskampagnen ist es der Türkei gelungen, das osmanische Erbe viel besser zu überwinden als die arabische Welt: Nur 4 Prozent der türkischen Bevölkerung sind heutzutage Analphabeten.

In den Abschnitten des Korans, die einigermaßen freundlich von Juden und Christen sprechen, werden sie als «Völker des Buches» bezeichnet, weil sie mit ihren Bibeln einen Teil der Wahrheit über den einzigen Gott mit dem Islam teilen. In Wirklichkeit sind Christen und Juden seit Jahrhunderten zu «Völkern vieler Bücher» geworden. Die islamische Welt ist heute jedoch von einer weit verbreiteten Geringschätzung von Wissen gekennzeichnet, das nicht religiöser Natur ist und nicht auf den Koran und den Propheten zurückgeht. Muslime sind – trotz der Aufforderungen im Koran, Wissen zu sammeln – weitgehend ein «Volk des einen Buches» geworden. Als ich in den 1980er-Jahren als Student durch Nordafrika reiste, gewann ich in dem algerischen Wüstenstädtchen Béchar zwei Freunde, Houcine und Slimane. Ich muss oft an die Diskussionen mit ihnen zurückdenken, wenn ich die Entwicklungen in der islamischen Welt betrachte. Meine algerischen Freunde wurden nicht müde, mich davon überzeugen zu wollen, dass alles, was der Westen erfunden oder entdeckt hatte, bereits im Koran enthalten oder längst vom Propheten Mohammed angekündigt worden war. Ich habe diese Geschichte seither viele Male von Menschen aus verschiedenen anderen islamischen Ländern gehört. Die Botschaft ist klar: Alles, was von Wert ist, steht bereits in diesem einen Buch, und was nicht in diesem Buch steht, kann auch nicht von Wert sein. Houcine und Slimane, die ansonsten nicht netter und gastfreundlicher hätten sein können, konnten nichts dafür. Sie wiederholten nur, was sie täglich um sich herum hörten und was ihnen in der örtlichen Moschee als die Wahrheit verkündet wurde.

Die andere Hälfte

Verpasste wirtschaftliche Chancen durch die Ablehnung von Innovationen aus religiösen Gründen prägen nicht nur die osmanische Vergangenheit, sondern auch die islamische Gegenwart. Was für die Osmanen die Druckerpresse war, ist die Emanzipation der Frau für die heutige islamische Welt. Die Gleichstellung von Männern und Frauen ist eine der wichtigsten gesellschaftlichen Revolutionen der zweiten Hälfte des zwanzigsten Jahrhunderts. Dieser Erneuerungsprozess ist sicherlich auch in der westlichen Welt noch nicht abgeschlossen. Die Gleichstellung der Geschlechter ist nicht nur ein Fortschritt aus moralischer und sozialer Sicht, sondern auch eine wirtschaftliche Innovation erster Ordnung. Die Einschränkung der Möglichkeiten für die Hälfte der Bevölkerung, am Arbeitsprozess teilzunehmen, bedeutet eine enorme Unterausschöpfung des Humankapitals einer Gesellschaft. Laut einem Bericht des Weltwirtschaftsforums aus dem Jahr 2015 ist der Anstieg der Beschäftigungsquote von Frauen seit den 1970er-Jahren für ein Viertel des derzeitigen Bruttosozialprodukts (BSP) der Vereinigten Staaten verantwortlich.[45] Und im Gegensatz zu Wirtschaftswachstum durch hohe Geburtenraten oder Einwanderung, die den wirtschaftlichen Kuchen zwar vergrößern, aber auch die Zahl der Menschen, die davon essen müssen, bedeutet ein Anstieg der Beschäftigungsquote von Frauen ohne Einschränkung einen Anstieg des Wohlstands. Auch in der westlichen Welt gäbe es noch viel zu gewinnen, wenn wir die Beschäftigungslücke zwischen Männern und Frauen weiter schließen würden: etwa 9 Prozent des BSP in den USA und 13 Prozent in der Eurozone. Laut einer aktuellen McKinsey-Studie könnte das globale Einkommen um 28 Prozent steigen, wenn die Beschäftigungslücke zwischen Männern und Frauen in allen Ländern geschlossen würde.[46]

In Kapitel 3 haben wir bereits gesehen, dass es nirgendwo so schlecht um die Rechte von Frauen bestellt ist wie in der islamischen Welt. Das spiegelt sich auch in der Beteiligung von Frauen am Arbeitsmarkt wider, die in islamischen Ländern 41 Prozent beträgt, gegenüber 57 Prozent in der nichtmuslimischen Welt.[47] Von den 25 Ländern mit der niedrigsten Frauenerwerbsquote sind 20 islamisch, darunter die Türkei (30 Prozent), Marokko (24 Prozent), Pakistan (23 Prozent), Ägypten (23 Prozent), Iran (16 Prozent) und Syrien (12 Prozent). Ausnahmen in der islamischen Welt sind die ehemals kommunistischen Länder Zentralasiens sowie Albanien, in denen mindestens die Hälfte der Frauen auf dem Arbeitsmarkt tätig ist. Auch in Indonesien (50 Prozent) und Malaysia (49 Prozent) liegt die Arbeitsmarktbeteiligung von Frauen nur leicht unter dem Weltdurchschnitt, was mit ein Grund dafür sein könnte, dass diese Länder wirtschaftlich besser abschneiden als andere islamische Länder.

Die Arbeitsmarktbeteiligung ist die direkteste, aber nicht die einzige Art und Weise, wie die Ungleichheit der Geschlechter den wirtschaftlichen Wohlstand beeinflusst. In weiten Teilen der Welt geht die Diskriminierung aufgrund des Geschlechts mit einem typischen demografischen Muster einher, in dem Mädchen und Frauen früh heiraten und im Laufe ihres Lebens eine relativ große Anzahl von Kindern bekommen. Für junge Frauen bedeutet ein junges Heiratsalter und ein junges Alter, in dem das erste Kind kommt, oft, dass sie ihre Ausbildung abbrechen müssen – wenn sie sie überhaupt begonnen haben – oder dass sie die erhaltene Ausbildung nicht auf dem Arbeitsmarkt nutzen können. Viele Kinder zu haben bedeutet, dass Eltern weniger in die Bildung jedes einzelnen Kindes investieren können, was sich wiederum negativ auf den durchschnittlichen Bildungsstand der Bevölkerung auswirkt. Je mehr Kinder pro Frau, desto schneller wächst die Bevölkerung. Solange das Wirtschaftswachstum mit dem Bevölkerungswachstum Schritt hält, muss dies keine Auswirkungen auf den Wohlstand haben. Probleme entstehen aber, wenn das Wachstum durch mangelnde Bildung der Bevölkerung und fehlende technologische Innovationen gebremst wird oder wenn der Wohlstand auf Einnahmen aus endlichen natürlichen Ressourcen beruht. Genau das geschieht in großen Teilen der islamischen Welt.

Ägypten und Südkorea veranschaulichen dieses Muster. 1970 hatten beide Länder etwa die gleiche Einwohnerzahl, aber während die südkoreanische Bevölkerung von 32 Millionen Einwohnern 1970 auf

51 Millionen 2016 moderat wuchs (+59 Prozent), verdreifachte sich die ägyptische Bevölkerung im gleichen Zeitraum nahezu von 36 auf 95 Millionen (+264 Prozent). Diese Kluft wird sich in Zukunft weiter vergrößern, da die durchschnittliche Geburtenrate der südkoreanischen Frauen heute bei 1,2 liegt, weit unter dem Niveau von 2,1, das für den Erhalt der Bevölkerungszahl erforderlich ist, während die Fruchtbarkeit in Ägypten mit 3,5 Kindern pro Frau immer noch weit darüber liegt. Auch in anderen ostasiatischen Ländern wie Singapur, Taiwan und China sind die Geburtenraten relativ niedrig. Auch diese niedrigen Geburtenraten in einigen ostasiatischen und vielen europäischen Ländern sind ein Problem, weil die steigenden Gesundheits- und Rentenkosten von einer immer kleiner werdenden Erwerbsbevölkerung getragen werden müssen. Begrenzte Möglichkeiten, Elternzeit zu nehmen, und fehlende erschwingliche Kinderbetreuungsplätze sind mitverantwortlich dafür, dass viele Paare erst spät das erste Kind bekommen, bei dem es oft bleibt. Frankreich und die skandinavischen Länder zeigen, dass familienfreundliche Programme einen übermäßigen Rückgang der Geburtenrate verhindern und den Trend sogar umkehren können.

Länder wie Ägypten sind weit von solchen Wohlstandsproblemen entfernt. Viele Mädchen heiraten dort vor dem Alter von achtzehn Jahren. Eine Studie aus dem Jahr 2014 über die Generation junger Erwachsener in Ägypten zeigt, dass mehr als jede fünfte (21 Prozent) der verheirateten jungen Frauen im Alter zwischen 25 und 29 Jahren, aber weniger als 1 Prozent der Männer dieser Altersgruppe vor dem achtzehnten Lebensjahr geheiratet hatten.[48] 6 Prozent der jungen Frauen waren sogar vor dem sechzehnten Lebensjahr verheiratet. Nur 20 Prozent der verheirateten ägyptischen Frauen im Alter zwischen 13 und 35 Jahren gaben an, sie hätten selbst entschieden, wen sie heiraten wollen, 42 Prozent, dass sie die Entscheidung gemeinsam mit ihren Eltern getroffen hätten und 37 Prozent, dass die Entscheidung ganz ohne ihre Zustimmung getroffen worden sei. Ganz anders das Bild der verheirateten Männer: In 54 Prozent der Fälle gaben sie an, eine selbständige Entscheidung getroffen zu haben, und nur 14 Prozent hätten bei der Wahl des Partners nichts zu sagen gehabt.

Das bedeutet nicht, dass das patriarchalische System in islamischen Ländern keine Nachteile für junge Männer hätte. Sie haben bei der Partnerwahl vielleicht mehr zu sagen, doch um zu heiraten, müssen sie eine Familie ernähren können, und ihre Familie muss in der Lage sein, die Brautgabe aufzubringen. Aufgrund der hohen Geburtenraten der letzten Jahrzehnte gibt es in Ägypten unzählige junge Menschen, denen die schwächelnde Wirtschaft keine ausreichenden Perspektiven bietet. Viele junge Männer können keine Familie gründen. Ein Viertel der ägyptischen Männer zwischen 30 und 35 Jahren war 2014 noch unverheiratet.[49] Das mag für Bewohner westlicher Länder wenig dramatisch klingen, denn wie viele von uns sind in diesem Alter nicht unverheiratet? Um zu verstehen, was das für diese jungen Männer (und in geringerem Maße auch für junge Frauen, von denen 12 Prozent in der Altersgruppe der 30- bis 35-Jährigen noch unverheiratet sind) bedeutet, müssen wir uns vorstellen, wie es ist, in einer Gesellschaft unverheiratet zu sein, in der die Sexualität extrem reguliert ist. Sex vor der Ehe gilt als Todsünde. Junge Frauen, die ihre Jungfräulichkeit verloren haben, finden keinen Ehepartner mehr. Als ich mit Mitte zwanzig nach Algerien kam, waren meine Altersgenossen Houcine und Slimane, wie viele andere junge Araber, unverheiratet und sparten mit ihren kargen Jobs Geld, um sich eines Tages eine Heirat leisten zu können. Sie hatten keine Freundin und noch nie eine gehabt. Wo sollten sie auch eine finden? Während meiner Zeit in Béchar waren wir nie in Begleitung von Frauen unseres Alters. Im Algerien von 1986 bot zumindest die Prostitution einen Ausweg: Slimane und Houcine besuchten regelmäßig ein Freudenhaus in der Gegend, in der sie ein festes Mädchen hatten, für das sie Geschenke mitbrachten und das sie ihre «Freundin» nannten. Nach ein paar Jahren habe ich den Kontakt zu ihnen verloren, und ich weiß nicht, ob sie in den islamischen Extremismus hineingezogen wurden, der Algerien Anfang der Neunzigerjahre heimsuchte. Aber die aussichtslose Kombination aus mangelnden wirtschaftlichen Perspektiven und sexueller Frustration, mit der viele junge Männer in islamischen Ländern konfrontiert sind, ist zweifellos einer der Gründe, warum sich so viele von extremistischen Bewegungen angezogen fühlen.

6.

Die schwierige Integration
muslimischer Migranten

Die Probleme der islamischen Welt im Kleinformat

Der Mangel an Demokratie, die schlechte Menschenrechtslage, Bürgerkriege und die Kombination einer stagnierenden Wirtschaft mit einer sehr jungen, durch hohe Geburtenraten stetig wachsenden Bevölkerung haben Millionen von Muslimen dazu veranlasst, in andere Teile der Welt aufzubrechen, um dort ein besseres Leben zu suchen. Einige von ihnen kamen als Arbeitsmigranten, andere als politische oder Kriegsflüchtlinge nach Europa, Nordamerika oder Australien. Die Migration aus islamischen Ländern hat diese Einwanderungsgesellschaften mit vielen talentierten und kreativen Menschen bereichert. Musiker wie der französisch-algerische Khaled, Schriftsteller wie der britisch-indische Salman Rushdie, Filmemacher wie der deutsch-türkische Fatih Akin, Fußballer wie der schweizerisch-kosovarische Xherdan Shaqiri und Politiker wie die aus einem palästinensischen Elternhaus stammende ehemalige österreichische Staatssekretärin Muna Duzdar – die Liste könnte mühelos mehrere Seiten eines Buches füllen. Ganz zu schweigen von den Zehntausenden fleißigen Gastarbeitern und Flüchtlingen, die nicht nur ein besseres Leben für sich und ihre Kinder suchten und fanden, sondern auch ihren Beitrag zur wirtschaftlichen Entwicklung der Einwanderungsländer geleistet haben. Das ist die eine Seite der Einwanderung aus der islamischen Welt.

Die andere Seite der Geschichte ist, dass mit der Einwanderung auch das Gepäck der Probleme, unter denen die islamische Welt leidet, mitgereist ist. Leider ist der naive Glaube nach wie vor weit verbreitet, dass Menschen, die migrieren, nicht nur ihr Zuhause und ihre Heimat, sondern auch die Kultur der Unterdrückung, Intoleranz und des religiösen Eifers, in der sie aufgewachsen sind, hinter sich lassen und nur die erfreulichen, bereichernden Seiten ihrer Kultur mitbringen. Dieser Annahme zufolge haben Probleme wie fehlende Integration, dschihadistische Gewalt, Antisemitismus und Homophobie nichts mit Kultur oder Religion zu tun, sondern sind das Ergebnis von Diskriminierung und Ausgrenzung durch die Aufnahmegesellschaft. Diese Argumentation verkennt jedoch, dass viele der Probleme und Konflikte muslimischer Gemeinschaften in der Diaspora ihren Ursprung in den Herkunftsländern haben.

In diesem Kapitel werde ich zeigen, dass Faktoren, die der wirtschaftlichen Entwicklung der islamischen Welt im Wege stehen – unzureichende Investitionen in Bildung, hohe Geburtenraten, die wirtschaftliche Ausgrenzung von Frauen –, auch die erfolgreiche Integration muslimischer Migranten behindern. Darüber hinaus führt die Dominanz konservativ-religiöser Ansichten und Verhaltensregeln im Migrationskontext zu einer starken Segregation vom Rest der Gesellschaft, was verheerende Folgen für die Integration hat und zu gegenseitiger Entfremdung führt. Die Bedeutung kultureller Faktoren erklärt, warum wir beim Vergleich des Integrationserfolgs von Muslimen mit dem von anderen Migrantengruppen das gleiche Muster sehen wie beim Vergleich von Ländern auf globaler Ebene: Migranten aus islamischen Ländern sind in fast allen Dimensionen der Integration die Schlusslichter. Nicht nur die sozioökonomischen Probleme der islamischen Welt, sondern auch die Unterdrückung von Minderheiten und die gewalttätigen Konflikte, die die islamische Welt prägen, spiegeln sich im Migrationskontext wider. Leider sind mit der Migration auch der virulente Antisemitismus, die Homophobie und die Unterdrückung der Frauen, die einen großen Teil der islamischen Welt kennzeichnen, mitgekommen. Kurz gesagt: In den Problemen der muslimischen Integration spiegelt sich die Krise der islamischen Welt im Kleinformat.

Der eine Libanese ist der andere nicht

Im Vergleich zu vielen europäischen Ländern hat Australien eine eher kleine muslimische Bevölkerung: etwa 600 000 Menschen, was 2,5 Prozent der australischen Bevölkerung entspricht. In Deutschland dagegen leben mehr als 4,5 Millionen Muslime, etwa 5,5 Prozent der Bevölkerung. Während in Europa Muslime einen großen Teil der Migrantenbevölkerung ausmachen, kommt die überwiegende Mehrheit der Einwanderer in Australien aus anderen Teilen der Welt, insbesondere aus Europa, Süd- und Ostasien. Aber auch in Australien stehen Muslime im Mittelpunkt der Diskussion um Integrationsprobleme. Dies könnte natürlich als unbegründete Islamophobie abgetan werden, wenn es nicht berechtigte Gründe für die Sorge über die Integration genau dieser Gruppe gäbe. Trotz der bescheidenen Größe der muslimischen Bevölkerung und der großen Entfernung zum Nahen Osten reiste eine relativ große Anzahl australischer Muslime (rund 250) nach Syrien und in den Irak, um sich dem IS anzuschließen.[1] Obwohl Australien um ein Vielfaches mehr Menschen mit Wurzeln in asiatischen Ländern wie China und Indien hat, sind es australische Muslime, die in den letzten Jahren durch Anschläge und ethnische Unruhen für Schlagzeilen gesorgt haben.

Während die Arbeitslosenquote der Einwanderer in Australien unter der der Einheimischen liegt, bilden Migranten aus islamischen Ländern die große Ausnahme von dieser Regel. Von den gebürtigen Australiern waren 2016 5,5 Prozent arbeitslos. In den ersten fünf Jahren nach der Ankunft in Australien liegt dieser Prozentsatz bei Süd- und Ostasiaten noch zwischen 10 und 13 Prozent, aber danach sinkt die Arbeitslosigkeit unter diesen auf 4 Prozent und damit unter das Niveau der Einheimischen. Das gleiche Muster zeigt sich für Migranten aus Europa und dem subsaharischen Afrika. Die Arbeitslosenquote von Migranten aus dem Nahen Osten ist jedoch um ein Vielfaches höher: 34 Prozent von ihnen haben in den ersten fünf Jahren nach ihrer Ankunft keine Arbeit, und die Arbeitslosigkeit ist auch danach mit 18 Prozent immer noch mehr als viermal so hoch wie bei anderen Migrantengruppen.[2]

Radikale Muslime demonstrieren 2012 im australischen Sydney gegen einen als blasphemisch empfundenen Film. Die meisten muslimischen Australier stammen aus dem Libanon. Im Vergleich zu christlich-libanesischen Australiern verläuft ihre Integration mühsam.

Dies gilt nicht nur für Migranten, die in jüngerer Zeit aus islamischen Ländern gekommen sind, sondern auch für die größte und älteste muslimische Gruppe Australiens, die aus dem Libanon stammt. Eine Studie des australischen Ökonomen Jock Collins zeigt, dass die Arbeitslosigkeit unter im Libanon geborenen Australiern bereits 1983 mit 34 Prozent mehr als dreimal so hoch war wie im Landesdurchschnitt. Während die Arbeitslosigkeit für alle Migranten 1996 bei 9 Prozent für Männer und 11 Prozent für Frauen lag, waren es unter den im Libanon Geborenen 32 Prozent bzw. 50 Prozent.[3] Aber Vorsicht: Der Libanon ist ein multireligiöses Land, in dem Christen lange Zeit die größte Gruppe waren, aber heute Muslime die Mehrheit stellen. Unter den über 200 000 libanesischen Australiern spiegelt sich diese religiöse Vielfalt: Laut Volkszählung von 2016 sind 49 Prozent von ihnen Christen und 40 Prozent Muslime. Die libanesische Migration nach Australien geht bis in die Zeit des Osmanischen Reiches zurück, blieb aber bis Anfang der 1970er-Jahre sehr begrenzt. 1971 lebten in Australien 5000 Menschen, die im Libanon geboren wurden, die überwiegende Mehrheit von ihnen waren Christen. Diese frühen libanesischen Migranten wurden von den Australiern keineswegs in die Arme geschlossen. Im Rahmen der «White Australia Policy», die erst 1973 vollständig aufgegeben wurde, wurden sie als «Asiaten» eingestuft, kamen daher grundsätzlich nicht für Einwanderungsvisa in Betracht und konnten erst ab 1957 australische Staatsbürger werden. Während des Ersten und Zweiten Weltkriegs wurden sie wie andere «Asiaten» als «feindliche Ausländer» behandelt. Die überwiegende Mehrheit der Libanesen, sowohl Christen als auch Muslime, kam daher erst nach der Öffnung des Landes für Nichtweiße nach Australien, insbesondere als Flüchtlinge während des libanesischen Bürgerkriegs, der von 1975 bis 1990 tobte.[4] Da die meisten christlichen und muslimischen Libanesen im gleichen Zeitraum und aus ähnlichen Gründen nach Australien kamen, kann die libanesische Migration nach Australien als ein natürliches Experiment im Hinblick auf die Rolle der Religion bei der Integration betrachtet werden.

Basierend auf der Volkszählung von 2001 zeigen die australischen Soziologen Katharine Betts und Ernest Healy, dass libanesische Muslime hinsichtlich einer Reihe von Integrationsindikatoren schlechter dastehen als libanesische Christen. Von allen religiösen Gruppen in Australien ist das Haushaltseinkommen unter den Muslimen am geringsten (674 Australische Dollar pro Woche). Libanesische Muslime haben ein noch niedrigeres Einkommen (640 Dollar), während libanesische Christen sogar mehr verdienen (897 Dollar) als der australische Durchschnitt (779 Dollar). Da muslimische Haushalte aufgrund der größeren Anzahl von Kindern pro Frau im Durchschnitt mehr Mitglieder haben, ist der Kontrast bei der Berechnung des Einkommens pro Person noch größer. Libanesische Muslime haben pro Kopf 40 Prozent weniger Einkommen als libanesische Christen (152 bzw. 253 Dollar pro Woche).[5] Die ungünstige Einkommenssituation der libanesischen Muslime hängt mit ihrer schlechten Arbeitsmarktposition zusammen. Von den libanesischen Muslimen im Alter zwischen 25 und 45 Jahren in Sydney – wo die meisten Libanesen leben – waren 39 Prozent der ersten Generation und 26 Prozent der zweiten Generation im Jahr 2001 arbeitslos oder aus einem anderen Grund (etwa Arbeitsunfähigkeit) ohne Arbeit, verglichen mit 22 bzw. 13 Prozent der libanesischen Christen und 16 Prozent aller australischen Männer dieser Altersgruppe.[6]

Muslimische Frauen haben noch niedrigere Beschäftigungsquoten. Der iranische Demograph Yaghoob Foroutan zeigt, basierend auf der australischen Volkszählung von 2001, dass nur 31 Prozent der australischen Musliminnen im Alter von 15 bis 64 Jahren arbeiten, verglichen mit 63 Prozent der übrigen australischen Frauen.[7] Dieser Unterschied zwischen Musliminnen und anderen Frauen bleibt bestehen, wenn Foroutan innerhalb ethnischer Gruppen vergleicht und auch Bildungsniveau, Alter, Einkommen des Partners und Sprachkenntnisse berücksichtigt. Ob es sich nun um Migrantinnen aus Südasien, Südosteuropa oder Afrika handelt, die Erwerbsbeteiligung der muslimischen Frauen aus diesen Regionen ist immer viel geringer. Am größten ist der Unterschied zwischen libanesischen Christinnen und Musliminnen: Nur 14 Prozent der Letzteren sind auf dem Arbeitsmarkt tätig. Darüber hinaus zeigt Foroutan, dass muslimische Frauen im Allgemeinen und libanesische Musliminnen im Besonderen auch an anderen Fronten zurückbleiben. So haben beispielsweise 32 Prozent der libanesischen Musliminnen einen niedrigen Bildungsstand, verglichen mit 16 Prozent der christlichen Frauen aus dem Libanon. Obwohl sich die beiden Gruppen in Bezug auf ihre Aufenthaltsdauer in Australien kaum unterscheiden, sprechen von den libanesischen Musliminnen 29 Prozent schlechtes Englisch, verglichen mit 13 Prozent der christlich-libanesischen Frauen.

Ein ähnliches natürliches Experimentierfeld bietet die Migration in das Vereinigte Königreich nach der Unabhängigkeit Britisch-Indiens. Die drei wichtigsten nichtchristlichen religiösen Gruppen in Großbritannien – Muslime, Hindus und Sikhs – stammen größtenteils aus der ehemaligen britischen Kolonie. Hindus und Sikhs kamen fast ausschließlich aus dem heutigen Indien nach Großbritannien, während

Muslime hauptsächlich aus dem heutigen Pakistan und Bangladesch einwanderten. Sie alle kamen ab Anfang der 1950er-Jahre als Arbeitsmigranten nach Großbritannien, wo, wie auf dem europäischen Kontinent, ein großer Arbeitskräftemangel in der Industrie bestand. Als Bürger des Commonwealth genossen sie einen relativ leichten Zugang zu Aufenthaltsrechten und zur britischen Staatsbürgerschaft.[8]

Heute, fast siebzig Jahre nach Beginn dieser Migrationswelle, ist der Unterschied zwischen den Gruppen dramatisch. Die britischen Inder sind, ähnlich wie die Chinesen in Großbritannien, ein Musterbeispiel erfolgreicher Integration. Von den Männern indischer Herkunft in der Altersgruppe zwischen 16 und 64 Jahren arbeiten 81 Prozent, was sogar mehr ist als der nationale Durchschnitt. Von den Inderinnen arbeiten 64 Prozent, etwas weniger als der Durchschnitt aller britischen Frauen von 69 Prozent. Männer, die aus Pakistan oder Bangladesch stammen, hinken mit einer Beschäftigungsquote von 72 Prozent ihren indischen Kollegen hinterher, aber die Erwerbsquote ist vor allem bei Frauen aus diesen Ländern extrem niedrig (35 Prozent).[9] Während die Inder ein Haushaltseinkommen haben, das sich kaum vom nationalen Durchschnitt unterscheidet, ist das Einkommen der aus Pakistan oder Bangladesch stammenden Haushalte um ein Drittel niedriger.[10]

Die Daten der britischen Volkszählung von 2001, die auch nach Religion aufgeschlüsselt werden können, zeigen ein ähnliches Bild.[11] Von den Männern im Alter von 25 bis 64 Jahren waren 8 Prozent der Hindus arbeitslos, was 3 Prozent weniger ist als der nationale Durchschnitt von 11 Prozent. Sikhs waren etwas häufiger arbeitslos (13 Prozent), aber die mit Abstand höchste Arbeitslosenrate unter allen Religionen (einschließlich Christen, Buddhisten und Juden) war mit 19 Prozent die der Muslime. Während 62 Prozent der Hindu- und Sikh-Frauen auf dem Arbeitsmarkt aktiv waren (sogar mehr als die Rate von 58 Prozent für die christlichen Frauen), galt das für lediglich 29 Prozent der Musliminnen. Darüber hinaus haben Muslime ein viel niedrigeres Bildungsniveau als Anhänger anderer Religionen und sind daher überwiegend in gering qualifizierten Berufen tätig. Alles in allem führt dies zu einer starken Konzentration von Muslimen in den

am stärksten benachteiligten Wohnvierteln des Vereinigten König-
reichs. Ein Drittel der Muslime lebt in einer Gegend, die zu den un-
attraktivsten 10 Prozent der Stadtviertel gehört, während dies nur für
7 Prozent der Hindus und 11 Prozent der Sikhs gilt.

Wir können den Vergleich noch präzisieren, da nicht alle muslimischen Migranten aus dem ehemaligen Britisch-Indien aus Pakistan
und Bangladesch stammen. Wie wir in Kapitel 3 gesehen haben, hat
Indien eine große muslimische Bevölkerung, und auch in Großbritannien gibt es etwa 130 000 Muslime unter der einen Million Menschen indischer Herkunft. Außerdem stammen die meisten Inder in
Großbritannien aus einem relativ kleinen Gebiet: 70 Prozent sowohl
der indischen Hindus als auch der indischen Muslime stammen aus
dem an Pakistan grenzenden Bundesstaat Gujarat.[12] Auch einige der
Einwanderer indischer Abstammung, die in den Siebzigerjahren des
letzten Jahrhunderts aus Kenia und Uganda nach Großbritannien
kamen, waren Muslime, auch in diesem Fall ursprünglich überwiegend aus Gujarat stammend.[13] Hindus und Muslime aus Gujarat
sprechen die gleiche Sprache (Gujarati), sind äußerlich nicht voneinander zu unterscheiden – es sei denn, sie tragen typische muslimische oder hinduistische Kleidung –, und selbst ihre Namen sind
von einem Außenstehenden oft nicht als hinduistisch oder muslimisch erkennbar.

Trotzdem finden wir große Unterschiede zwischen den Muslimen
und den Hindus aus Indien.[14] Von den indischen Hindus in Großbritannien arbeiten 74 Prozent der Männer und 62 Prozent der Frauen,
aber von den indischen Muslimen arbeiten nur 66 Prozent der Männer und 35 Prozent der Frauen. Mehr als 11 Prozent der Muslime aus
Indien sind arbeitslos, verglichen mit weniger als 7 Prozent der Hindus. Außerdem sind indische Muslime doppelt so oft in gering qualifizierten Berufen tätig wie Hindus. Schließlich muss das infolge dieser
schlechten Arbeitsmarktposition ohnehin schon geringe Haushaltseinkommen auf mehr Menschen verteilt werden: Ein Drittel der indischen muslimischen Haushalte in Großbritannien hat fünf oder
mehr Mitglieder, während dies nur für 18 Prozent der Haushalte
indischstämmiger Hindus zutrifft.

Schlusslichter der Integration

Nicht nur in Australien und Großbritannien, sondern auch in vielen anderen Einwanderungsländern wiederholt sich das Muster, dass Muslime in den unteren Regionen der Integrationsrankings zu finden sind. Leider basieren die Statistiken in den meisten Einwanderungsländern nicht auf der Religion, sondern auf dem Herkunftsland. Da die Hauptherkunftsländer der Muslime in Europa, die Türkei, Marokko und Pakistan, jedoch nahezu homogen muslimisch sind und die Forschung zeigt, dass auch nach der Migration die überwiegende Mehrheit an ihrem Glauben festhält, können wir davon ausgehen, dass die meisten Menschen aus islamischen Ländern tatsächlich Muslime sind. Daten des niederländischen Instituts für Sozial- und Kulturplanung SCP zeigen zum Beispiel, dass sich 94 Prozent der marokkanischstämmigen und 86 Prozent der türkischstämmigen Migranten als Muslime betrachten.[15] Für Deutschland zeigt die Studie «Muslimisches Leben in Deutschland», dass 81 Prozent der Türkischstämmigen sowie 78 bzw. 87 Prozent der aus Marokko und Pakistan stammenden Personen den Islam als ihre Religion angeben.[16] In den deutschsprachigen Ländern sind es vor allem die Türkischstämmigen und in der Schweiz auch die Kosovaren, die dadurch auffallen, dass ihre Integrationsdefizite größer sind als die der meisten anderen Migrantengruppen. Die Zahlen des deutschen Mikrozensus von 2009 zeigen zum Beispiel, dass von den türkischstämmigen Männern im Alter zwischen 15 und 65 Jahre nur 49 Prozent eine bezahlte Arbeit hatten, von den türkischstämmigen Frauen sogar nur 38 Prozent. Zum Vergleich: Bei Männern und Frauen ohne Migrationshintergrund waren es 77 bzw. 68 Prozent. Auch alle anderen größeren Migrantengruppen schneiden deutlich besser ab als die Türkischstämmigen.[17] In Österreich ist es ähnlich: Personen ohne Migrationshintergrund sind zu 74 Prozent auf dem Arbeitsmarkt aktiv (das heißt arbeitend oder arbeitssuchend), diejenigen, die aus EU-Ländern und dem ehemaligen Jugoslawien stammen zu 70 bzw. 64 Prozent, aber die Türkischstämmigen nur zu 55 Prozent. Außerdem sind innerhalb der Gruppe der

Erwerbstätigen die Türken mit 20 Prozent viel häufiger arbeitslos (gegenüber 14 Prozent der Ex-Jugoslawen und 8 Prozent der Personen ohne Migrationshintergrund oder aus EU-Ländern).[18] In der Schweiz ist die Arbeitslosigkeit unter Männern und Frauen aus dem Kosovo etwa dreimal so hoch wie bei der Bevölkerung ohne Migrationshintergrund und doppelt so hoch wie bei Personen aus dem EU-Ausland – und zwar weitgehend unabhängig vom Bildungsniveau.[19]

In seinen Jahresberichten über die Integration vergleicht das niederländische Statistikbüro CBS die vier größten Migrantengruppen in den Niederlanden. Bei der Beteiligung von Männern am Arbeitsmarkt gibt es keine sehr großen Unterschiede. Dagegen arbeiten weniger als die Hälfte der Marokkanerinnen (42 Prozent) und Türkinnen (45 Prozent), während Frauen, die aus dem südamerikanischen Suriname (57 Prozent) oder den niederländischen Antillen (51 Prozent) stammen, deutlich häufiger einer Arbeit nachgehen.[20]

Im niederländischen Bildungssystem haben Schüler mit türkischem oder marokkanischem Hintergrund seit vielen Jahren niedrigere Erfolgsraten als Schüler surinamischer oder antillanischer Herkunft, und zwar in jedem Schultyp, von der Hauptschule bis zum Gymnasium. Darüber hinaus ist es bei türkischen und marokkanischen Jugendlichen weniger wahrscheinlich, dass sie das Abitur erreichen. Das hat Auswirkungen auf die Hochschulausbildung, die weniger türkische (39 Prozent) und marokkanische (40 Prozent) als surinamische (50 Prozent) oder antillanische (58 Prozent) Jugendliche aufnehmen.[21] Die geringere Erwerbsbeteiligung und das niedrigere Bildungsniveau führen dazu, dass das Durchschnittseinkommen der türkischen und marokkanischen Niederländer nicht nur deutlich unter dem der Surinamer und Antillaner, sondern auch unter dem der erst seit Kurzem in den Niederlanden lebenden Migranten aus Polen und Rumänien liegt.

Für eine Reihe von Aspekten der sozioökonomischen Integration zeigt das CBS auch Zahlen für die vier wichtigsten Flüchtlingsgruppen in den Niederlanden: Iraker, Afghanen, Somalier und Iraner. Dabei ist auffallend, dass die Iraner in jeder Hinsicht am besten abschneiden. So ist das Durchschnittseinkommen der Iraner in den Niederlanden deutlich höher als das der Türken und Marokkaner und auf einem ähnlichen Niveau wie das der Surinamer und Antillaner.[22] Was unterscheidet die Iraner von den anderen Flüchtlingsgruppen? Genau: Sie sind nicht vor einem Bürgerkrieg geflohen, sondern vor der politischen und religiösen Unterdrückung durch ein islamisch-theokratisches Regime. Infolgedessen gibt es unter den Iranern mehr Nichtgläubige und weniger konservative Muslime, was zu einer besseren Integration führt. Von den Iranern in den Niederlanden bezeichnet sich nur ein Drittel als muslimisch, und die meisten von denen, die sich als muslimisch bezeichnen, praktizieren ihre Religion kaum. Zum Vergleich: Mehr als 90 Prozent der Somalier und 85 Prozent der Afghanen bezeichnen sich als Muslime.[23]

Auch bei der sozialen Integration – im Sinne einer Vermischung mit der ansässigen Bevölkerung – hinken die islamischen Migrantengruppen hinterher. Für viele Menschen in den Niederlanden ist die Hautfarbe glücklicherweise kein großes Hindernis mehr beim Eingehen intimer Beziehungen. Von den Surinamern, die zusammenleben oder verheiratet sind, hat fast die Hälfte einen Partner niederländischer Herkunft. Bei den Antillanern sind es sogar 60 Prozent. Obwohl sie erst seit relativ kurzer Zeit in den Niederlanden sind, leben polnische und rumänische Migranten ebenfalls zu 40 bis 50 Prozent in einer gemischten Partnerschaft. Die Partner von türkischen und marokkanischstämmigen Menschen sind hingegen in der überwiegenden Mehrheit auch türkisch oder marokkanisch, und weniger als 10 Prozent von ihnen heiraten einen Partner mit niederländischem Hintergrund.[24] Das gleiche Muster zeigt sich, wenn wir uns den Grad der Wohnsegregation in den Großstädten ansehen. Der Amsterdamer Sozialgeograph Sako Musterd hat gezeigt, dass Türken und Marokkaner viel stärker in bestimmten Stadtteilen Amsterdams, Rotterdams und Den Haags konzentriert sind als Menschen mit einem surinamischen Hintergrund.[25]

Allerdings stammen Surinamer und Antillaner aus ehemaligen niederländischen Kolonien und waren daher bereits vor der Migration mit der niederländischen Sprache und Kultur vertraut. Aber das erklärt nicht, warum wir in Großbritannien einen so großen Unterschied zwischen Muslimen und Hindus aus dem ehemaligen Britisch-Indien feststellen, die ja beide den Vorteil einer historischen Verbindung mit dem Vereinigten Königreich hatten. Auch in Frankreich kommen die meisten Muslime aus ehemaligen Kolonien, wo Französisch eine Amtssprache ist, und auch hier hinken die Muslime anderen Migrantengruppen hinterher. Daten des französischen statistischen Landesamtes Insee für das Jahr 2010 zeigen, dass die erste Generation von Frauen aus islamischen Ländern eine sehr geringe Arbeitsmarktbeteiligung aufweist, die von 52 Prozent der algerischen bis 31 Prozent der türkischen Frauen reicht.[26] Dagegen sind 75 Prozent bzw. 70 Prozent der Frauen aus Portugal – dem nach Algerien zweitwichtigsten Herkunftsland von Migranten in Frankreich – und aus dem ehemaligen Französisch-Indochina in Südostasien (den heutigen Ländern Vietnam, Laos und Kambodscha) berufstätig. Bei der in Frankreich geborenen zweiten Generation liegt die Arbeitslosigkeit bei Muslimen und Musliminnen zwischen 24 Prozent für Türken und 28 Prozent für Marokkaner, während von den Portugiesen nur 11 Prozent und von den Südostasiaten 16 Prozent arbeitslos sind.

Die schlechte Arbeitsmarktposition der Muslime ist auch in Frankreich mit einem niedrigen Bildungsstand verbunden. Die französische Soziologin Yael Brinbaum zeigt für das Jahr 2008, dass 24 Prozent der jungen Erwachsenen algerischer Herkunft im Alter zwischen 20 und 35 Jahren keinen Schulabschluss hatten.[27] Bei den marokkanischen oder tunesischen Jugendlichen lag der Anteil bei 20 Prozent, bei den jungen Franzosen türkischer Herkunft sogar bei 32 Prozent. Bei allen anderen Migrantengruppen war der Anteil deutlich niedriger, zum Beispiel bei den Jugendlichen portugiesischer (15 Prozent) oder südostasiatischer Herkunft (13 Prozent). Umgekehrt haben 70 Prozent der jungen Südostasiaten und 64 Prozent der Portugiesen das Abitur, verglichen mit 60 Prozent der marokkanischen und tunesischen Jugendlichen, 53 Prozent der Algerier und nur 39 Prozent der jungen Türken. Ähnliches kann man für Migranten aus islamischen Ländern in den deutschsprachigen Ländern zeigen.

Gibt es denn überhaupt keine Ausnahmen? Die Situation in Kanada und den Vereinigten Staaten ist insofern anders, als Einwanderer im Allgemeinen und auch Einwanderer aus islamischen Ländern im Durchschnitt ein höheres Bildungsniveau haben als geborene Kanadier und Amerikaner. Dies hat mit der geografischen Lage und der selektiven Einwanderungspolitik dieser Länder zu tun. Im Gegensatz zu Europa kommt praktisch kein Migrant nach Kanada, ohne nach dem Punktesystem, das qualifizierte Migranten mit Berufserfahrung und Sprachkenntnissen bevorzugt, ausgewählt zu sein. Das Visasystem der Vereinigten Staaten funktioniert nach ähnlichen Kriterien. Eine Ausnahme bildet die irreguläre Migration über die Südgrenze zu Mexiko, die auch von vielen gering qualifizierten Mittelamerikanern überquert wird. Flüchtlinge kommen nur selten ungefragt nach Kanada und in die Vereinigten Staaten, da zwischen den meisten Kriegs- und Armutsgebieten der Welt und Nordamerika weite Ozeane liegen. Stattdessen akzeptieren beide Länder in Absprache mit der Flüchtlingsorganisation der Vereinten Nationen (UNHCR) eine begrenzte Anzahl von Flüchtlingen, deren Fluchtgeschichte vor der Aufnahme geprüft wird und die strengen und langwierigen Sicherheitskontrollen unterzogen werden.

Infolgedessen hat die nordamerikanische Migrantenbevölkerung einen relativ hohen Anteil an hoch qualifizierten Menschen. In den Vereinigten Staaten haben 31 Prozent der im Ausland geborenen Bevölkerung eine Hochschulausbildung absolviert, und in Kanada sind es sogar 46 Prozent. Zum Vergleich: In den Niederlanden und Frankreich sind es 22 Prozent und in Deutschland nur 17 Prozent.[28] Die Frage, ob es den Muslimen besser oder schlechter geht als anderen Migrantengruppen in Nordamerika, lässt sich nicht leicht beantworten, da die offiziellen Statistiken Migranten in der Regel in Gruppen wie «Asiaten» oder «Araber» zusammenfassen, die sowohl Muslime als auch Nichtmuslime umfassen. Die wenigen verfügbaren Daten zeigen jedoch in die gleiche Richtung wie für Europa. In Kanada liegt die Arbeitslosenquote unter Muslimen mit 14 Prozent nicht nur über dem Landesdurchschnitt von 8 Prozent, sondern auch über der von Sikhs (9 Prozent) und Hindus (10 Prozent).[29]

Die Detroit Arab American Study von 2003 bietet die Möglichkeit, religiöse Unterschiede innerhalb derselben Herkunftsgruppe zu ver-

gleichen. Von den im Großraum Detroit lebenden Arabern sind
41 Prozent Muslime und 59 Prozent Christen. Damit liegt der Anteil
der arabischen Muslime deutlich über dem nationalen Durchschnitt:
2003 machten Muslime in den Vereinigten Staaten nur 23 Prozent der
Bevölkerung arabischer Herkunft aus.[30] Diese Tatsache wird bei Diskussionen über Muslime in den Vereinigten Staaten oft vergessen, da
implizit davon ausgegangen wird, dass «arabische Amerikaner» überwiegend Muslime seien. Die Studie zeigt, dass wir in Detroit alles wie-
derfinden, was wir aus dem europäischen Kontext kennen. Muslimische Araber sind deutlich ärmer als christliche: 51 Prozent der musli-
misch-arabischen Haushalte haben ein Einkommen unter 50 000 Dollar, verglichen mit nur 21 Prozent der christlich-arabischen. Dies wiederum ist mit einer geringen Arbeitsmarktbeteiligung der Muslime
verbunden, von denen 56 Prozent arbeiten, gegenüber 71 Prozent der
arabischen Christen. Wie in Europa leben die Detroiter Muslime viel
konzentrierter an einem Ort als die christlichen Araber: Zwei Drittel
von ihnen wohnen in Dearborn, während die christlichen Araber über
den ganzen Großraum Detroit verstreut leben.[31]

Diskriminierung oder Kultur?

Eine häufige Erklärung für die schlechtere Integration von Muslimen
ist, dass sie stärkerer Diskriminierung ausgesetzt sind als andere
Migranten. Es ist unbestreitbar, dass es Diskriminierung von Minderheiten – zum Beispiel auf dem Arbeitsmarkt – gibt. Mittlerweile wurden in vielen Ländern Dutzende von Studien durchgeführt, in denen
Bewerbungen auf offene Stellen geschickt wurden, die in allen relevanten Aspekten – wie Ausbildung und Berufserfahrung – identisch
waren und sich nur hinsichtlich des ethnischen oder religiösen Hin-
tergrunds der Bewerber unterschieden. Diese Studien zeigen fast ausnahmslos, dass Bewerber mit einer dunklen Hautfarbe oder einem
fremd klingenden Namen seltener zu einem Vorstellungsgespräch
eingeladen werden. Einige dieser Studien zeigen darüber hinaus, dass

dies auch speziell für Bewerber mit einem Hintergrund in einem islamischen Land (zum Beispiel der Türkei oder Marokko) gilt oder wenn eine Tätigkeit in einem islamischen Verein (statt eines christlichen oder neutralen Vereins) im Lebenslauf aufgelistet ist.[32]

Obwohl diese Studien die Existenz von Diskriminierung eindeutig belegen und die Ergebnisse einer Reihe von Studien auch darauf hindeuten, dass Muslime darunter mehr leiden als die meisten anderen Gruppen, ist es gar nicht so einfach, diese Befunde auf den tatsächlichen Arbeitsmarkt zu übertragen. Experimentelle Studien sind nicht unbedingt repräsentativ, da sie davon ausgehen, dass Bewerber aus verschiedenen Gruppen gleichermaßen auf dem Arbeitsmarkt tätig sind und dass sie gleichmäßig über alle Berufe und Bildungsniveaus verteilt sind. Auf dem realen Arbeitsmarkt suchen jedoch nicht alle Menschen eine Beschäftigung und nicht alle Gruppen bewerben sich in gleichem Maße um die gleichen Arbeitsplätze, unter anderem aufgrund von unterschiedlichen Bildungsniveaus. Auch Präferenzen spielen eine Rolle. So arbeiten beispielsweise viele Surinamer und Antillaner in den Niederlanden im öffentlichen Sektor, während religiöse Muslime weniger geneigt sein werden, sich um Jobs in der Gastronomie zu bewerben.

Einige Frauen, und wie wir gesehen haben vor allem muslimische Frauen, entscheiden sich außerdem dafür, sich um ihre Familien zu Hause zu kümmern, statt einer bezahlten Arbeit nachzugehen. Bei Frauen, die ein Kopftuch tragen und im Allgemeinen konservative Ansichten über Geschlechterrollen haben, ist die Beteiligung am Arbeitsmarkt noch geringer: In einer Studie, die ich gemeinsam mit Kollegen in sechs europäischen Ländern durchgeführt habe, waren 60 Prozent der muslimischen Frauen ohne Kopftuch auf dem Arbeitsmarkt aktiv gegenüber 45 Prozent der Frauen mit Kopftuch.[33] Ein großer Teil der muslimischen Frauen ist demnach überhaupt nicht auf der Suche nach einem Job. Die Frage ist daher, was letztlich die Arbeitsmarktbeteiligung muslimischer Frauen stärker beeinflusst: konservative Rollenbilder, die Frauen dazu bringen, zu Hause zu bleiben (bzw. die ihre Ehemänner dazu bringen, sie zu Hause zu halten) oder Diskriminierung auf dem Arbeitsmarkt. Dies ist nur ein Beispiel für ein umfassenderes Phänomen: Im Gegensatz zu der künstlichen Welt von Experimenten, in der aus methodischen Gründen alles andere konstant gehalten wird, ist auf dem realen Arbeitsmarkt Diskriminierung nicht der einzige Faktor, der die Arbeitsmarktchancen beeinflusst. Ansichten über Geschlechterrollen, Bildungsstand, Sprachkenntnisse sowie soziale Kontakte, die über offene Stellen und potenzielle Arbeitgeber informieren, spielen eine wichtige Rolle. Wenn solche Faktoren einen entscheidenden Einfluss auf die Arbeitsmarktchancen haben, kann es durchaus so sein, dass Diskriminierung in Experimenten eindeutig festgestellt wird, aber dennoch auf dem realen Arbeitsmarkt von untergeordneter Bedeutung ist.

Dass gute Kenntnisse der Sprache des Einwanderungslandes in Wort und Schrift von großem Vorteil bei der Arbeitssuche sind, wurde bereits in vielen Studien nachgewiesen. Basierend auf Daten aus Australien, Kanada, den Vereinigten Staaten und Israel zeigen Barry Chiswick und Paul Miller, dass die Beherrschung der Landessprache – unabhängig von anderen Faktoren wie Bildung – mit einem zwischen 6 Prozent (Australien) und 18 Prozent (USA) höheren Einkommen belohnt wird.[34] Die deutschen und italienischen Ökonomen Christian Dustmann und Francesca Fabbri schätzen den Einkommensvorteil fließender Sprachkenntnisse in Großbritannien sogar auf mehr als 20 Prozent. Darüber hinaus haben Migranten, die die Landessprache beherrschen, eine 15 Prozent höhere Chance, einen Job zu finden.[35] Chiswick und Miller stellen auch einen erheblichen negativen Einfluss starker ethnischer Segregation auf die Sprachkenntnisse von Migranten fest. Je mehr Mitglieder der eigenen Gruppe in der Nähe von Migranten leben, desto schlechter sind ihre Kenntnisse der Landessprache. Diese negativen Auswirkungen der Segregation sind gerade für die Gruppe am größten, die ohnehin am stärksten mit Sprachdefiziten zu kämpfen hat, nämlich die mit einem niedrigen Bildungsniveau.[36] Die Tatsache, dass Muslime stärker getrennt von der Mehrheitsgesellschaft leben als andere Migranten, hat daher direkte Folgen für ihre Sprachkenntnisse und damit für ihre Chancen auf dem Arbeitsmarkt.

Es ist seit Langem bekannt, dass soziale Kontakte («Sozialkapital») für den Erfolg auf dem Arbeitsmarkt äußerst wichtig sind, vor allem Kontakte zu Menschen außerhalb der eigenen Gruppe. In der Literatur werden diese als «schwache» oder «überbrückende Bindungen» bezeichnet. Im Vergleich zu «starken» oder «bindenden» Kontakten mit Familienmitgliedern und Mitgliedern der eigenen ethnischen oder religiösen Gruppe haben diese Kontakte den Vorteil, Zugang zu neuen Informationen und Ressourcen zu ermöglichen. Mit Familienmitgliedern und Mitgliedern der eigenen Gruppe teilt man oft die gleichen Informationsdefizite und Ressourcennachteile, weil sie ebenfalls relativ neu in der Gesellschaft sind und mit dem Arbeitsmarkt weniger vertraut und wenig Kontakt zu potenziellen Arbeitgebern haben. Dagegen sind die meisten Arbeitgeber in einer Einwanderungsgesellschaft Einheimische und Alteingesessene, die wissen, wie der lokale Arbeitsmarkt funktioniert, wie man ein Bewerbungsschreiben verfasst, ein Praktikum findet oder sich bei einem Vorstellungsgespräch verhält. Der Amsterdamer Soziologe Bram Lancee zeigt für die Niederlande, dass Migranten mit sehr vielen interethnischen Kontakten mehr als doppelt so viele Chancen auf einen Job haben wie Migranten mit sehr wenigen solchen Kontakten. Die Wirkung vieler interethnischer Kontakte ist von der gleichen Größenordnung wie der Unterschied der Arbeitsmarktchancen zwischen einer Person, die nur die Grundschule besucht hat, und einer Person mit Abitur.[37] Auch in dieser Hinsicht haben daher der hohe Grad der sozialen Segregation und die geringe Neigung zu interethnischen Ehen negative Folgen für die Chancen von Muslimen auf dem Arbeitsmarkt.

Können Faktoren wie Sprachkenntnisse, interethnische Kontakte und Auffassungen über Geschlechterrollen die Benachteiligung von Muslimen auf dem Arbeitsmarkt erklären? Der deutsche Soziologe Frank Kalter zeigt, dass Kinder türkischer Arbeitsmigranten in weniger qualifizierten und damit weniger gut bezahlten Berufen arbeiten als Gleichaltrige ohne Migrationshintergrund oder solche, deren Eltern als Arbeitsmigranten aus anderen Anwerbeländern (Italien, Spanien, Portugal, Griechenland und Ex-Jugoslawien) nach Deutschland kamen. Das gilt auch dann, wenn wir das Bildungsniveau der Kinder sowie den Bildungsstand und den Beruf des Vaters berücksichtigen –

mit anderen Worten, wenn wir die soziale Klasse konstant halten. [38] Solche Unterschiede zwischen ethnischen Gruppen, die nicht durch den sozioökonomischen Hintergrund erklärt werden können, werden in vielen Studien festgestellt und münden in der Regel in die nicht weiter hinterfragte Schlussfolgerung, dass der unerklärte Unterschied wohl durch Diskriminierung verursacht sein müsse. Viele Studien sprechen deshalb von einer *ethnic penalty* – einer «ethnischen Bestrafung». Kalter ging aber im Gegensatz zu den meisten anderen Studien einen Schritt weiter und erforschte auch den Einfluss von Deutschkenntnissen und der Anzahl deutscher Freunde und fand heraus, dass diese den türkischen Nachteil gänzlich erklären konnten. Mit anderen Worten, Nachkommen türkischer Gastarbeiter, die über gute deutsche Sprachkenntnisse verfügen und einen gemischten Freundeskreis haben, schneiden am Arbeitsmarkt nicht wesentlich schlechter ab als solche mit italienischen, griechischen oder deutschen Wurzeln.

Zusammen mit verschiedenen Kollegen habe ich Daten über mehr als 5000 Muslime mit türkischem, marokkanischem, pakistanischem oder exjugoslawischem (bosnischem oder kosovo-albanischem) Hintergrund und eine Vergleichsgruppe ohne Migrationshintergrund für sechs europäische Länder (Deutschland, die Schweiz, die Niederlande, Frankreich, Großbritannien und Belgien) gesammelt. Unter Berücksichtigung von Altersstruktur und Bildung zeigen die Daten große Unterschiede zwischen der islamischen Gruppe und der Bevölkerung ohne Migrationshintergrund.[39] Weniger als 50 Prozent der Musliminnen der ersten Generation und 60 Prozent der zweiten Generation sind auf dem Arbeitsmarkt tätig, verglichen mit 70 Prozent der Frauen ohne Migrationshintergrund. Die Arbeitslosigkeit unter Männern und Frauen der muslimischen ersten Generation ist bis zu dreimal so hoch, die der zweiten Generation immer noch doppelt so hoch wie unter der Bevölkerung ohne Migrationshintergrund. Da hier Unterschiede im Bildungsniveau bereits berücksichtigt werden, stellt sich wiederum die Frage: Sind die Unterschiede auf Diskriminierung oder auf kulturelle Faktoren zurückzuführen?

Zur Beantwortung dieser Frage habe ich wie Kalter Sprachkenntnisse und interethnische soziale Kontakte und darüber hinaus auch die Mediennutzung (hauptsächlich Zeitungen und Fernsehen aus dem Herkunftsland oder vor allem Medien aus dem Einwanderungsland?) und Auffassungen über Geschlechterrollen berücksichtigt. Die Ausrichtung der Mediennutzung kann aus ähnlichen Gründen wie die sozialen Kontakte wichtig sein. Diejenigen, die etwa nur türkische Zeitungen lesen und türkisches Fernsehen schauen, werden viele Informationen über das Funktionieren des türkischen Arbeitsmarktes erhalten, aber keine relevanten Informationen über das Einwanderungsland. Die Analysen zeigen, dass fehlende Sprachkenntnisse, auf das Herkunftsland gerichtete Mediennutzung, mangelnde interethnische soziale Kontakte und konservative Auffassungen über Geschlechterrollen die nachteilige Position von Muslimen auf dem Arbeitsmarkt und die hohe Arbeitslosigkeit fast vollständig erklären können. Zwischen Musliminnen und Frauen ohne Migrationshintergrund gibt es nach Berücksichtigung sozialer und kultureller Faktoren überhaupt keine signifikanten Unterschiede mehr; für Männer bleibt das Risiko der Arbeitslosigkeit nur für die erste Generation der Muslime höher, aber auch für diese Generation erklären soziale und kulturelle Faktoren mehr als die Hälfte des ursprünglichen Unterschieds zu Männern ohne Migrationshintergrund. Die Schlussfolgerung, die sich aus dieser Studie und der von Kalter ziehen lässt, ist nicht, dass Diskriminierung keine Rolle auf dem Arbeitsmarkt spielt, sondern dass diese im Vergleich zu anderen Einflüssen relativ gering ist. Bildung, Sprachkenntnisse, soziale Kontakte, Mediennutzung und, für die Arbeitsmarktbeteiligung von Frauen, auch Auffassungen über Geschlechterrollen sind weitaus bedeutsamer.

Gleiches gilt für Bildungsnachteile. Die dänischen Ökonominnen Vibeke Jakobsen und Nina Smith verglichen die Bildungsergebnisse von Nachkommen türkischer, pakistanischer und jugoslawischer Gastarbeiter, die zum Zeitpunkt der Studie zwischen 28 und 36 Jahre alt waren.[40] Sie fanden heraus, dass neben dem Bildungsniveau der Eltern das Alter, in dem diese jungen Menschen heiraten, eine entscheidende Rolle spielt. Das durchschnittliche Heiratsalter der dänischen jungen Erwachsenen ohne Migrationshintergrund lag bei 31 Jahren, das der pakistanischen und jugoslawischen Gruppe bei

22 Jahren und das der Kinder türkischer Gastarbeiter bei 19 Jahren. Je früher die Eheschließung, desto größer war die Wahrscheinlichkeit, dass junge Menschen ihre Ausbildung abgebrochen oder nicht fortgesetzt hatten. Das galt für jungverheiratete Männer ebenso wie für Frauen, obwohl die Gründe vermutlich verschieden sind: Männer, die jung heiraten, müssen Geld verdienen, und ihre jungen Frauen kümmern sich um Haushalt und Kinder. Der Einfluss des Heiratsalters ist so groß, dass er zwei Drittel der Unterschiede in den Bildungsergebnissen zwischen dänischen und türkischen jungen Erwachsenen erklärt. Bemerkenswert ist auch, dass es für junge Frauen darüber hinaus einen negativen Effekt einer Ehe mit einem Partner aus dem Herkunftsland gibt. Für diese Frauen ist es noch unwahrscheinlicher, dass sie eine Berufsausbildung oder ein Hochschulstudium absolvieren. Auch Segregation ist insbesondere für junge Frauen mit Migrationshintergrund fatal: Je höher der Anteil der Migranten in der Schule, desto geringer ist die Wahrscheinlichkeit, dass Mädchen weiter lernen.

Ein Forscherteam um den deutschen Soziologen Bernhard Nauck hat gezeigt, dass sich die Zahl der Kinder in einem Haushalt negativ auf die schulische Leistung jedes einzelnen dieser Kinder auswirkt. Der Grund dafür ist, dass das Geld und die Zeit, die Eltern zur Unterstützung der schulischen Laufbahn ihrer Kinder zur Verfügung stehen, nicht unendlich sind.[41] Dieser Effekt tritt sowohl in deutschen und griechischen als auch in türkischen Familien auf, aber da die Türken im Durchschnitt mehr Kinder haben, sind die negativen Auswirkungen auf die Bildungsergebnisse in türkischstämmigen Familien besonders groß. Darüber hinaus spielen die Deutschkenntnisse der Eltern eine wichtige Rolle. Kinder griechischer Gastarbeiter schneiden im deutschen Bildungssystem traditionell gut ab – ähnlich wie Kinder ohne Migrationshintergrund oder sogar besser als sie –, während türkischstämmige Kinder im Vergleich zu anderen Migrantengruppen schlecht abschneiden. Nauck und seine Kollegen zeigen, dass der griechisch-türkische Unterschied vollständig auf Faktoren wie das höhere Bildungsniveau und die besseren Deutschkenntnisse der griechischen Eltern und ihrer geringeren Anzahl von Kindern zurückzuführen ist. Es besteht daher kein Grund zu der Annahme, dass die schlechtere Bildungsleistung türkischer Kinder in Deutschland auf Diskriminierung zurückzuführen ist.[42]

Die Arbeitsmarkt- und Bildungsnachteile von Einwanderern aus islamischen Ländern und ihren Nachkommen werden daher weitgehend von Faktoren bestimmt, die, wie wir im vorigen Kapitel gesehen haben, auch zur wirtschaftlichen Rückständigkeit der islamischen Welt beitragen. Religiös verwurzelte Ansichten über Geschlechterrollen führen dazu, dass muslimische Frauen viel seltener berufstätig sind als Frauen aus anderen Gruppen. Das wiederum hat negative Auswirkungen auf das Einkommen muslimischer Familien und damit auf die Chancen ihrer Kinder. Darüber hinaus bedeutet das durchschnittlich junge Heiratsalter vieler Muslime – und insbesondere der Frauen –, dass viele von ihnen keine Ausbildung anfangen oder eine bereits begonnene abbrechen. Selbst muslimische Frauen mit einem relativ guten Bildungsniveau setzen dieses nicht immer in Arbeitsmarktbeteiligung um, da sie sich nach der Heirat um die Familie kümmern. Darüber hinaus hat die durchschnittlich höhere Kinderzahl in muslimischen Familien zur Folge, dass diese weniger in die Bildungschancen jedes einzelnen Kindes investieren können. Im Einwanderungskontext behindern außerdem die religiösen Regeln des Islam – zumindest soweit sie konservativ gelebt werden – den Kontakt zu Nichtmuslimen, zum Beispiel weil gemischtgeschlechtliche Aktivitäten vermieden oder Ehen mit Nichtmuslimen abgelehnt werden. Der Mangel an Freundschaften und familiären Bindungen zu Mitgliedern der Aufnahmegesellschaft wirkt sich sehr negativ auf die Arbeitsmarkt- und Bildungschancen der Muslime aus. Dies betrifft auch den Spracherwerb, sowohl für erwachsene Migranten als auch für ihre Kinder. Wer die Sprache nicht gut beherrscht, hat es schwerer, einen Job zu finden, und Kinder, die in der Schule zum ersten Mal mit der Landessprache in Berührung kommen, können ihre Bildungsnachteile oft nie mehr ausgleichen. So ergibt sich ein intergenerationeller Teufelskreis von soziokultureller Segregation und sozioökonomischer Benachteiligung, der dazu führt, dass die soziale Mobilität von Muslimen hinter der anderer Einwanderergruppen zurückbleibt.

Gewalt gegen Juden, Homosexuelle und Frauen

Die Tatsache, dass viele Muslime streng religiös sind und konservative Ansichten über die Rollenverteilung zwischen den Geschlechtern haben, mag ihre Integration behindern, aber es muss ansonsten kein grundlegendes Problem sein. Ähnliches gilt nämlich für manche Christen. Problematischer wird es, wenn Menschen Einstellungen und Verhaltensweisen zeigen, die den Grundprinzipien einer offenen Gesellschaft widersprechen und die Freiheit anderer durch Drohung und Gewalt einschränken. In der islamischen Welt ist solche Gewalt weit verbreitet und hat in vielen Ländern sogar eine rechtliche Grundlage, etwa wenn es um die Bestrafung von Blasphemie, Abtrünnigkeit, Homosexualität oder Sex außerhalb der Ehe geht. Glücklicherweise führen die meisten Migranten aus islamischen Ländern und ihre Nachkommen ein friedliches Leben und halten sich an die in den Einwanderungsländern geltenden Gesetze. Einige von ihnen jedoch haben leider die religiöse Intoleranz und die Kultur der Gewalt gegen Minderheiten, die die Herkunftsländer kennzeichnen, nicht hinter sich gelassen. In Kapitel 4 haben wir bereits über den dschihadistischen Terrorismus unter jungen Muslimen im Westen gesprochen. Ich möchte hier nun auf die Gewalt gegen drei spezifische Gruppen – Juden, Homosexuelle und Frauen – eingehen, die zu einem erheblichen Teil auf Täter aus überwiegend islamischen Gruppen zurückgeht.

Antisemitische Ansichten sind unter Muslimen leider weit verbreitet. In Belgien haben die Kriminologin Nicole Vettenburg und der Soziologe Mark Elchardus zusammen mit Kollegen Antisemitismus bei Sekundarschülern in Brüssel untersucht. Von den Muslimen unter ihnen stimmte etwa die Hälfte folgenden antisemitischen Aussagen zu: «Juden regen zum Krieg an und versuchen, andere dafür verantwortlich zu machen» (53 Prozent gegenüber 8 Prozent der nichtmuslimischen Schüler) und «Wenn man mit Juden Geschäfte macht, muss man besonders vorsichtig sein» (48 Prozent gegenüber 13 Prozent der Nichtmuslime). Forschungen in Gent und Antwerpen ergaben ein nahezu identisches Bild.[43] Dass dieser Antisemitismus alle Altersgruppen betrifft, zeigt eine von mir in sechs europäischen Ländern durchgeführte Studie über religiösen Fundamentalismus und Feindseligkeit gegenüber anderen Gruppen. Darin äußerten durchschnittlich 45 Prozent der türkisch- und marrokanischstämmigen Muslime (variierend zwischen 28 Prozent in Deutschland und 64 Prozent in Österreich) die Meinung, dass Juden nicht zu trauen sei. Unter der Bevölkerung ohne Migrationshintergrund waren «nur» 8 Prozent dieser Ansicht. Die Studie zeigt außerdem, dass sowohl der islamische Antisemitismus als auch negative Ansichten über Homosexuelle und über den Westen sehr stark mit fundamentalistischen Glaubensauffassungen verbunden sind.[44]

Die Ergebnisse einer großen französischen Studie zum Antisemitismus gehen in die gleiche Richtung.[45] Von allen Franzosen hatten 15 Prozent eine antisemitische Weltanschauung. Dieser Prozentsatz lag bei etwas über 20 Prozent bei den Anhängern des extrem linken *Front de gauche* und bei fast 40 Prozent bei den Anhängern des extrem rechten *Front National*. Allerdings hatte fast die Hälfte der französischen Muslime eine antisemitische Weltanschauung, und der Grad ihres Antisemitismus war proportional zur Intensität ihres Glaubens. Unter den Franzosen muslimischer Herkunft, die sich nicht mehr als Gläubige betrachten, war der Antisemitismus am wenigsten verbreitet (30 Prozent) und unter den religiösen und praktizierenden Muslimen am weitesten (60 Prozent). Religiöse, aber ihren Glauben nicht praktizierende Muslime nahmen eine mittlere Position ein. Die Tatsache, dass der Antisemitismus bei Muslimen viel stärker verbreitet ist als bei Nichtmuslimen, sollte uns natürlich nicht vergessen lassen, dass angesichts des bescheidenen Anteils der Muslime in Europa (rund 5 Prozent) die meisten Antisemiten in Europa immer noch einheimischer Herkunft sind.

Wenn wir aber die antisemitische Gewalt betrachten, hilft diese Relativierung nicht mehr. Es waren keine einheimischen Rechtsextremisten, die 2012 in einer jüdischen Schule in Toulouse einen Lehrer und drei Kinder erschossen; die 2014 vier Menschen im Jüdischen Museum in Brüssel umbrachten; die 2015 in einem jüdischen Supermarkt in Paris vier Menschen töteten; die im selben Jahr eine Synagoge in Kopenhagen angriffen und zwei Menschen töteten; oder die in Paris im Jahr 2018 die 85-jährige Holocaust-Überlebende Mireille Knoll unter dem Ruf «Allahu Akbar!» umbrachten, weil sie «jüdisch ist und deshalb Geld haben muss». Dennoch ist es, abgesehen von diesen bekannten Beispielen, überraschend schwierig, systematische Daten darüber zu finden, inwieweit Täter mit islamischem Hintergrund an antisemitischen Gewaltvorfällen beteiligt sind. Die Polizei und andere Behörden sammeln gewöhnlich keine Daten über die Herkunft der Täter von Gewaltverbrechen und Straftaten im Allgemeinen. In den Statistiken wird höchstens die Nationalität der Straftäter erwähnt, aber die ist von begrenztem Nutzen, da die meisten Kinder von Migranten und auch die eingebürgerten Mitglieder der ersten Generation die Nationalität des Einwanderungslandes haben. Das gleiche Problem stellt sich bei der Gewalt gegen Homosexuelle und Frauen – darauf werde ich gleich noch zurückkommen. Dieser Mangel an Informationen kann durchaus als bemerkenswert bezeichnet werden, da es ansonsten eine Fülle von Statistiken – zum Beispiel zu Arbeitslosigkeit und Bildungsabschlüssen – gibt, die sehr wohl nach Ethnizität differenzieren. Der Eifer für die Erhebung ethnisch differenzierter Daten lässt jedoch schnell nach, wenn die erwarteten Ergebnisse nicht so einfach als Ergebnis von Diskriminierung gedeutet werden können. Anscheinend zieht man es in Bezug auf Kriminalität vor, unwissend zu bleiben, bevor man etwas herausfindet, das möglicherweise nicht ins vorherrschende Denkmuster passen würde.

In den deutschen Polizeistatistiken zu politisch motivierter Kriminalität wird immerhin nach vermuteter ideologischer Motivation der Täter unterschieden, wobei allerdings eine Vorschrift für die Erstellung der Statistik zu einer möglichen Überschätzung des Anteils rechtextremistisch eingestufter Fälle führt: «Fremdenfeindliche sowie antisemitische Straftaten sind dem Phänomenbereich PMK -rechts-zuzuordnen, wenn keine gegenteiligen Tatsachen zur Tätermotivation vorliegen.»[46] Unter diesem Vorbehalt lässt die Polizeistatistik 2017 darauf schließen, dass von den 37 registrierten antisemitischen Gewalttaten in Deutschland 29 (78 Prozent) einen rechtsextremistischen Hintergrund hatten, sechs (16 Prozent) durch eine «ausländische Ideologie» (in der Regel wohl mit dem Palästinakonflikt zusammenhängend) oder islamistisch motiviert waren, während zwei Gewalttaten als «nicht zuzuordnen» klassifiziert wurden. Linksextremistisch motivierte antisemitische Gewalttaten gab es laut Polizei im Jahr 2017 nicht.[47] Zurzeit überprüft das Bundeskriminalamt die Zuordnung aller registrierten antisemitischen Straftaten (Gewalttaten wie auch sonstige Straftaten wie Beschimpfungen und Schmierereien) für das Jahr 2017. Diese Überprüfung könnte zu erheblichen Korrekturen führen: Eine Auskunft des Hamburger Senats zeigt, dass von den 44 antisemitischen Straftaten, die 2017 in Hamburg registriert wurden, die Zuordnung in 24 Fällen geändert werden musste und davon in 17 Fällen eine Neuzuordnung der Motivation als «religiöse Ideologie» (heißt: Islamismus) und in einem Fall eine Einstufung als «ausländische Ideologie» vorgenommen wurde.[48]

Hinzu kommt, dass die deutschen Polizeistatistiken in einem scharfen Kontrast zu den Ergebnissen von Opferbefragungen stehen. Die wichtigste dieser Studien wurde 2018 von der Agentur der Europäischen Union für Grundrechte (FRA) unter mehr als 16 000 Juden in zwölf europäischen Ländern – Deutschland, Österreich, Frankreich, Großbritannien, Italien, Spanien, den Niederlanden, Belgien, Schweden, Dänemark, Polen und Ungarn – durchgeführt.[49] Über alle zwölf Länder gerechnet gab mehr als ein Viertel (28 Prozent) der Befragten an, in den letzten zwölf Monaten wegen ihrer jüdischen Herkunft beleidigt, belästigt, bedroht oder körperlich angegriffen worden zu sein. Die höchste Rate ergab sich in Deutschland (41 Prozent), die niedrigste in Ungarn (23 Prozent), während der Wert in Österreich genau dem Durchschnitt entsprach (28 Prozent). Diejenigen, die über eine oder mehrere antisemitische Erfahrungen berichteten, wurden weiter gefragt, zu welcher Gruppe die Täter des schwerwiegendsten Falls gehörten, den sie in den vergangenen fünf Jahren erlebt hatten. Menschen mit christlich-extremistischen Ansichten wurden in 5 Prozent der Fälle als Täter identifiziert, Rechtsextremisten in 13 Prozent der Fälle und Linksextremisten in 21 Prozent, aber mit 30 Prozent waren «Menschen mit islamisch-extremistischen Ansichten» mit Abstand die am häufigsten genannte Tätergruppe (andere Kategorien, die genannt werden konnten, waren zum Beispiel «Jugendliche», «Nachbarn» oder «Kollegen»). Nur in Ungarn und Polen waren Rechtsextremisten die häufigste Tätergruppe und in Großbritannien waren es Linksextremisten. Mit 41 Prozent lag der Prozentsatz der als muslimisch identifizierten Täter in Deutschland am höchsten, gefolgt von Schweden (40 Prozent) sowie Österreich und den Niederlanden (beide 35 Prozent).

Wie eine frühere Befragung des FRA aus dem Jahr 2012 zeigt, ist die Überrepräsentation von Tätern mit einem islamischen Hintergrund bei der schwerwiegendsten Form des Antisemitismus, nämlich Bedrohung und körperliche Gewalt, noch stärker.[50] Damals gaben 4 Prozent der befragten Juden an, in den letzten zwölf Monaten von Gewalt und Bedrohung betroffen gewesen zu sein.[51] Dieser Prozentsatz war unter Juden aus Frankreich und Belgien am höchsten: 7 Prozent von ihnen hatten in den letzten zwölf Monaten und 10 Prozent in den letzten fünf Jahren Bedrohungen oder Gewalt erlebt. Rechtsextremisten wurden in 10 Prozent und Linksextremisten in 14 Prozent der Fälle als Aggressoren genannt. Muslimische Extremisten wurden aber in nicht weniger als 40 Prozent der Fälle als Täter genannt, und in Frankreich (53 Prozent) und Schweden (51 Prozent) stellten muslimische Täter sogar die Mehrheit der antisemitischen Gewalttäter. Das gleiche Muster zeigte sich bei den befragten deutschen Juden, die antisemitische Gewalt erlitten hatten: 34 Prozent identifizierten die Täter als muslimische Extremisten, 11 Prozent als Rechtsextremisten und 9 Prozent als Linksextremisten.[52] Eine ähnliche Befragung von Juden durch die Universität Bielefeld kommt sogar auf noch höhere Anteile muslimischer Täter von antisemitischen Gewaltakten: 81 Prozent.[53]

Diese Zahlen sind umso gravierender, als antisemitische Vorfälle nicht nur die direkten Opfer treffen. Viele Juden (30 Prozent) gaben in der Studie an, dass sie aus Angst «immer» oder «oft» davon absehen, sichtbare Kennzeichen wie eine Kippa zu tragen, die sie als Juden erkennbar machen könnten. Dieses Vermeidungsverhalten war am häufigsten in Dänemark (41 Prozent), Deutschland (36 Prozent) sowie

Schweden und Frankreich (35 Prozent) zu beobachten. Von den österreichischen Juden berichteten 22 Prozent davon. Viele Juden denken auch an Auswanderung, weil sie sich nicht mehr sicher fühlen: Das gilt für 38 Prozent aller Befragten und vor allem für diejenigen in Deutschland und Frankreich (beide 44 Prozent). Von den österreichischen Juden gaben 31 Prozent an, eine Emigration in Erwägung gezogen zu haben.[54]

Bei der Gewalt gegen Homosexuelle ist es noch schwieriger, Informationen über die Täter zu bekommen.[55] Die bereits erwähnten Untersuchungen von Nicole Vettenburg, Mark Elchardus und Kollegen über die Ansichten flämischer Schulkinder zeigen, dass die Akzeptanz von Gewalt gegen Homosexuelle bei Jugendlichen mit islamischem Hintergrund viel größer ist. Von diesen stimmen 23 Prozent (gegenüber 8 Prozent der nichtmuslimischen Schüler) der Aussage zu: «Aggression gegen Homosexuelle ist akzeptabel», und 21 Prozent (gegenüber 4 Prozent der Nichtmuslime) sagen: «Ich finde es gut, dass in einigen Ländern auf Homosexualität die Todesstrafe steht.» Diese Homophobie erklärt sich nicht durch andere Unterschiede zwischen den Schülern, etwa das Bildungsniveau oder das Einkommen der Eltern. Im Gegenteil: Ein muslimischer Hintergrund ist bei Weitem der wichtigste Erklärungsfaktor für homophobe Einstellungen, und die Studie zeigt sogar, dass ein höherer Prozentsatz von Muslimen in einer Schule zu mehr Homophobie unter allen Schülern dieser Schule führt, einschließlich der Nichtmuslime. Mit anderen Worten, in Schulen, in denen es viele Kinder aus muslimischen Familien gibt, setzen sie die Norm, und diese Norm ist nicht eine, die homosexuellen Menschen gegenüber besonders freundlich gesinnt ist.[56]

Wenn wir uns Gewalt gegen Homosexuelle, Transsexuelle und andere Menschen mit abweichender sexueller Orientierung anschauen, sind die deutschen Polizeistatistiken leider noch weniger hilfreich als beim Antisemitismus. Zwar enthält die Statistik zu politisch motivierter Kriminalität eine Kategorie zu Gewalttaten gegen Menschen wegen ihrer sexuellen Orientierung, aber im Hinblick auf Hintergrund oder Motivation der Täter werden fast zwei Drittel der Fälle als

«nicht zuzuordnen» klassifiziert. Von den 103 Gewalttaten im Zeitraum von 2013 bis 2017, die zugeordnet wurden, entfielen 39 auf rechts-
extremistische Täter und 63 auf «ausländisch extremistische» Täter
(der verbleibende Fall wurde linksextremistischen Tätern zugeschrieben).

Der Eindruck, dass die Verantwortlichen für Gewalt gegen Homosexuelle überdurchschnittlich unter Tätern mit Migrationshintergrund zu finden sind, wird von niederländischen Studien bestätigt.
Eine Amsterdamer Studie der Soziologen Laurens Buijs, Gert Hekma
und Jan Willem Duyvendak, die auf polizeilichen Daten für das Jahr
2007 basiert, zeigte, dass 36 Prozent der Verdächtigen, die wegen Gewalttaten gegen Homosexuelle verhaftet wurden, einen marokkanischen Migrationshintergrund hatten.[57] Genauso hoch war der Anteil
der Verdächtigen ohne Migrationshintergrund, obwohl Letztere einen
viel größeren Bevölkerungsanteil ausmachen als die Marokkanischstämmigen. Ein geringerer Anteil, nämlich 8 Prozent der Täter, hatte
einen türkischen Hintergrund, was aber gemessen am türkischen Bevölkerungsanteil immer noch eine deutliche Überrepräsentation ist.
In mehr als der Hälfte der Fälle war (noch) kein Verdächtiger verhaftet
worden. Nach Angaben der Opfer hatten 42 Prozent der Täter dieser
ungelösten Fälle einen marokkanischen und weitere 9 Prozent einen
«nordafrikanischen» Hintergrund. Insgesamt hatten in Amsterdam
zwei Drittel der Personen, die der Gewalt gegen Homosexuelle ver-
dächtig waren, einen Migrationshintergrund, und mehr als die Hälfte
der Gewalttäter stammten aus islamischen Ländern.[58]

Fast das gleiche Bild ergibt sich aus einer landesweiten Umfrage
von Marion van San und Jan de Boom unter 776 Mitgliedern des niederländischen Homosexuellenverbandes COC und der homosexuellen Jugendzeitschrift *Expreszo*.[59] Mehr als die Hälfte der Befragten hatten verbale Einschüchterungen (Beschimpfungen und Belästigungen)
und in geringerem Maße Bedrohungen (12 Prozent) und körperliche
Angriffe (3 Prozent) erlitten. Was den schwersten Vorfall betrifft, den
die Opfer erlebt hatten und von dem sie angaben, dass sie ein «klares
Bild» von den Tätern hätten (was bei etwas mehr als der Hälfte der
Vorfälle so war), gaben 51 Prozent an, dass die Täter oder Tätergrup-

pen ein «marokkanisches» oder «marokkanisch-türkisches» Erscheinungsbild gehabt hätten, 35 Prozent wurden als «niederländisch» identifiziert, und der Rest bestand aus surinamischen/antillanischen Tätern oder Gruppen anderer oder gemischter Ethnizität. Wie bei den Opferdaten zur antisemitischen Gewalt haben diese Daten den Nachteil, dass sie auf subjektiven Einschätzungen beruhen. Da man aber davon ausgehen darf, dass Juden und Homosexuelle nicht bewusst darauf aus sind, Muslime in ein schlechtes Licht zu rücken und die Gewalt von einheimischen oder rechtsextremistischen Tätergruppen unter den Teppich zu kehren, sollten diese Zahlen als starke Hinweise darauf betrachtet werden, dass antisemitische und homophobe Gewalt überproportional oft von Tätern mit Wurzeln in islamischen Ländern begangen wird. Dass wir keine besseren Daten haben, liegt nicht an den Opfern, sondern an den politischen Entscheidungsträgern und Forschern, die sich aus Angst vor Stigmatisierung der Tätergruppen gegen die Führung ethnischer Statistiken über diese Formen der Gewalt aussprechen.

Manche Kritiker stellen durchaus in Frage, dass die Opfer homophober Einschüchterung und Gewalt bei ihrer Einschätzung der Täter aufrichtige Motive haben. 2015 wurde ein österreichisches Forschungsteam vom Wiener Antidiskriminierungsbüro beauftragt, die Erfahrungen von homosexuellen und anderen nichtheterosexuell veranlagten Wienern zu untersuchen. Wie in den niederländischen Studien mussten die Forscher feststellen, dass «als Täter in der Regel Männer mit Migrationshintergrund erwähnt werden». War das aber Anlass für die Autoren, differenziertere Statistiken über die ethnische Zugehörigkeit der Täter oder Programme zur Bekämpfung von Homophobie in bestimmten ethnischen Gruppen zu fordern? Im Gegenteil, die Forscher fanden die Tatsache, dass die Teilnehmer so oft Einwanderer als Täter identifizierten, aus ganz anderen Gründen problematisch: «Ängste bezüglich der eigenen Sicherheit sowie diesbezügliche Veränderungswünsche werden daher häufig auf der Basis rassistischer und fremdenfeindlicher, auch islamophober Begrifflichkeiten und Deutungsmuster artikuliert. Insofern wird gerade auch bei dieser offenen Frage nach Veränderungswünschen deutlich, wie sehr aktuelle migrations- und asylpolitische Entwicklungen auch zu einem zentralen und äußerst problematischen Konfliktfeld innerhalb der LGBTI-Community geworden ist [sic]».[60] Für dieses «Problem» gibt es unter Forschern aus dem Bereich der pseudowissenschaftlichen «kulturellen Studien» sogar ein eigenes Konzept: den «Homonationalismus» – den «Missbrauch» des Leidens von Homosexuellen mit der Absicht, andere Minderheiten in ein schlechtes Licht zu rücken.

Gewalt gegen Frauen hat nach Ansicht vieler politisch Verantwortlicher ebenfalls nichts mit Kultur oder Religion zu tun, weshalb auch hier Informationen über die Herkunft der Täter spärlich sind. Was bekannt ist, ist dennoch aussagekräftig. In Deutschland gibt die amtliche Polizeistatistik, wie in vielen Ländern, nur Auskunft über die Nationalität der Täter. Im Jahr 2017 hatten 37 Prozent der Verdächtigen von Vergewaltigungen und sexuellen Übergriffen eine nichtdeutsche Staatsangehörigkeit, während Ausländer nur 12 Prozent der deutschen Bevölkerung ausmachen. Allerdings sind mehr als die Hälfte der Menschen mit Migrationshintergrund in Deutschland deutsche Staatsangehörige, so dass der Anteil der Migranten unter den Tätern sexueller Gewalt in Wirklichkeit deutlich über 37 Prozent liegen wird. Zu den zehn häufigsten Nationalitäten ausländischer Täter von Vergewaltigung und sexuellen Übergriffen gehören acht islamische Länder, und die beiden anderen haben eine gemischte christlich-islamische Bevölkerung (Nigeria und Eritrea). Syrien, Afghanistan und Irak führen die Liste der ausländischen Sexualstraftäter an. Bei Gruppenvergewaltigungen machen Verdächtige mit ausländischer Staatsangehörigkeit sogar die Mehrheit (55 Prozent) aus.[61] Die Ereignisse in Köln in der Silvesternacht 2015, als Hunderte von Frauen im Zentrum der Stadt von Gruppen überwiegend nordafrikanischer junger Männer angegriffen und in drei Fällen sogar vergewaltigt wurden, sind also keineswegs Einzelfälle.

Für die Niederlande liegen etwas ältere Daten vor, die aber gegenüber den deutschen Zahlen den Vorteil haben, sich nicht auf Personen mit ausländischer Staatsangehörigkeit zu beschränken und somit Aussagen über die gesamte Gruppe der Personen mit Migrationshintergrund zu ermöglichen. Der Integrationsbericht des Sozial- und Kulturplanungsamtes (SCP) für das Jahr 2007 analysiert den Zusammenhang zwischen Ethnizität und Kriminalität im Allgemeinen und Sexualstraftaten im Besonderen.[62] Die Ergebnisse zeigen, dass außereuropäische Zuwanderer viel häufiger wegen Sexualdelikten verdächtigt werden als Niederländer ohne Migrationshintergrund, auch wenn man die unterschiedliche Zusammensetzung dieser Gruppen in Bezug auf Alter, Familienstand, Abhängigkeit von Sozialleistungen, Einkommen und Wohnort berücksichtigt. Für Surinamer und Antillaner ist der Unterschied zu den Einheimischen nur in der ersten Generation signifikant, bei den Türkisch- und Marokkanischstämmigen ist es aber vor allem die in den Niederlanden geborene zweite Generation, die unter den Sexualstraftätern stark vertreten ist.[63] Auch in den Niederlanden sehen wir, dass bei Gruppenvergewaltigungen der Anteil der Verdächtigen mit Migrationshintergrund noch höher liegt als bei anderen Sexualdelikten, nämlich bei nicht weniger als 57 Prozent. Diese Tatsache ist insofern bemerkenswert, als sie den Zeitraum von 2003 bis 2006 betrifft und damit zeigt, dass dieses Phänomen nicht erst mit der jüngsten Einwanderung von Flüchtlingen entstanden ist. Täter von Gruppenvergewaltigungen mit Migrationshintergrund waren hauptsächlich marokkanischer und türkischer Herkunft.[64]

Neben Sexualdelikten gibt es eine zweite Form der Gewalt, die sich hauptsächlich gegen Frauen richtet: häusliche Gewalt. Der niederländische Sozialforscher Frank Willemsen hat diese 2007 in einer Studie als Gewalt definiert, die von einer Person aus dem häuslichen Umfeld des Opfers begangen wird. Obwohl die meisten Opfer Frauen sind, umfassen die Daten auch Gewalt gegen Kinder und ältere Menschen und in einigen Fällen auch gegen erwachsene Männer. Für seine Recherchen erhielt Willemsen Zugriff auf die Täterdaten zweier Polizeiregionen in den Niederlanden. Von den Tätern häuslicher Gewalt hatten 30 Prozent einen Migrationshintergrund, obwohl der Bevölkerungsanteil dieser Gruppe in den beiden Regionen nur 16 bzw. 15 Prozent betrug. Türkischstämmige Gewalttäter waren darunter am stärksten vertreten. Sie machten mehr als 10 Prozent aller Täter häuslicher Gewalt aus, dreimal so viel wie ihr Bevölkerungsanteil in den beiden Polizeiregionen.[65] Daten des Bundeskriminalamtes für das Jahr 2017 zeigen, dass in Deutschland 32 Prozent der Tatverdächtigen von häuslicher Gewalt keine deutschen Staatsangehörigen waren, obwohl Ausländer in dem Jahr nur 12 Prozent der Gesamtbevölkerung ausmachten. Türkische Staatsangehörige waren die häufigste nichtdeutsche Tätergruppe.[66] Wieviele der Tatverdächtige mit deutscher Staatsangehörigkeit einen Migrationshintergrund haben, ist unbekannt. Zahlen für die Schweiz deuten in die gleiche Richtung: 46 Prozent der von häuslicher Gewalt beschuldigten Personen gehören zur ständigen ausländischen Wohnbevölkerung, obwohl diese Gruppe nur 25 Prozent der Schweizer Bevölkerung ausmacht. Leider bieten die Schweizer Daten keine Informationen dazu, welche Nationalitäten unter den Tätern häuslicher Gewalt besonders überrepräsentiert sind. Nur die Tatsache, dass häusliche Gewalt inbesondere bei Paaren, die in relativ jungem Alter geheiratet haben, häufig vorkommt, bietet einen Hinweis darauf, dass auch in der Schweiz Täter, die aus islamischen Ländern stammen, stark vertreten sein dürften.[67] Dabei muss man noch berücksichtigen, dass verschiedene Studien darauf hindeuten, dass die Bereitschaft, häusliche Gewalt anzuzeigen, in vielen ethnischen Gruppen aufgrund von Gruppenzwang und Scham geringer ist als in der Bevölkerung ohne Migrationshintergrund.[68] In Deutschland ist die Situation nicht anders. Nach einem Bericht des Bundesfamilienministeriums geben 18 Prozent der Frauen türkischer Herkunft an, Opfer eines schweren körperlichen, sexuellen oder psychischen Missbrauchs durch ihren eigenen Partner gewesen zu sein, verglichen mit 5 Prozent der deutschen Frauen ohne Migrationshintergrund. 2010 hatten in Deutschland mehr als die Hälfte (51 Prozent) der Frauen, die in Frauenhäusern Zuflucht gesucht hatten, einen Migrationshintergrund, wobei die Türkei das wichtigste Herkunftsland war.[69]

Zahlen zu Tötungsdelikten in der Familiensphäre zeigen in eine ähnliche Richtung. Solche Fälle kommen der Polizei fast immer zur Kenntnis, und Daten dazu sind daher nicht von der Anzeigebereitschaft der Opfer abhängig. In der Schweiz sind unter den Tatverdächtigen von Partnertötungsdelikten doppelt so viele ausländische wie schweizerische Männer. Das Risiko ausländischer Frauen, Opfer eines Partnertötungsdeliktes zu werden, ist sieben Mal so hoch wie das von schweizerischen Frauen.[70] Eine niederländische Studie für den Zeitraum 1993–2012 zeigt, dass in 53 Prozent der Fälle, in denen ein Lebenspartner oder Ex-Partner getötet wurde, der Täter einen Migrationshintergrund hatte, obwohl diese Gruppe 2012 nur 21 Prozent der Gesamtbevölkerung ausmachte. Bei diesen Beziehungstaten waren die beiden häufigsten Herkunftsgruppen Türkisch- (12 Prozent) und Marokkanischstämmige (8 Prozent), obwohl diese Gruppen jeweils nur etwas mehr als 2 Prozent der niederländischen Bevölkerung ausmachen.[71] Eine ähnliche Studie für die Jahre 1998 und 2002–2004 verwendete die breitere Kategorie der «Intimmorde», die nicht nur Partnermorde, sondern auch die Tötung anderer Familienmitglieder wie Kinder und Eltern sowie von Liebesrivalen umfasst. Von diesen Morden wurden 50 Prozent von einem Täter mit Migrationshintergrund begangen, und auch hier waren es die Türkischstämmigen, die mit 12 Prozent den höchsten Anteil hatten, in diesem Fall gefolgt von Surinamern (9 Prozent) und Marokkanern (7 Prozent).[72] Partnertötungen machen die Hälfte der Frauenmorde in den Niederlanden aus. In weiteren 20 Prozent der Morde an Frauen sind Eltern oder andere Familienmitglieder die Täter.[73] Anders als Morde an Männern finden Frauenmorde daher hauptsächlich im familiären Kontext statt. Im häuslichen Umfeld sind Frauen vielfach einer patriarchalen Kultur ausgeliefert, die manchmal tödliche Folgen hat. Das in Deutschland vielleicht bekannteste Beispiel ist das der Berlinerin Hatun Sürücü. Sie wurde 2005 von ihrem Bruder erschossen, weil ihre Familie ihren Lebensstil zu westlich fand. In der Familie Sürücü kamen mehrere problematische Aspekte einer zutiefst konservativ-islamischen Lebensweise zusammen: neun Kinder, kaum Kontakt zu Deutschen, die Zwangsverheiratung von Hatun mit sechzehn Jahren und schließlich die Empörung über eine Tochter, die es nach dem Bruch mit dem Ehemann vorzog, ihren Sohn alleine aufzuziehen und das Kopftuch abzulegen. Verschiedene Familienmitglieder pflegten außerdem Kontakte zu der radikalislamischen Bewegung um Muhammed Metin Kaplan («Kalif von Köln») und zur Hizb ut-Tahrir, einer inter-

Der Grabstein von Hatun Sürücü auf dem Islamischen Friedhof in Berlin-Gatow.
Die Mutter eines kleinen Sohnes wurde 2005 von ihrem Bruder erschossen,
weil ihre Familie ihren Lebensstil für zu westlich hielt. Verschiedene Mitglieder der
Familie hatten Kontakte zu fundamentalistischen islamischen Bewegungen.

national agierenden islamistischen Bewegung, die für die Errichtung eines Kalifats kämpft.

Zur Vermeidung von Missverständnissen möchte ich wiederholen, dass all dies natürlich nicht bedeutet, dass Migranten aus islamischen Ländern im Allgemeinen gewalttätige Judenhasser, Schwulenfeinde und Frauenschänder sind. Natürlich sind die meisten von ihnen das zum Glück nicht. Und natürlich ist es nach wie vor so, dass ein erheblicher Teil solcher Gewalt von Einheimischen ausgeübt wird, obwohl die verfügbaren Daten zeigen, dass bei Angriffen auf Homosexuelle, Gruppenvergewaltigungen und schwerer häuslicher Gewalt gegen Frauen Täter mit Migrationshintergrund mittlerweile die Mehrheit stellen. Unter den Tätern antisemitischer und schwulenfeindlicher Gewalt sowie sexueller und häuslicher Gewalt gegen Frauen sind Menschen, die selbst oder deren Eltern aus islamischen Ländern stammen, stark überrepräsentiert. Manchmal teilen sie diese Überrepräsentation mit Gruppen anderer Herkunft (zum Beispiel aus Afrika oder der Karibik), aber die Tatsache, dass extreme Feindseligkeit gegenüber Homosexuellen und Frauen auch in anderen Kulturen weit verbreitet ist, relativiert nicht die Schwere dieses Problems unter denen, die aus islamischen Ländern stammen. Die Beziehung zur islamischen Religion ist dabei sicherlich nicht unbedingt direkt in dem Sinne, dass religiösere Menschen dazu neigen würden, häufiger Gewalt anzuwenden, allein schon deshalb, weil die Religiosität unter Muslimen, wie in anderen Religionen, mit dem Alter zunimmt, während Gewalttäter in der Regel jung sind. Vielmehr ist es die Sozialisation in einer religiösen Kultur, in der Antisemitismus weit verbreitet ist, Homosexualität als Todsünde gilt und Frauen männlichen Familienmitgliedern gehorchen müssen, die den Nährboden für gewaltsame Entgleisungen bildet. Auch dieses Gepäck ist leider mit der Migration mitgekommen.

7.

Kann sich der Islam vom
Fundamentalismus befreien?

Alles-oder-Nichts-Denken

Die Suche nach einem Ausweg aus der Krise der islamischen Welt wird durch die Polarisierung der Islamdebatte erschwert. Hier dominieren zwei extreme Positionen, nach denen Unterdrückung, Intoleranz und Gewalt entweder *alles* oder *gar nichts* mit dem Islam zu tun haben. Für diejenigen, die glauben, dass der Islam als solcher für die Krise der islamischen Welt verantwortlich ist und dass er nicht reformiert werden kann, gibt es keine andere Lösung, als die Gefahr einzudämmen: Sie plädieren für die Schließung der Grenzen für Muslime sowie strenge Sicherheitsmaßnahmen, die die Bürgerrechte der Muslime einschränken, und wollen im Übrigen der islamischen Welt ihre blutigen Konflikte überlassen. Eine nachhaltige Lösung bieten solche Maßnahmen natürlich nicht. Der Kampf gegen den Fundamentalismus kann nicht gewonnen werden, wenn wir unsere Identität als offene Gesellschaften durch Maßnahmen aufgeben, die im Widerspruch zu den Freiheiten stehen, die wir nun gerade verteidigen wollen. Darüber hinaus spielt eine solche Politik den fundamentalistischen Argumenten in die Hände. Die Fundamentalisten behaupten, dass es einen unüberbrückbaren Widerspruch zwischen dem Islam und der westlichen Kultur gibt und dass der Westen und andere böse Kräfte darauf aus sind, den Islam zu zerstören. Maßnahmen gegen den Fundamentalismus, die die Muslime und den Islam als Ganzes betreffen, machen dieses Weltbild nur noch glaubwürdiger.

Kritiker, die den Islam für nicht reformierbar halten, haben mehr mit den Fundamentalisten gemeinsam, als ihnen wahrscheinlich bewusst ist. Beide Seiten gehen nicht nur von einem unüberwindbaren Gegensatz zwischen dem Islam und dem Westen aus, sondern glauben auch, dass Muslime keine andere Wahl haben, als den Koran wörtlich zu nehmen und die Handlungen und Aussagen des Propheten Mohammed, die in den Hadithen überliefert sind, eins zu eins in der Gegenwart umzusetzen. Radikale Islamkritiker sind daher ebenso fanatische Koranexegeten geworden wie die Fundamentalisten. Thilo Sarrazin erklärt zum Beispiel in seinem 2018 erschienenen Buch *Feindliche Übernahme* stolz, dass er den Koran und viele Hadithe von vorne bis hinten gelesen habe.[1] Er bringt eine endlose Reihe von Zitaten aus den islamischen heiligen Schriften, die beweisen sollen, dass der wahre Islam undemokratisch und frauenfeindlich ist und auf die gewaltsame Unterwerfung der Ungläubigen zielt. Rechtspopulisten wie der Niederländer Geert Wilders und seine Partij voor de Vrijheid (Partei für die Freiheit) beschäftigen sich ebenfalls regelmäßig mit dem Koran und kommen in ihren amateurhaften theologischen Analysen zu ähnlichen Schlussfolgerungen wie Sarrazin: Der Islam der Fundamentalisten sei der einzig wahre Islam. Der islamische Fundamentalismus kann sich keine besseren Feinde wünschen.

Die umgekehrte Behauptung, dass Fundamentalismus, Unterdrückung und Gewalt «nichts mit dem Islam zu tun haben», ist jedoch ebenso kontraproduktiv, weil sie einer kritischen Auseinandersetzung mit den religiösen Wurzeln der Krise im Wege steht. Dieses Denken ist weit verbreitet, nicht nur unter den Sprechern muslimischer Organisationen, sondern auch in Kreisen von Meinungsmachern und politischen Entscheidungsträgern. Aussagen amerikanischer Präsidenten auf beiden Seiten des politischen Spektrums können dies veranschaulichen. Wenige Tage nach den Anschlägen vom 11. September 2001 erklärte der republikanische Präsident George W. Bush: «Das Gesicht des Terrors ist nicht der wahre islamische Glaube [...,] Islam ist Frieden». Anderthalb Jahrzehnte später twitterte sein demokratischer Nachfolger Barack Obama: «IS spricht für keine Religion [...,] keine Religion lehrt ihre Anhänger, unschuldige Menschen zu töten.» Seine damalige Außenministerin Hillary Clinton meinte: «Muslime sind friedliche und tolerante Menschen, die gar nichts mit dem Terrorismus zu tun haben.» Die Behauptung, der Islam sei Frieden, ändert jedoch nichts an der Tatsache, dass in wenigen islamischen Ländern Frieden herrscht und dass Fundamentalisten, die sich ausdrücklich auf intolerante und gewalttätige Passagen aus dem Koran und den Hadithen berufen, für die tödlichste Welle des Terrorismus verantwortlich sind, die die Welt je gesehen hat. Das häufig erwähnte Koranzitat, dass es «keinen Zwang in Glaubenssachen geben wird», steht im krassen Widerspruch zu der Tatsache, dass es in fast allen islamischen Ländern religiösen Zwang gibt und dass Menschen auf der ganzen Welt bedroht und getötet werden, weil sie dem Islam den Rücken gekehrt oder eine kritische Meinung über ihn geäußert haben.

Die Behauptung, dass der Islam frauenfreundlich sei, steht im diametralen Gegensatz zu der Tatsache, dass in einer großen Mehrheit der islamischen Länder von der Scharia abgeleitete Gesetze gelten, die Frauen zu Bürgern zweiter Klasse degradieren. Nach allen internationalen Statistiken über die Rechte der Frau gibt es keinen Teil der Welt, in dem die Situation der Frauen so schlecht ist wie in der islamischen Welt. Wenn Unterdrückung, Intoleranz und Gewalt nichts mit dem Islam zu tun haben, warum sind sie dann in der islamischen Welt so weit verbreitet? Der Islam, der in jeder Hinsicht unbeschmutzt, friedlich, demokratisch, tolerant und frauenfreundlich ist, ist ein schöner Traum, hat aber wenig mit der Realität des Islam im Hier und Jetzt zu tun. Jeder, der glaubt, dass der real existierende nichts mit dem wahren Islam zu tun hat, wird die Frage beantworten müssen, warum dann so viele Muslime ihren Glauben missverstanden haben und warum der Islam offenbar so viel Raum für intolerante, repressive und gewalttätige Interpretationen lässt.

Die religiösen Wurzeln der islamischen Krise: drei Kernprobleme

In diesem Buch habe ich für einen realistischen Ansatz plädiert, der nicht von einer «Essenz» des Islam und seiner heiligen Schriften ausgeht, die entweder intolerant und gewalttätig oder tolerant und friedlich wäre. Der einzige sinnvolle Ansatz für die Analyse der Probleme der islamischen Welt ist es, den Islam danach zu beurteilen, was Menschen, was Gläubige aus ihm gemacht haben. Auf diese Frage gibt es keine ahistorische Antwort. Die islamische Welt hat sich in weiten Teilen ihrer Geschichte gegenüber dem Rest der Welt positiv oder zumindest nicht negativ hervorgehoben, nicht nur in Bezug auf wissenschaftliche Innovation und Wirtschaftswachstum, sondern auch in Bezug auf religiöse Toleranz. In einer solchen Epoche der islamischen Geschichte befinden wir uns jedoch momentan sicherlich nicht. In den letzten Jahrhunderten ist die islamische Welt in eine Abwärtsspirale geraten, auf die die herrschenden Eliten in den islamischen Ländern zunächst mit einer Politik der autoritären Verwestlichung von oben reagierten. Das Scheitern dieser Zwangsmodernisierung, die den Kern des westlichen Erfolgs – Demokratie und individuelle Freiheit – verkannte, führte zur Entstehung einer fundamentalistischen Gegenbewegung. Die Fundamentalisten lehnen die Werte des Westens radikal ab und propagieren eine Rückkehr zu den Wurzeln des Islam, indem sie wortwörtlich den Regeln des Korans und dem Beispiel des Propheten Mohammed im siebten Jahrhundert folgen. In den vergangenen vierzig Jahren – seit den Umwälzungen in verschiedenen islamischen Staaten im Revolutionsjahr 1979 – hat dieser Fundamentalismus die islamische Welt immer stärker erfasst. Die fundamentalistische Reaktion hat die Krise jedoch nur noch verschärft. Sie schlägt als Lösung nämlich genau das vor, was dafür verantwortlich ist, dass die islamische Welt so weit hinter dem Rest der Welt zurückgeblieben ist.

Die Ursachen der islamischen Krise lassen sich in drei Schlüsselproblemen zusammenfassen: der fehlenden Trennung von Religion und Staat, der Benachteiligung der Frauen und der Geringschätzung von säkularem Wissen. Von diesen ist die Vermischung von Religion und Politik das grundlegendste Problem, das indirekt auch die beiden anderen beeinflusst. Der Ursprung dieser fehlenden Trennung liegt in den Anfängen des Islam, als der Prophet Mohammed sowie die Kalifen, die auf ihn folgten, die Positionen des religiösen Führers, des politischen Herrschers und des Oberbefehlshabers der muslimischen Armeen in sich vereinten. Dieses historische Erbe muss den Islam der Gegenwart nicht bestimmen, aber es tut es, wenn Muslime der fundamentalistischen Vorstellung folgen, dass das, was für den Propheten und die islamische Gemeinschaft im siebten Jahrhundert gut war, überall und für alle Zeiten gilt. Leider ist es den Fundamentalisten in den letzten fünfzig Jahren sehr gut gelungen, diese Idee zu verbreiten, nicht zuletzt, weil Staaten wie Iran, Katar und Saudi-Arabien die fundamentalistische Missionsarbeit mit Milliarden von Öldollars unterstützt haben. Die Sehnsucht nach einem Staat auf islamischer Basis hat seit den 1970er-Jahren zur Folge gehabt, dass viele islamische Länder Schariarecht oder eine darauf basierende Gesetzgebung eingeführt oder verschärft haben. Manchmal geschah dies, wie im Iran, im Sudan oder in Afghanistan, weil Islamisten die Macht ergriffen, in anderen Fällen, wie in Pakistan und Ägypten, weil autokratische Machthaber den Islam für ihre Zwecke mobilisierten und islamische Gesetze einführten, um zu versuchen, den Islamisten den Wind aus den Segeln zu nehmen. Im Jahr 2018 war die Scharia in 29 der 47 unabhängigen Staaten mit islamischer Bevölkerungsmehrheit ein expliziter Teil des Rechtssystems, und die meisten anderen islamischen Staaten haben Gesetze, die sich aus dem Schariarecht ableiten, wie beispielsweise das Verbot, Muslime zu anderen Religionen zu bekehren, das Verbot für Musliminnen, Nichtmuslime zu heiraten, oder die Erlaubnis der Polygamie. Selbst die verfassungsmäßig laizistische Türkei kennt keine wirkliche Trennung von Staat und Religion: Hier ist es der Staat, der die Religion vollständig kontrolliert und finanziert.

Die Vorstellung, dass religiöse und politische Macht zusammenfallen sollten, macht die Staatsmacht zu einem hart umkämpften, geradezu heiligen Gut. Denn wer den Staat kontrolliert, definiert auch, was im religiösen Sinne erlaubt und verboten ist. Wer den Kampf um die Staatsmacht verliert, wird auch seine Religionsfreiheit verlieren. Die Unterdrückung religiöser Minderheiten führt zu anhaltenden und gewalttätigen Konflikten, zum Beispiel zwischen Sunniten und Schiiten, aber auch zwischen Fundamentalisten und säkularen Gruppen, oder innerhalb des fundamentalistischen Lagers zwischen verschiedenen Strömungen, wie zum Beispiel den Anhängern der Muslimbruderschaft und den Wahhabiten und Salafisten. In Ländern mit großen islamischen Minderheiten wie Nigeria, Thailand und den Philippinen führt das Ziel, einen islamischen Staat zu errichten und die Scharia einzuführen, zu gewaltsamen Konflikten zwischen Muslimen und der übrigen Bevölkerung. Das blutende Herz und die blutigen Grenzen des Islam sind eine direkte Folge der Vermischung von Politik und religiösem Eifer.

Wo Religion und Staat miteinander verflochten sind, stehen die Freiheitsrechte von zwei Seiten unter Druck. Das erste Opfer ist die Religionsfreiheit. Die Vermischung von Staat und Religion bedeutet immer, dass eine bestimmte Religion und eine bestimmte Interpretation dieses Glaubens gegenüber anderen bevorzugt wird. In Extremfällen wie Saudi-Arabien und den Malediven werden andere Religionen einfach verboten, in anderen Fällen wie der Türkei sind alle religiösen Minderheiten, die von der staatlich geförderten Norm abweichen – hier alle außer dem sunnitischen Islam –, ernsthaften Einschränkungen und Diskriminierungen ausgesetzt. Dies betrifft nicht nur Nichtmuslime, sondern auch Minderheiten innerhalb des Islam, wie die Aleviten in der Türkei, die Schiiten in Saudi-Arabien oder die Ahmadiyya-Bewegung in Pakistan.

Das zweite Opfer sind die bürgerlichen Freiheiten. Wo der Staat die Regeln des islamischen Rechts übernimmt, gibt es keine Freiheit der Religionskritik, keine sexuelle Freiheit, und die Frauen sind Bürger zweiter Klasse. Unter dem Vorwand, den Islam und den Propheten zu schützen, wird die Meinungsfreiheit fast überall in der muslimischen Welt mit Füßen getreten. Angebliche Gotteslästerer, Abtrünnige und Atheisten werden unterdrückt, manchmal vom Staat, manchmal von der Bevölkerung, und oft von beiden Seiten. Homosexuelle haben in vielen Ländern kein einfaches Leben, aber in den meisten islamischen Ländern haben sie gar kein Leben. Die Freiheit der Frauen ist in der überwiegenden Mehrheit der islamischen Länder stark eingeschränkt, etwa durch die Zulassung von Eheschließungen mit minderjährigen Mädchen, die Einschränkung des Rechts von Frauen auf Ehescheidung oder durch den Entzug des Sorgerechts für ihre Kinder nach einer Scheidung. Frauen erhalten in den meisten islamischen Ländern nur halb so viel wie ein männlicher Erbe, und wenn das Schariarecht in vollem Umfang Anwendung findet, gelten ihre Stimmen auch in Strafverfahren nur die Hälfte. Darüber hinaus können sie wegen außerehelichen Geschlechtsverkehrs strafrechtlich verfolgt werden, selbst wenn ihr «Verbrechen» das Ergebnis einer Vergewaltigung war.

Damit kommen wir zum zweiten Kernproblem: der Diskriminierung von Frauen, die auf die Durchdringung von Politik und Gesellschaft mit religiösen Regeln zurückzuführen ist und weitreichende Folgen hat. Frauen in islamischen Ländern stehen in der Regel außerhalb des Arbeitsmarktes und tragen daher wenig zur Wirtschaftsleistung bei. Weil sie sehr jung heiraten, bleibt ihr Bildungsniveau niedrig, und sie bekommen relativ viele Kinder. Eine hohe Kinderzahl hat negative Auswirkungen auf die Investitionen, die Eltern in die Bildung jedes Kindes stecken können, insbesondere wenn die Mutter selbst wenig Bildung erhalten hat, keinen Beruf ausübt und die Familie daher ein geringeres Einkommen hat. Die hohe Fruchtbarkeit hat in islamischen Ländern zu einer Bevölkerungsexplosion geführt, mit der die schwächelnden Volkswirtschaften nicht Schritt halten können. Eine hohe Arbeitslosigkeit unter jungen Männern ist die Folge. Viele von ihnen haben deshalb keine Möglichkeit, eine Familie zu gründen, oder müssen lange damit warten. In einer Gesellschaft, in der die Sexualität streng geregelt und nur in der Ehe erlaubt ist, bedeutet wirtschaftliche Deprivation oft auch sexuelle Entbehrung. Die aussichtslose Situation, in der sich viele junge Muslime befinden, ist ein fruchtbarer Nährboden für die Rekrutierung durch fundamentalistische und dschihadistische Gruppen und stärkt damit das Konfliktpotenzial in islamischen Gesellschaften. Die vielen gewalttätigen Konflikte in islamischen Ländern wiederum haben negative wirtschaftliche Folgen und schaffen einen Teufelskreis aus Gewalt, wirtschaftlicher Stagnation und Hoffnungslosigkeit.

Das dritte Kernproblem der islamischen Welt ist die Unterordnung des weltlichen unter das religiöse Wissen. Große Mehrheiten der Bevölkerung islamischer Länder auf der ganzen Welt bejahen die These, dass, wenn Religion und Wissenschaft einander widersprechen, die Religion immer recht hat. Diese Meinung wird von Religionsgelehrten noch stärker betont, da ihre Machtposition auf dem Monopol des religiösen Wissens beruht. Islamische Gesellschaften, die strikt daran festhalten, dass religiöse Regeln für das soziale und wirtschaftliche Leben, wie sie sich aus dem Koran und den Hadithen ergeben, unfehlbar sind, tun sich schwer damit, sich an veränderte wirtschaftliche Bedingungen anzupassen. Regelungen und Institutionen, die der Entwicklung einer modernen Wirtschaft im Wege standen – wie das islamische Erbrecht, das Zinsverbot und die Rigidität islamischer Stiftungen, in denen lange ein großer Teil des gesellschaftlichen Reichtums gebunden war –, existierten bis ins zwanzigste Jahrhundert. Bei der vielleicht wichtigsten sozialen und wirtschaftlichen Innovation des zwanzigsten Jahrhunderts, der Emanzipation der Frau, hat die islamische Welt wieder einmal den Anschluss verpasst. Versuche, die Gleichstellung von Frauen von oben durchzusetzen, stießen auf großen Widerstand der islamischen Gelehrten, die die Verteidigung der traditionellen Rolle der Frau zur vordersten Front im Kampf um die Erhaltung der islamischen Identität erklärten.

Das Bildungssystem befindet sich in weiten Teilen der islamischen Welt in einem erbärmlichen Zustand. Bis weit ins neunzehnte Jahrhundert hinein gab es in den Teilen der islamischen Welt, die nicht vom Westen kolonisiert wurden, überhaupt keine modernen säkularen Bildungseinrichtungen. Da die religiösen Autoritäten die Einführung der Druckerpresse mehr als dreihundert Jahre lang verhinderten, konnte zu Beginn des neunzehnten Jahrhunderts kaum jemand im Osmanischen Reich lesen oder schreiben. Dieses Erbe setzt sich bis heute fort: Zwischen 1979 und 2014 wurden mehr Bücher ins Finnische als ins Arabische und Türkische übersetzt. Jahrhundertelang waren religiöse *Madrasas* die einzige Form der Bildung, und die Koranrezitation war die einzige Form des Wissens, die wirklich blühte. Eine Ausnahme stellte die Ausbildung in militärischer Strategie und Technologie dar, aber auch diese wurde weitgehend aus dem Westen importiert. Die ersten modernen Schulen und Universitäten im Osmanischen Reich stammten von christlichen Missionsinitiativen, die vor allem der Bildung von Nichtmuslimen zugutekamen. Fast alle Eliteschulen und die beste Universität der heutigen Türkei gehen auf diese Missionsarbeit zurück. Auch in Afrika war die Einführung einer modernen Bildung weitgehend eine Folge der christlichen Mission. Mit der Expansion des Islam in Afrika verbreitete sich dagegen vor allem der Koranunterricht. Bis heute besteht eine große Bildungslücke zwischen Muslimen und Christen in afrikanischen Ländern.

Der Aufstieg des islamischen Fundamentalismus hat die Geringschätzung weltlichen Wissens, die es in den ersten Jahrhunderten des Islam so noch nicht gab, verstärkt. Die Türkei ist dafür das jüngste Beispiel. Im Jahr 2012 gab Recip Tayyip Erdoğan – damals noch Premierminister – bekannt, dass sich seine Regierung das Ziel gesetzt habe, eine «fromme Generation» zu schaffen.[2] In diesem Zusammenhang wurde die Zahl der Religionsstunden an öffentlichen Schulen erhöht, neue Wahlfächer wie «Koran» und «Das Leben des Propheten Mohammed» wurden eingeführt. Da an vielen Schulen keine alternativen Wahlfächer angeboten werden, sind sie de facto für viele Schüler verpflichtend. Andere Fächer und Themen sind aus dem Lehrplan verschwunden, etwa das Thema «Demokratie und Menschenrechte» und die Evolutionstheorie, die nach Angaben des Bildungsministeriums für Schüler «zu komplex» sei. Gleichzeitig hat die türkische Regierung die Zahl der *Imam-Hatip-Schulen* auf 4500 verzehnfacht. Diese Schulen bieten eine Mischung aus Religions- und Berufsausbildung. Nicht weniger als dreizehn Unterrichtsstunden pro Woche werden für religiöse Themen verwendet. Ein Schüler der sechsten Klasse einer Imam-Hatip-Schule sagte einem Journalisten der *Financial Times* stolz, dass er in der Schule Arabisch lerne und ein *Hafiz* – jemand, der den Koran auswendig gelernt hat – werden wolle. Er rezitierte daraufhin Koranverse und sagte strahlend: «Siebzig andere Menschen werden gerettet werden, und sie werden in den Himmel kommen, weil ich ein Hafiz sein werde.»³ Das Ziel einer «frommen Generation» mag Erdoğan vielleicht mit seinen Bildungsreformen erreichen, aber die Entwicklung der türkischen Wirtschaft werden sie nicht voranbringen. Die Prüfungsergebnisse der Schüler an den Imam-Hatip-Schulen bleiben nämlich weit hinter denen anderer Schulen zurück. Das wirtschaftliche Innovationspotenzial der islamischen Welt ist ohnehin begrenzt, nicht nur im Vergleich zum Westen, sondern auch zu Ostasien, wie unter anderem die geringe Anzahl von Patenten zeigt, die die islamische Welt anmeldet. Es ist nicht zu erwarten, dass das auswendige Rezitieren des Korans zur Lösung dieses Problems beitragen wird.

Der irreführende Diskurs der Islamophobie

Der erste und wichtigste Schritt zur Lösung eines Problems ist die Auseinandersetzung mit seinen Ursachen. Falsche Diagnosen helfen bestenfalls nicht oder machen die Sache nur noch schlimmer. Die kontraproduktivste Diagnose, die über die Ursachen der Krise in der islamischen Welt kursiert, ist die der Islamophobie. Warum ist der Begriff der Islamophobie irreführend? Es besteht kein Zweifel, dass viele Menschen ein negatives Bild vom Islam und von Muslimen haben und dass manche den Islam sogar fürchten. Aber ist dies eine Phobie im Sinne einer übertriebenen, nicht auf Tatsachen gründenden, krankhaften Angst? Wir haben in den vorangegangenen Kapiteln gesehen, dass es durchaus Grund zur Sorge über den zeitgenössischen Islam gibt, besonders wenn man weiblich, homosexuell, jüdisch, ungläubig, kritisch muslimisch oder Mitglied einer religiösen Minderheit ist. Ist es erstaunlich, dass manche Menschen ein unbehagliches Gefühl bekommen, wenn sich ein Mann mit Bart und traditionellem islamischem Gewand im Zug neben sie setzt? Sollte ein als solcher erkennbarer Jude, der es vorzieht, Stadtviertel mit vielen Muslimen zu meiden, einen Termin beim Psychiater machen, um seine Angststörung behandeln zu lassen? Sind schwule Paare, die bei ihrer Urlaubswahl auf muslimische Länder verzichten, vorurteilsbehaftete Muslimhasser? Sind Schriftsteller, Komiker, Journalisten und Blogger, die es vermeiden, sich satirisch oder kritisch über den Islam zu äußern, rassistische Angsthasen? Sind Frauen wie Ayaan Hirsi Ali und Seyran Ateş, die die Unterdrückung von Frauen, von der die islamische Welt durchdrungen ist, anprangern, hasserfüllte Verräterinnen ihrer eigenen Kultur? Der Begriff der Islamophobie unterstellt, berechtigte Sorgen und Ängste über den real existierenden Islam seien irrationale Formen des Hasses, und macht so Opfer zu Tätern.

Umgekehrt werden Täter zu Opfern gemacht. Das zunehmende Maß an Konservatismus und Fundamentalismus in islamischen Gemeinschaften wird von Anhängern der Islamophobiethese auf Diskriminierung und Ausgrenzung zurückgeführt. Es gibt aber kaum empirische Belege für einen solchen Zusammenhang. Erstens haben Fundamentalismus und dschihadistischer Terrorismus ihren Ursprung nicht im Westen, sondern im Herzen der islamischen Welt, in Ländern wie Iran, Pakistan und Saudi-Arabien, wo Muslime andere unterdrücken, und nicht umgekehrt. Unter den westeuropäischen Muslimen hängen fundamentalistische Überzeugungen und negative Einstellungen gegenüber Juden, Homosexuellen und dem Westen nur bedingt mit einem niedrigeren sozioökonomischen Status und überhaupt nicht mit Diskriminierungserfahrungen zusammen.[4] Auch viele islamische Terroristen entsprechen in keiner Weise dem Klischeebild des Ausgeschlossenen und Marginalisierten. Die Täter des 11. September waren überwiegend Ingenieure mit Hochschulausbildung und stammten aus wohlhabenden Familien. Mohammed Bouyeri, der Mörder von Theo van Gogh, studierte an einer Amsterdamer Fachhochschule. Die erste Generation islamischer Terroristen, die von al-Qaida inspiriert war, war generell durch ein hohes Bildungsniveau gekennzeichnet.[5] Unter der späteren Generation islamischer Terroristen finden wir zwar weniger Hochgebildete, aber auch hier sind sozioökonomisch marginalisierte Personen nicht überrepräsentiert.[6]

Die oft gehörte Behauptung, die negative Debatte über den Islam sei die Ursache für den Aufstieg des Fundamentalismus und die Radikalisierung junger Muslime, ist eine völlige Umkehrung der Wirklichkeit. Zusammen mit einer Reihe von Kollegen habe ich die öffentliche Debatte über Einwanderung und Integration im letzten Jahrzehnt des zwanzigsten Jahrhunderts in fünf europäischen Ländern – Deutschland, Frankreich, Großbritannien, den Niederlanden und der Schweiz – untersucht.[7] Von den mehr als 18 000 Aussagen von Politikern und anderen Meinungsführern zur Einwanderung und Integration, die in den Jahren 1990–1999 in Zeitungen dieser Länder abgedruckt waren, hatten nur 286 (1,6 Prozent) Muslime oder den Islam zum Thema. Die Debatte drehte sich überwiegend um Asylbewerber, Ausländer, Aussiedler oder Zuwanderer im Allgemeinen, ohne nach Religion oder ethnischer Zugehörigkeit zu unterscheiden. Einige der Aussagen bezogen sich zwar auf bestimmte Migrantengruppen, einschließlich ethnischer Gruppen aus islamischen Ländern wie Türken, Marokkaner und Pakistani. Aber das betraf vor allem Themen wie politische Gewalt zwischen Kurden und Türken, die sozioökonomische Lage der Gruppen, Abschiebungen oder Diskriminierung und Rassismus. Religiöse Themen wurden fast nie thematisiert (in weniger als 2 Prozent aller Medienberichte über ethnische Gruppen aus islamischen Ländern). Mit anderen Worten, *vor* der Welle dschihadistischer Angriffe, die ab 2001 die Welt überrollte, gab es in Westeuropa kaum eine Debatte über Muslime oder den Islam. Türken, Marokkaner und andere Gruppen aus islamischen Ländern wurden hauptsächlich auf der Grundlage ihrer Nationalität oder ethnischen Zugehörigkeit und nicht auf der Grundlage ihrer Religion angesprochen.

In den wenigen Fällen, in denen der Islam thematisiert wurde, waren negative Meinungen sogar deutlich in der Minderheit. Die meisten Aussagen richteten sich gegen Diskriminierung aufgrund der Religionszugehörigkeit oder sprachen sich für eine Ausweitung der Rechte von Muslimen aus. Doch obwohl es keinerlei Belege für die These gibt, der Welle islamisch motivierter Gewalt in diesem Jahrhundert sei ein hohes Maß an negativer Berichterstattung über den Islam vorangegangen und habe diese sogar verursacht, ist der Glaube daran tief verwurzelt. Wer diese Tatsachen nicht wahrhaben will, sollte einmal selbst in die Archive eintauchen und eine repräsentative Stichprobe aus der Einwanderungs- und Integrationsdebatte vor der Jahrhundertwende ziehen. Ich kann es nur empfehlen: Es gibt nichts Besseres als die Empirie, um frischen Wind durch die eigenen festgefahrenen Überzeugungen wehen zu lassen.

Sicherlich hat nach den Anschlägen vom 11. September 2001 und den nachfolgenden Gewalttaten wie der Ermordung Theo van Goghs, den Anschlägen von Madrid und London und Hunderten anderen Terrorakten auf der ganzen Welt die Bedeutung des Islam in der öffentlichen Debatte erheblich zugenommen. Das ist jedoch kaum verwunderlich. Wenn Menschen Flugzeuge in Gebäude lenken, Busse, Züge und U-Bahnen in die Luft jagen, Lastwagen in Menschenmengen steuern, Massaker in Diskotheken, Synagogen und Konzertsälen verüben, dabei Gott anrufen und erklären, dass sie im Namen ihrer Religion handeln, liegt es nahe, dass Politiker und Medien auf diese Religion sowie auf die religiösen Überzeugungen und Quellen, von denen die Täter sagen, dass sie von ihnen inspiriert wurden, aufmerksam werden. Wenn «Ehebrecherinnen», Homosexuelle und «Gotteslästerer» von Scharia-Gerichten im Namen des Islam verurteilt werden und weltweit Bürgerkriege zwischen Gruppen wüten, die alle glauben, ein Monopol auf den wahren Islam zu haben, ist es nicht überraschend, dass dieser Glaube in einem schlechten Licht erscheint. Das ist ärgerlich für Menschen mit Wurzeln in Ländern wie der Türkei, Syrien oder Pakistan, die zu Recht das Gefühl bekommen, dass sie nur noch als Muslime wahrgenommen werden. Dafür sollten sie jedoch nicht die Überbringer der schlechten Nachrichten über den Islam verantwortlich machen, sondern die fundamentalistischen Regime und religiösen Fanatiker, die täglich die Reputation des Islam beschädigen.

Auch nach all diesen Verbrechen im Namen des Islam ist die Debatte in den Medien übrigens keineswegs so negativ, wie viele Menschen denken. Zusammen mit der deutschen Soziologin Sarah Carol habe ich für den Zeitraum von 1999 bis 2008 die mediale Debatte über die Rechte der Muslime in den gleichen fünf Ländern analysiert, die in der oben genannten Studie vertreten waren, ergänzt durch Belgien.[8] Dies betraf Diskussionen um Kopftücher in Schulen und anderen öffentlichen Einrichtungen, die Burka, den Bau von Moscheen und Minaretten, islamische Schulen und Religionsunterricht, Halalschächtung von Tieren oder das Händeschütteln mit Angehörigen des anderen Geschlechts. Nach der Islamophobiethese sollte die Debatte über solche Fragen sehr negativ sein, aber wir fanden heraus, dass die Befürworter eines Entgegenkommens gegenüber den Forderungen und Wünschen von Muslimen in allen untersuchten Ländern in der Mehrheit waren, am deutlichsten in Großbritannien. Von den sechs Ländern war die Debatte in Deutschland am wenigsten entgegenkommend, aber sogar dort überwogen die Positionen, die eine Ausdehnung der Rechte von Muslimen befürworteten. Für Großbritannien und die Niederlande ist dieses Ergebnis umso bemerkenswerter, als es im Gegensatz zu den anderen Ländern nicht um Wünsche des Mainstream-Islam wie Moscheen oder Kopftücher ging, sondern vor allem um Praktiken und Forderungen fundamentalistischer Muslime wie Burkas, Schariarecht und die Verweigerung des Handschlags. Aber sogar zu diesen Forderungen war die Debatte in diesen beiden Ländern überwiegend entgegenkommend. Wenn es in der öffentlichen Debatte in Westeuropa etwas gab, das den Fundamentalismus und die Radikalisierung gefördert hat, dann ist es nicht der vermeintlich negative «Ton» der Debatte über Muslime und den Islam, sondern eher ein zu weitreichendes, naives Entgegenkommen gegenüber Forderungen, die von konservativen oder sogar fundamentalistischen Vertretern des Islam erhoben wurden.

Ein Beispiel dafür ist das Vorgehen in Bezug auf die El Tawheed Stiftung, die die gleichnamige Moschee in Amsterdam verwaltet, die von Mohammed Atta, dem Anführer der Attentäter des 11. September 2001, von Theo van Goghs Mörder Mohammed Bouyeri und von verschiedenen anderen Dschihadisten besucht wurde.[9] Ungeachtet der bekannten Verbindungen der Stiftung zu Saudi-Arabien konnte sie mit öffentlichen Geldern verschiedene islamische Grundschulen gründen und so Kinder mit der salafistischen Ideologie indoktrinieren. Lange Zeit subventionierte die Stadt Amsterdam sogar den Koranunterricht bei El Tawheed und anderen fundamentalistischen Moscheen in der Stadt im Rahmen ihrer «sozialen Inklusionspolitik».[10]

Die Umkehrung von Ursache und Wirkung sowie von Opfer- und Täterschaft, die durch den Islamophobiediskurs vollzogen wird, lenkt die Aufmerksamkeit von der Notwendigkeit islamischer Reformen ab und macht die Außenwelt für alles verantwortlich, was in der islamischen Welt schief läuft. Damit leitet die Kritik an einer vermeintlichen Islamophobie Wasser auf die Mühlen des Fundamentalismus, der ja von der Idee genährt wird, dass die Welt den Muslimen feindlich gesinnt ist und dass Nichtmuslime und Verräter aus den eigenen Reihen den Islam zerstören wollen. Die Vorstellung von einem gefährdeten Islam legitimiert wiederum den Hass auf Andersgläubige und den Einsatz von Gewalt zur «Verteidigung» des Glaubens.

Der israelisch-palästinensische Konflikt

Eine Fehldiagnose, die nach Möglichkeit noch populärer ist als die Islamophobiethese, führt die Krise der islamischen Welt auf den israelisch-palästinensischen Konflikt zurück. Einige mögen sich beim Lesen dieses Buches gefragt haben, warum die Situation in den palästinensischen Gebieten nicht ausführlicher behandelt wurde. Der formale Grund dafür ist, dass ich mich nur auf die unabhängigen Staaten der islamischen Welt konzentriere, denn nur autonom regierte Staaten können an ihren Ergebnissen in Bezug auf Demokratie, Menschenrechte, gewaltfreie Konfliktlösung und Wirtschaftswachstum gemessen werden. Die Situation in den palästinensischen Gebieten liegt sicherlich auch in der Verantwortung der Fatah und der Hamas, der palästinensischen Behörden im Westjordanland bzw. im Gazastreifen, aber das gilt mindestens ebenso sehr für Israel als Besatzungsmacht. Ich möchte mich jedoch nicht hinter diesem formalen Grund verstecken: Es gibt auch keinen plausiblen substanziellen Grund, warum der israelisch-palästinensische Konflikt eine wichtige Rolle bei der Erklärung der Probleme der islamischen Welt spielen sollte.

Ich möchte keine Unklarheit darüber bestehen lassen, dass die anhaltende israelische Besetzung der 1967 eroberten Gebiete und die Siedlungspolitik im Westjordanland illegal sind und einem dauerhaften Frieden im Wege stehen. Muslime und Nichtmuslime, denen das Schicksal der Palästinenser am Herzen liegt, haben daher berechtigte Gründe, sich über die israelische Politik zu empören. Aber der palästinensisch-israelische Konflikt kann nicht als Entschuldigung für die Probleme der islamischen Welt dienen. Die israelische Besatzungs- und Blockadepolitik ist durchaus eine Belastung für die Wirtschaft der palästinensischen Gebiete. Dennoch liegt das jährliche Pro-Kopf-Einkommen dort mit fast 3000 US-Dollar höher als in mehr als der Hälfte der unabhängigen islamischen Länder, einschließlich der Nachbarländer Syrien und Ägypten.[11] Wie soll der israelisch-palästinensische Konflikt erklären, dass beispielsweise der durchschnittliche Pakistaner nur die Hälfte des Einkommens des durchschnittlichen Palästinensers unter israelischer Besatzung erzielt? Warum geht es Arabern, die nicht unter israelischer Besatzung leben, nicht besser als den Palästinensern? Die Lebenserwartung der Palästinenser unter israelischer Besatzung betrug im Jahr 2015 73,1 Jahre und ist damit höher als in zwei Dritteln der unabhängigen islamischen Länder, darunter wiederum die Nachbarländer Ägypten und Syrien sowie Länder wie Irak, Pakistan und Indonesien.[12] Arabische Israelis leben noch länger: 79 Jahre, so lange wie Menschen in den Vereinigten Staaten und länger als die Bewohner fast aller islamischer Länder.[13] Die einzige Ausnahme ist der Libanon, wo die Lebenserwartung mit 79,5 Jahren geringfügig höher ist. Solche Zahlen zeigen vor allem eines: wie tief die Krise der islamischen Welt ist.

Das ändert natürlich nichts an der Rechtlosigkeit der Palästinenser, aber die Bevölkerungen der meisten islamischen Länder um Israel herum, und vor allem die religiösen Minderheiten dort, können auch ein Wort über Rechtlosigkeit mitreden. Das Gleiche gilt für die Gewalt, mit der die Palästinenser (und in geringerem Maße auch die Israelis) leben müssen. Im israelisch-arabischen Konflikt starben zwischen 1989 und 2015 bei den beiden Intifadas, den Gaza-Kriegen und anderen Konfrontationen und Angriffen etwa 6400 Menschen, von denen die überwiegende Mehrheit palästinensische Kämpfer und

Zivilisten waren. Das sind 6400 zu viel, aber es ist durchaus instruktiv, dieses menschliche Leiden in einer vergleichenden Perspektive zu betrachten. In der Türkei starben im gleichen Zeitraum fünfmal so viele Menschen, fast 33 000, im Konflikt mit kurdischen Aufständischen, und die meisten von diesen Opfern gehörten zu den Kurden, der größten Minderheit der Welt ohne eigenen Staat. Im Bürgerkrieg im Jemen zwischen den schiitischen Houthis und einer von Saudi-Arabien geführten internationalen sunnitischen Koalition, wozu auch Länder wie Senegal, Marokko und die Vereinigten Arabischen Emirate gehören, sind in wenigen Jahren seit 2015 viel mehr Menschen gestorben als in drei Jahrzehnten des israelisch-palästinensischen Konflikts. Ganz zu schweigen von den vielen Zehntausenden, die in religiösen Konflikten in Ländern wie dem Sudan, Somalia, Nigeria oder Afghanistan ihr Leben verloren haben.

Von den Israel-Kritikern hört man jedoch selten, wenn überhaupt, wenn es um das Leiden religiöser Minderheiten, von Frauen oder Homosexuellen in islamischen Ländern geht. Meines Wissens gibt es zumindest keine nennenswerten Boykott- und Desinvestitionsbewegungen gegen Saudi-Arabien wegen der Unterdrückung der Schiiten im Land oder der Bombardierung der Zivilbevölkerung im Jemen; gegen den Iran wegen der systematischen Unterdrückung von Homosexuellen; gegen Pakistan wegen der tödlichen Blasphemiegesetze; oder gegen all die Scharia-Länder mit Apartheid-Gesetzen für Frauen. Im Gegenteil, in Katar, einem fundamentalistischen und Terroristen finanzierenden Staat, werden wir 2022 auf den Leichen von Hunderten von asiatischen Gastarbeitern, die beim Bau der Stadien wegen der schrecklichen Arbeitsbedingungen ihr Leben verloren haben, die FIFA-Fußballweltmeisterschaft spielen. Auf den Trikots von Fußballvereinen wie Real Madrid, Paris Saint-Germain und dem AC Mailand heißt es: «Fly Emirates»; Barcelona, AS Roma und Bayern München lassen sich, genau wie die FIFA, von Qatar Airways sponsern. Was würde wohl passieren, wenn ein Fußballverein auf die Idee käme, sich von der israelischen Fluggesellschaft El Al sponsern zu lassen?

Auch unter Akademikern, insbesondere in den Vereinigten Staaten und Großbritannien, hat die Boykott- und Desinvestitionsbewegung (BDS) gegen Israel viele Anhänger. Ein Kollege von mir erzählte mir kürzlich von einer Studentin, die einen Professor an einer renommierten amerikanischen Universität um ein Empfehlungsschreiben für einen Auslandsaufenthalt gebeten hatte, was dieser versprach. Als der Professor aber kurz vor Ablauf der Frist die E-Mail der Studentin sorgfältig las, entdeckte er, dass es sich um einen Gastaufenthalt in Israel handelte, zog darauf seine frühere Zusage sofort zurück und teilte der Studentin mit, dass er es vor sich selbst moralisch nicht rechtfertigen könne, einen Aufenthalt in Israel zu unterstützen. Viele amerikanische Universitäten haben aber keine moralischen Probleme damit, Geld aus Saudi-Arabien anzunehmen. So zum Beispiel die Harvard University für die drei Lehrstühle des Prince Alwaleed Islamic Studies Program. Prinz Alwaleed ist ein steinreiches Mitglied der saudischen Königsfamilie. Ein weiterer von Saudi-Arabien finanzierter Harvard-Lehrstuhl trägt den pompösen Namen «The Custodian of the Two Holy Mosques Professor of Islamic Legal Studies». Der Hüter der beiden heiligen Moscheen ist niemand Geringeres als der König von Saudi-Arabien selbst. Harvard steht damit keineswegs allein. Viele westliche Universitäten haben Geld für nach irgendwelchen Prinzen oder Sultanen benannte Lehrstühle angenommen, die von einem der Ölstaaten der Arabischen Halbinsel finanziert werden. Mehrere renommierte Universitäten wie die New York University, die Georgetown University und die Pariser Sorbonne haben lukrative Niederlassungen in den Golfstaaten eröffnet.

Gibt es denn überhaupt keinen Zusammenhang zwischen dem israelisch-palästinensischen Konflikt und der Krise der islamischen Welt? In einer Hinsicht gibt es ihn durchaus. Die einseitige Fokussierung vieler Muslime und Nichtmuslime auf die israelische Politik ist eine Ausrede, um sich nicht mit den wahren Ursachen der Probleme in der islamischen Welt auseinandersetzen zu müssen. Sie ist auch ein willkommener Blitzableiter für autoritäre Herrscher, die wissen, dass das Rühren der anti-israelischen Trommel ein wirksames Mittel ist, um die Aufmerksamkeit vom eigenen Versagen abzulenken. Und sie ist ein schlagkräftiges Argument für dschihadistische Gruppen, um Anhänger zu mobilisieren. Der israelisch-palästinensische Konflikt hat daher sicherlich negative Auswirkungen auf die islamische Welt, aber vor allem, weil er die Aufmerksamkeit von dem viel größeren Leid ablenkt, das Muslime einander und anderen zufügen.

Die Entfundamentalisierung des Islam

Was können wir – Muslime und Nichtmuslime – tun, um den Fundamentalismus zu schwächen und liberale, reformorientierte Kräfte innerhalb des Islam zu fördern? Der erste und vielleicht wichtigste Beitrag zu einer Lösung ist anzuerkennen, dass die Hauptursache für die Probleme der islamischen Welt nicht außerhalb des Islam, bei der Islamophobie, dem israelisch-palästinensischen Konflikt oder beim westlichen Kolonialismus (siehe Kapitel 2), sondern in der Mitte der islamischen Gemeinschaft selbst liegt, in Form einer weit verbreiteten intoleranten Glaubensauffassung, die mit Hass und Gewalt gegen Andersgläubige einhergeht. Dies gilt auch im Hinblick auf die Integrationsprobleme konservativ-religiöser Muslime in westlichen Einwanderungsgesellschaften, die zu einem erheblichen Teil auf die gleichen religiösen Ursachen – etwa die ungleiche Behandlung von Frauen und die soziale Distanz zu Andersgläubigen – zurückgehen wie die Probleme der islamischen Herkunftsländer. Beide Probleme sind miteinander verknüpft, da die muslimischen Herkunftsländer durch fundamentalistische Missionsarbeit, die Finanzierung von Moscheen, die Entsendung von Imamen und damit die Kontrolle über die vermittelten Glaubensinhalte einen integrationshemmenden und zum Teil radikalisierungsfördernden Einfluss ausüben.

Wir müssen deshalb von der unfruchtbaren Debatte darüber wegkommen, ob «der» Islam zu Deutschland oder Europa gehört oder nicht, und stattdessen die richtige Frage stellen, *welcher* Islam zu einer liberalen Demokratie gehören kann und welcher nicht. Wenn wir diese Frage mit Blick auf die wichtigsten deutschen Islamverbände stellen, fällt die Antwort leider negativ aus: Der von den größten Verbänden vertetene Islam passt nicht zu einer liberalen, weltoffenen

Demokratie. Hören wir uns zum Beispiel eine Predigt mit dem Titel «Der hohe Rang bei Allah: Das Märtyrertum»[14] an, die 2014 in deutschen Moscheen verlesen wurde:

> Keiner, der das Paradies betritt, möchte zurück auf die Erde [...]. Nur der Schahid [Märtyrer; R K], er möchte wieder zurück und wieder den Märtyrertod sterben, wenn er sieht, welches Ansehen und welchen Rang er hier im Paradies genießt. Diese Frohbotschaft war es, die unseren Propheten [...] und seine Gefährten und später auch unsere Vorfahren beseelten und sie von einer zur nächsten Front trieben, um diesen hohen Rang zu erreichen. Rein für den Weg Allahs, um Seinen Namen zu verbreiten. Für das Land und die Landsleute.[15]

Dieses Zitat stammt nicht aus einer finsteren salafistischen Hinterhofmoschee. Der Text wurde bundesweit in den Moscheen der größten deutschen muslimischen Organisation – DITIB, die Türkisch-Islamische Union der Anstalt für Religion – verlesen. DITIB ist direkt der türkischen Religionsbehörde Diyanet unterstellt, ihr Vorsitzender ist der türkische Botschaftsrat für religiöse Angelegenheiten, ihre Predigten werden zentral festgelegt und von Imamen verlesen, die aus der Türkei nach Deutschland entsendet und vom türkischen Staat bezahlt werden. Kein Wunder, dass mit dem «Land» und den «Landsleuten» im obigen Zitat nicht Deutschland und die Deutschen gemeint sind, sondern die Türkei und die Türken. Die DITIB-Predigt «Heimatliebe» vom März 2016 (also noch aus der Zeit vor dem gescheiterten Putsch in der Türkei) lässt daran keinen Zweifel:

> Mit Hilfe des erhabenen Allahs haben unsere Vorfahren Anatolien zur Heimat für unser Volk gemacht und dieses Land [...] um Kopf und Kragen verteidigt. Kein Volk gibt es ohne Heimat; und ohne Volk gibt es keinen Staat. Als Gemeinschaft ist es heute unsere Aufgabe, die Erinnerung unserer geehrten Märtyrer lebendig zu halten, die uns unsere Heimat als Erbe hinterlassen haben. Denjenigen, die unsere Geschwisterlichkeit, unsere Einheit und Eintracht zerrütten möchten, dürfen wir keineswegs Gelegenheit geben, Zwietracht, Unruhe und Zwistkeime zwischen uns einzusäen.

Wären solche kriegsverherrlichenden, völkisch-nationalistischen Predigten von katholischen oder evangelischen Kirchen verbreitet worden, wäre das ganze Land in Aufruhr gewesen. Die Deutsche Bischofskonferenz und die Evangelische Kirche in Deutschland würden längst vom Verfassungsschutz beobachtet. Aber wenn der größte deutsche Moscheeverband solche Botschafen verkündet, hat das bisher führende deutsche Politiker nicht daran gehindert, DITIB-Moscheen zu besuchen und DITIB an der Deutschen Islamkonferenz teilnehmen zu lassen.

Die nach Mitgliederzahlen zweitstärkste islamische Organisation in Deutschland ist die ebenfalls türkisch-nationalistisch geprägte Islamische Gemeinschaft Millî Görüş. Anders als DITIB wird diese Organisation seit vielen Jahren vom Bundesamt für Verfassungsschutz beobachtet und dem islamistischen Spektrum zugeordnet. Auch wenn im Verfassungsschutzbericht ein «schwächer werdender Extremismusbezug» festgestellt wird, sind die Verbindungen zu extremistischen Teilen der Millî-Görüş-Bewegung nach wie vor stark, etwa zum Sprachrohr der Bewegung, der Zeitung *Millî Gazete*, in der Antisemitismus laut Verfassungsschutzbericht zum guten Ton gehört: «Die Juden – so die ‹Millî Görüş›-Ideologie – würden den ‹gottlosen Westen› und den größten Teil der Welt beherrschen. Sie seien hinter den Kulissen agierende Führer der herrschenden unislamischen, tyrannischen und ‹nichtigen› Ordnung und damit ewige Gegner des Islam.»[16]

Eine dritte wichtige islamische Organisation ist der Zentralrat der Muslime in Deutschland. Der Name ist strategisch an den des Zentralrats der Juden in Deutschland angelehnt und suggeriert eine Repräsentation aller Muslime in Deutschland, tatsächlich aber vertritt der Zentralrat nur eine kleine Minderheit von etwa 1 Prozent der deutschen Muslime. Dafür ist die Organisation in der öffentlichen Debatte umso präsenter. Das hat sie vor allem ihrem Vorsitzenden Aiman Mazyek zu verdanken, der als Deutschlands bekanntester muslimischer Repräsentant immer wieder in den Medien und auf politischen Veranstaltungen zu sehen ist. Gewaltaten im Namen des Islam verurteilt er unmissverständlich und ruft die Muslime zu Verfassungstreue auf. Es sei ihm zugestanden, dass er das persönlich ernst

Anhänger von Recep Tayyip Erdoğan begrüßen den türkischen Staats-
präsidenten bei der Eröffnung der *DITIB*-Zentralmoschee in Köln am
29. September 2018.

meint. Aber Mazyek genießt seine öffentliche Aufmerksamkeit nicht
als Einzelperson, sondern als Vorsitzender einer Organisation, die
zum Teil ganz andere Positionen vertritt. Zu den Mitgliedsorganisa-
tionen des Zentralrats gehört zum Beispiel die vom Verfassungsschutz beobachtete «Islamische Gemeinschaft in Deutschland»
(IGD), die sich 2018 in «Deutsche Muslimische Gemeinschaft» (DMG)
umbenannt hat und vom Bundesinnenministerium als zentrale Organisation der Muslimbruderschaft in Deutschland angesehen wird.
Ebenfalls Mitglied und vom Verfassungsschutz beobachtet: das Islamische Zentrum Hamburg (IZH), das vom Verfassungsschutz als
Instrument des schiitisch-fundamentalistischen Regimes in Iran ein-
geschätzt wird und regelmäßig an den jährlichen antisemitischen Al-
Quds-Demonstrationen teilnimmt, bei denen es um die «Befreiung
Jerusalems von den zionistischen Besatzern» geht. Die größte Mit-
gliedsorganisation des Zentralrats ist die Union der Türkisch-Islami-
schen Kulturvereine in Europa (ATIB). Sie gehört zum türkisch-nati-

onalistischen Spektrum und bezieht, wie DITIB, Imame direkt von der Religionsbehörde aus der Türkei. Anlässlich der Resolution des Bundestags von 2016, in dem der Völkermord an den Armeniern während des Ersten Weltkrieges verurteilt wurde, äußerte sich ATIB empört:

> Wir sind entsetzt darüber, dass der Deutsche Bundestag sich dazu hergeben konnte, am 2.06.2016 gegen das Türkische Volk und dessen Vergangenheit eine Entscheidung zu treffen, die noch nicht einmal historisch untermauert ist und einzig und allein auf Verleumdungen und Lügen basiert. [...] Wer hat Ihnen das Recht gegeben, über das Türkische Volk ein Urteil zu fällen?

Solange der Zentralrat und sein Vorsitzender Aiman Mazyek sich von verfassungsfeindlichen, antisemitischen und türkisch-nationalistischen Extremisten in den eigenen Reihen nicht lösen, klingen ihre Bekenntnisse zur Toleranz und zum Grundgesetz hohl. Solange kann auch der Zentralrat der Muslime in Deutschland keinen Anspruch darauf erheben, eine Vertretung eines Islam zu sein, der «zu Deutschland gehört». Wie wichtig und richtig es an sich auch ist, dass islamische Verbände mit der Zeit die gleichen Rechte erhalten wie christliche und jüdische Glaubensgemeinschaften – etwa das Recht, Religionsunterricht an Schulen zu erteilen –, sollten diese türkisch-nationalistischen und vom Fundamentalismus unterwanderten Organisationen keine solchen Privilegien genießen. Auch als Empfänger von staatlichen Fördergeldern für Integrationskurse oder für Deradikalisierungsprogramme sind solche Organisationen die falsche Adresse. Notwendig wäre es auch, die Geldströme aus dem Ausland, mit denen nationalistische und fundamentalistische Islamvarianten nach Europa exportiert werden, trockenzulegen. Österreich ist in dieser Hinsicht mit dem «Islamgesetz» von 2015 einen wichtigen Schritt vorangegangen. Der österreichische Verfassungsgerichtshof hat im März 2019 die Verfassungsmäßigkeit der Ausweisung von Imamen bestätigt, die vom türkischen Staat bezahlt wurden. In der Urteilsbegründung heißt es:

Gemäß Islamgesetz hat die Aufbringung der finanziellen Mittel für die gewöhnliche Tätigkeit zur Befriedigung der religiösen Bedürfnisse ihrer Mitglieder durch die Religionsgesellschaft, die Kultusgemeinden bzw. ihre Mitglieder im Sinne der Selbsterhaltungsfähigkeit im Inland zu erfolgen. Diese Bestimmung stößt im Ergebnis auf keine verfassungsrechtlichen Bedenken.[17]

Eine Regelung mit ähnlicher Stoßrichtung könnte auch in Deutschland verfassungsrechtlich haltbar sein. Allerdings scheint das österreichische Gesetz bisher vor allem den Einfluss des türkischen Staates eingedämmt zu haben und weniger die Geldflüsse von der Arabischen Halbinsel. Dies dürfte damit zu tun haben, dass der Staatseinfluss der Türkei sehr direkt und offen ist, während die Finanzierung durch arabische Staaten oft über Stiftungen verläuft, die schwieriger zu kontrollieren sind.

Gegen den Einwand, eine Beschränkung der Finanzierung von Imamen, Moscheen und anderen islamischen religiösen Einrichtungen durch ausländische Staaten verstoße gegen die verfassungsmäßig garantierte Glaubensfreiheit, muss betont werden, dass es in den fraglichen Ländern keine Glaubensfreiheit und keine Trennung von Staat und Religion gibt. Es geht dabei nicht darum, gleichsam als Revanche auch in Deutschland die Glaubensfreiheit für bestimmte Gruppen einzuschränken – so der oft gehörte Vorwurf. Vielmehr fragt sich, ob die Einflussnahme solcher Staaten auf die Glaubenspraxis von Muslimen in Europa der Glaubensfreiheit in Deutschland oder Europa tatsächlich zugutekommt. Diese Frage muss verneint werden, denn gerade die Einflussnahme schränkt die Glaubensfreiheit europäischer Muslime ein. Im Falle des türkischen Amtes für Religiöse Angelegenheiten Diyanet und seiner europäischen Ableger wie DITIB in Deutschland fördert die gegenwärtige Praxis, verbeamtete Imame aus der Türkei zu entsenden, die zentral festgelegte Predigten verlesen, nicht die Glaubensfreiheit türkischer Muslime, sondern dient der Verbreitung eines autoritären Staatsislam. Ähnliches gilt in noch stärkerem Maße für die Finanzierung durch Länder wie Saudi-Arabien, Katar und die Vereinigten Arabischen Emirate. Der in der Scharia begründete Staatsislam dieser Länder legitimiert die Todesstrafe oder langjährige Haftstrafen wegen einer natürlichen Veranlagung (zum Beispiel Homosexualität), wegen freier, durch die universellen Menschenrechte legitimierter Entscheidungen (etwa bei der Wahl des Ehe- oder Sexpartners) oder wegen freier Meinungsäußerungen und religiöser Entscheidungen, die als «Gotteslästerung» und «Glaubensabfall» verfolgt werden können. Solche totalitären, zutiefst menschenfeindlichen Ideologien verdienen nicht den Schutz der Glaubensfreiheit. Es ist gerade keine Bereicherung der Diversität oder der Glaubensfreiheit unserer Gesellschaft, wenn wir autoritären religiösen Regimen erlauben, ihre menschenfeindliche Ideologie unter den hier lebenden Muslimen zu verbreiten.

Selbstverständlich muss bei einer gesetzlichen Eindämmung ausländischer Einflussnahme vermieden werden, das Kind mit dem Bade auszuschütten, indem auch legitime Formen der ausländischen Finanzierung und Missionierung unmöglich werden. Das könnte meines Erachtens relativ leicht erreicht werden, wenn das Verbot auf direkte und indirekte (etwa über Stiftungen oder durch Einzelpersonen, die der herrschenden Elite angehören) staatliche Finanzierung aus Ländern, die keine Trennung von Religion und Staat kennen, beschränkt bleibt. Eventuell könnte das Kriterium einer nichtdemokratischen Regierungsform des betreffenden Landes hinzugefügt werden, weil die fehlende Trennung von Religion und Staat besonders in undemokratischen Staaten problematisch ist. Es sollte nicht von vornherein ausgeschlossen werden, dass ein solches Gesetz auch Finanzierungen aus nichtislamischen Staaten zum Beispiel für christliche oder buddhistische Gruppierungen treffen könnte. Deshalb wäre es besser, von einem speziellen «Islamgesetz» wie in Österreich abzusehen und ein allgemeines Gesetz zur Eindämmung der Finanzierung religiöser Organisationen durch autoritäre, die Trennung von Staat und Religion nicht respektierende, ausländische Staaten zu entwerfen.

Für eine Reformbewegung im Islam

Um sich vom Fundamentalismus zu befreien, braucht der Islam jedoch mehr als alles andere eine breit angelegte Reformbewegung von innen, die den Missständen im eigenen Haus direkt in die Augen schaut und sich ohne Wenn und Aber von der fundamentalistischen Idee distanziert, der Koran enthalte die wortwörtliche Willensäußerung Gottes, die unabhängig von Zeit und Ort zu befolgen ist. Sich vom Fundamentalismus zu distanzieren bedeutet, die politischen Bestrebungen des Islam abzulehnen und das Prinzip der Trennung von Religion und Staat anzuerkennen. Der Islam darf niemals die Grundlage für ein Rechtssystem bilden, auch nicht in Ländern, in denen Muslime die Mehrheit stellen. Ein Islam, der an der Scharia-Gesetzgebung – in welcher Auslegung auch immer – als Grundlage für die Organisation des Staates und der Rechtsordnung festhält, wird mit Demokratie und Menschenrechten unvereinbar bleiben. Ein Islam, der den Koran, die Hadithe und die darin festgelegten Rechtsregeln wörtlich nimmt, wird auch nie frauenfreundlich sein können, sondern im Gegenteil die Ungerechtigkeit aufrechterhalten, unter der muslimische Frauen weltweit tagtäglich leiden.

Um Veränderungen herbeizuführen, reicht es nicht aus, den Koran genauso selektiv zu lesen wie die Fundamentalisten, indem man nur tolerante und gerechte Textfragmente hervorhebt und die intoleranten und nach heutigen Maßstäben ungerechten ignoriert oder als «historisch bedingt» aussortiert. Wer sich als reformorientierter Muslim auf einen Zitatenwettbewerb einlässt, der von der Idee ausgeht, dass die richtige Antwort irgendwo im wörtlichen Text des Korans und in den Handlungen des Propheten und seiner Zeitgenossen im siebten Jahrhundert zu finden ist, kann nur verlieren. Zu sagen, dass der Koran nicht das zeitlos gültige Wort Gottes ist und dass die Aussagen und Handlungen des Propheten einer Interpretation und Übersetzung in die Gegenwart bedürfen, erfordert großen Mut. Für Fundamentalisten sind solche Aussagen blasphemisch, und diejenigen, die sie äußern, sind in ihren Augen Abtrünnige – Vergehen, die nach

Ahmadiyya-Musliminnen auf einer Demonstration gegen islamistischen Terror am 17. Juni 2017 in Köln. Zur Demonstration aufgerufen hatte der Liberal-Islamische Bund. Es kamen deutlich weniger als die erhofften 10 000 Teilnehmer. Der größte deutsche Islamverband *DITIB*, der der türkischen Religionsbehörde untersteht, hatte sich zuvor von der «stigmatisierenden» Demonstration distanziert.

der vorherrschenden Auslegung des Schariarechts die Todesstrafe erfordern. Dass es sich hierbei nicht um leere Drohungen handelt, zeigt die lange Liste der liberalen Muslime, die Opfer von Attentaten geworden sind oder unter Polizeischutz leben müssen. Sie erhalten nicht immer die Unterstützung und Bewunderung, die sie verdienen, weder von Muslimen noch von Nichtmuslimen.

Ansätze zu einer islamischen Reformbewegung gibt es, auch wenn sie bisher keine große Anhängerschaft mobilisieren konnten, nicht zuletzt weil sie systematisch von den etablierten Islamverbänden bekämpft werden. In Deutschland gibt es zum Beispiel den Liberal-Islamischen Bund (geschätzte Mitgliederzahl 250–300) mit ihrer aus den Medien bekannten Gründungsvorsitzenden Lamya Kaddor.[18] Kaddor war eine der treibenden Kräfte hinter einem Friedensmarsch gegen islamistische Gewalt in Köln am 17. Juni 2016. Leider wurde die Demonstration nicht zu einem Mobilisierungserfolg. Statt der erhofften 10 000 Teilnehmer kamen nur 2000 bis 3000. Das hatte wohl auch damit zu tun, dass sich Deutschlands größte muslimische Organisation, DITIB, zwei Tage vor der Demonstration unmissverständlich von ihr distanziert hatte: «Forderungen nach ‹muslimischen› Antiterror-Demos greifen zu kurz, stigmatisieren die Muslime und verengen den internationalen Terrorismus auf sie, ihre Gemeinden und Moscheen», hieß es in einer Erklärung. Den Organisatoren warf DITIB «öffentliche Vereinnahmung und Instrumentalisierung» vor.

Ähnliches geschah, als die türkischstämmige Rechtsanwältin und Autorin Seyran Ateş in Berlin die liberale Ibn-Rushd-Goethe-Moschee gründete, die sich unter anderem dadurch auszeichnet, dass, wie bei den Gottesdiensten des Liberal-Islamischen Bundes, auch Frauen Vorbeterin sein dürfen und Männer und Frauen gemeinsam beten können. Das sind unkonventionelle Ansichten. Eine Massenbewegung wird die Moschee aller Voraussicht nach nicht mobilisieren. Auf der Eröffnungsveranstaltung waren gerade einmal 150 Menschen anwesend – einschließlich geladener Gäste und Journalisten. Wen sollte es also kümmern? Doch manche konservative Muslime kümmerte die Moschee so sehr, dass Seyran Ateş mehr als hundert Morddrohungen erhielt und unter Polizeischutz gestellt werden musste. Die kleine liberale Moschee im Berliner Stadtteil Moabit kümmerte auch die türkische Religionsbehörde Diyanet so sehr, dass sie Ateş und ihre Moschee in einer Erklärung als Handlanger der Gülen-Bewegung, die die Türkei als Terrororganisation (mit dem selbst erfundenen Namen «FETÖ») einstuft, diffamierte: «Es ist offensichtlich, dass das ein Projekt des Religionsumbaus ist, das seit Jahren unter der Federführung von FETÖ und ähnlichen unheilvollen Organisationen durchgeführt wird.» Sogar das ägyptische Fatwa-Amt Dar al-Ifta gab eine Erklärung heraus mit dem Titel «Nein zur Verletzung der religiösen Grundlagen – nein zur liberalen Moschee». Darin sprach sie dem Gebetshaus ab, überhaupt eine Moschee zu sein, und erklärte die dort gesprochenen Gebete für ungültig. Die Tatsache, dass in manchen deutschen Moscheen Hass und Intoleranz gepredigt werden, war dagegen noch nie Anlass für Erklärungen der türkischen Religionsbehörde oder

Fatwas aus Ägypten. Aber gegen ein paar Dutzend Frauen und Männer, die gemeinsam unter Leitung einer kopftuchlosen Imamin beten, melden sie sich lautstark zu Wort.

Gerade weil die Risiken für einzelne Muslime, die sich für einen anderen Islam aussprechen, hoch sind, ist es wichtig, dass die islamische Reformbewegung eine öffentlich sichtbare, kollektive Dimension erhält. Nur wenn sie kollektiv und öffentlich sichtbar zeigen, wie viele sie sind, können reformorientierte Muslime den Einschüchterungsversuchen der Fundamentalisten widerstehen. Nach dem Angriff auf eine Kopenhagener Synagoge im Februar 2015 bildeten Muslime im norwegischen Oslo einen menschlichen Schutzring um die lokale Synagoge. Es war eine wunderbare Geste, aber leider sehen wir solche Demonstrationen von Muslimen gegen Intoleranz und Gewalt im Namen ihrer eigenen Religion viel zu selten. Statt solche Aktionen zu fördern, tun viele westliche Politiker und Intellektuelle alles, was sie können, um Muslime davon zu überzeugen, dass sie keine besondere Verantwortung haben, gegen Gewalt und Unterdrückung im Namen ihrer Religion vorzugehen. Muslime tragen jedoch Verantwortung füreinander und für ihren Glauben, der tagtäglich von Extremisten und Fundamentalisten in den Schmutz gezogen wird. Warum engagieren sich viele Muslime, wenn Israel den Gazastreifen bombardiert, aber nicht, wenn Saudi-Arabien einen viel blutigeren Krieg im Jemen führt? Warum ist die verbale Beleidigung eines Propheten aus dem siebten Jahrhundert ein Grund für weltweiten muslimischen Protest, aber nicht die gegenwärtige Vergewaltigung von Sexsklaven, die Erhängung von Homosexuellen oder das Lynchen von Gotteslästerern im Namen des Islam? Warum ist man in muslimischen Kreisen empört darüber, dass Belgien und Frankreich Burkas verbieten, aber schweigt, wenn es um die viel schwerwiegendere Unterdrückung religiöser Minderheiten in der islamischen Welt geht? Wer so selektiv mit seiner Verantwortung als Muslim umgeht, sendet kein Signal an die Gesellschaft, dass es auch einen anderen Islam gibt, und macht den Fundamentalisten nicht deutlich, dass ihre Interpretation des Islam eine unendlich größere Beleidigung für Muslime und den Propheten ist als alle Mohammed-Cartoons und die gesammelten Aussagen aller

Rechtspopulisten zusammen. Muslime, die für einen anderen, modernen und liberalen Islam eintreten, müssen sich massenhaft gegen die globale Intoleranz und Gewalt im Namen ihres Glaubens erheben. Das sollten sie gerade dann tun, wenn religiöse Minderheiten und Islamkritiker die Opfer sind. Denn Freiheit ist immer die Freiheit der Andersdenkenden. In dem Moment, in dem diese Weisheit der deutschen Sozialistin Rosa Luxemburg von Muslimen breit und öffentlich sichtbar vertreten wird, wären wir alle, und insbesondere der Islam, ein entscheidendes Stück vorangekommen.

Anmerkungen

1. Im Bann des Fundamentalismus

1 Siehe dazu ausführlich Bauer 2019.
2 Siehe Bosker, Buringh und Luiten van Zanden 2010.
3 Rubin 2017, S. 4-6.
4 Siehe z. B. Ghemawat und Ricart Costa 1993.
5 Lewis 2002, S. 28-29, 33-34.
6 Siehe Genç 2013.
7 Im Nachhinein wird 1979 mittlerweile von vielen Beobachtern, nicht nur wegen der Ereignisse in der islamischen Welt, als ein weltgeschichtlicher Wendepunkt gesehen. Siehe dazu Bösch 2019.
8 Der Premierminister dieser Regierung, Shapur Bakhtiar, floh aus dem Land und wurde 1991 in Paris von Agenten des iranischen Regimes ermordet.
9 Zu Khomeinis Anti-Marxismus siehe Middle East Research and Information Project 1980, S. 22-25.
10 National Foreign Assessment Center 1980, S. 1.
11 Human Rights Watch 2002, S. 97-99.
12 Siehe Trofimov 2007; Hegghammer und Lacroix 2007; Hegghammer 2010a.
13 Siehe Kechichian 1986.
14 Shane 2016; siehe auch ICRD 2012.
15 Shane 2016.
16 Wilson 2017; Deen 2017.
17 AIVD 2004, S. 3-4.
18 *Het Laatste Nieuws*, 16.3.2018.
19 Siehe Bundestag Drucksache BT 18/13358 vom 29.9.2017, S. 4, 10; herunterzuladen unter http://dipbt.bundestag.de/dip21/btd/18/136/1813658.pdf
20 Vallely 2007.
21 Naipaul 1981, 1998.
22 Hegghammer 2010b, S. 61.

23   Siehe Shane 2016.

24   Siehe z. B. Richter 1979; Paracha 2015.

25   Kennedy 1990.

26   Siehe z. B. Marsden 1980; Woodberry und Smith 1998.

27   Altemeyer und Hunsberger 1992, S. 118

28   Siehe z. B. Bruce 2008; Laythe et al 2002.

29   Said 1997, S. xvi.

30   Lewis 1988, S. 117.

31   Van Dalen 2015.

32   In einer Untersuchung unter deutschen Muslimen aus dem Jahr 2007 (Brettfeld und Wetzels 2007) wurde diese Aussage etwas anders formuliert: «Die Regeln des Koran sind für mich wichtiger als Demokratie». Das Ergebnis war fast identisch mit dem aus meiner Untersuchung: 47 Prozent der deutschen Muslime waren mit der Aussage einverstanden (mit der vergleichbaren Aussage in meiner Untersuchung waren es 45 Prozent). Das zeigt, dass Menschen bei der Beantwortung dieser Frage an das heutige, demokratische Deutschland denken und nicht an eine Situation in der Vergangenheit (etwa während des NS-Regimes) oder an eine imaginäre zukünftige Situation, in der man religiöse Regeln den Gesetzen einer Diktatur vorziehen würde.

33   Siehe z. B. Altemeyer und Hunsberger 1992; Laythe et al. 2002; Glock und Stark 1966.

34   Pew Research Center 2013.

35   Eigene Berechnung auf der Basis der Daten des Forschungsprojektes «Salafismus in den Niederlanden» (Roex, van Stiphout und Tillie 2010).

36   Mirza, Senthilkumaran und Ja'far 2007.

37   Die Befragung wurde in allen sieben Ländern unter Christen und Muslimen durchgeführt. Juden wurden nur in Israel und den Vereinigten Staaten befragt.

38   Ich stütze mich hierzu auf Schätzungen des Pew Research Center bezüglich der religiösen Bevölkerungszusammensetzung der Länder der Welt in 2010. Siehe http://www.pewforum.org/2015/04/02/religious-projec-tion-table/. In 46 der 47 islamischen Länder stellen Muslime die absolute Bevölkerungsmehrheit. In einem der Länder, dem Westafrikanischen Guinea-Bissau, verfehlen sie zwar knapp die Mehrheit, sind aber die bei weitem wichtigste religiöse Gemeinschaft. In Nigeria und Bosnien-Herzegowina sind Christen etwas zahlreicher als Muslime. Ich zähle sie deshalb nicht zu den islamischen Ländern.

39   Koopmans 2015.

40   Popper 1972, S. 30.

2. Warum ist die Demokratisierung an der islamischen Welt vorbeigegangen?

1 Daten der Vereinten Nationen und der Weltbank, ausgedrückt in sogenannten «current U. S. dollars», das heißt in Dollarpreisen des betreffenden Jahres. Siehe http://data.un.org/Data.aspx?q=GDP+per+capita&d=S NAAMA&f=grID%3a101%3bcurrID%3aUSD%3bpcFlag%3a1.

2 Siehe z. B. Wake Carroll und Carroll 2010.

3 Siehe z. B. Mushtaq 2014. Seit dem Machtwechsel von November 2018 rangiert das Land laut dem Freedom House Index knapp im Bereich «teils frei», aber islamistische Gruppen sind weiter einflussreich und sorgten 2019 für das Verbot der wichtigsten Menschenrechtsorganisation. Siehe https://www.hrw.org/world-report/2020/country-chapters/ maldives.

4 Siehe Grim und Finke 2006, S. 32–36; Fox 2016. Der Datensatz von Fox kann heruntergeladen werden von: http://www.thearda.com/archive/ files/Descriptions/RASMIN.asp.

5 Die Polity-Daten sind zugänglich über: http://www.systemicpeace.org/ polityproject.html. Siehe auch Marshall, Gurr und Jaggers 2017.

6 Für die letzte Version des jährlichen «Freedom in the World» Berichtes, siehe https://freedomhouse.org/report/freedom-world/freedom-world-2018.

7 Siehe https://www.eiu.com/topic/democracy-index.

8 Der Zusammenhang kann in einer sogenannten Pearson-Korrelation ausgedrückt werden. Die Werte können zwischen 0 und 1 variieren, wobei 0 bedeutet, dass zwei Indizes überhaupt nicht übereinstimmen, und 1, dass sie vollkommen identisch sind. Die Korrelation zwischen dem Freedom House-Index und dem des *Economist* ist für das Jahr 2016 mit 0,95 nahezu perfekt. Die Korrelation zwischen Freedom House und Polity beträgt 0,86 und die zwischen Polity und *Economist* 0,82.

9 Zakaria 2004, S. 3.

10 Z. B. Stepan und Robertson 2003.

11 Die arabischen Staaten des Nahen Ostens und Nordafrikas sowie die ostafrikanischen Länder Dschibuti, Somalia und die Komoren.

12 Maslow 1943; Inglehart 1977.

13 Daten zu politischen Regimen von Freedom House für 2018 sowie BSP-Daten von den Vereinten Nationen und der Weltbank für 2015.

14 Siehe z. B. Ross 1999; Sachs und Warner 2001.

15 Siehe z. B. Humphreys, Sachs und Stiglitz 2007.

16 Berechnet auf der Basis von Daten der Weltbank, herunterzuladen von: https://data.worldbank.org/indicator/NY.GDP.TOTL.RT.ZS.

17 Siehe https://en.wikipedia.org/wiki/Timeline_of_abolition_of_slavery_and_serfdom.

18 Siehe http://edition.cnn.com/interactive/2012/03/world/mauritania.slaverys.last.stronghold/index.html für einen eindringlichen Bericht über das grausame Schicksal mauretanischer Sklaven.

19 Siehe auch Lewis 2002, S. 61–62.

20 Für ein ähnliches Ergebnis auf der Basis von Polity- und Freedom House-Daten für frühere Jahre siehe Fish 2002.

3. Die religiösen Wurzeln der Unfreiheit

1 Siehe z. B. Pandey 2001; Brass 2003; Ayoob 2017.

2 Rede von Jinnah während des Kongresses der All India Muslim League, 22.–23. März 1940.

3 Siehe Ispahani 2018.

4 Kennedy 1990.

5 Laut einer Auflistung von Al Jazeera wurden zwischen 1990 und 2017 in Pakistan 69 Menschen wegen vermeintlicher Blasphemie ermordet; siehe http://www.aljazeera.com/news/2017/09/pakistan-sentences-christian-man-death-blasphemy-170916091856674.html

6 Siehe die folgenden Berichte der feministischen Organisation Women Living Under Muslim Laws: http://www.wluml.org/sites/wluml.org/files/import/english/pubs/pdf/dossier4/D4-Bangladesh.pdf sowie http://www.wluml.org/sites/wluml.org/files/import/english/pubs/pdf/misc/fatwa-bangladesh-eng.pdf

7 https://www.genderindex.org/

8 Siehe Ahmad 2016.

9 Siehe https://timesofindia.indiatimes.com/india/Government-releases-data-of-riot-victims-identifying-religion/articleshow/22998550.cms.

10 Siehe für die Jahre 1941 und 1951 Joshi, Srinivas und Bajaj 2003; für 2010: http://www.pewforum.org/2015/04/02/religious-projection-table/2010/percent/all/

11 Siehe http://www.dhakatribune.com/bangladesh/2016/11/20/abul-barkat-632-hindus-left-country-day/

12 Siehe Griswold 2015.

13 Siehe Gurr 2000 sowie die Webseite des Projektes: http://www.mar.umd.edu/mar_data.asp.

14 Siehe Fox 2016 sowie die Webseite des Religion and State Projektes: http://www.thearda.com/ras/

15 Siehe International Humanist and Ethical Union 2015 sowie http://www. pewresearch.org/fact-tank/2016/07/29/which-countries-still-outlaw-apostasy-and-blasphemy/. Pew Research rechnet auch Indien zu den Ländern, wo Apostasie strafbar ist. Dies ist aber nicht zutreffend, da die indischen Gesetze in einer Reihe von Bundesstaaten unter Strafe stellen, Menschen zu «verführen» oder zu «zwingen», sich zu einem anderen Glauben zu bekehren. Sie werden deshalb meistens als «Anti-Konversionsgesetze» bezeichnet.

16 https://www.aljazeera.com/news/2017/10/ahmadis-sentenced-death-blasphemy-171012081709423.html

17 Siehe International Humanist and Ethical Union 2015, S. 17; sowie https://iheu.org/ngos-protest-mauritania-creates-mandatory-death-sentence-apostasy-blasphemy/

18 Siehe Fox 2015 und die Daten des Religion and State Projektes: http:// www.thearda.com/Archive/Files/Descriptions/RAS3COMP.asp.

19 Siehe Fox 2015 sowie https://en.wikipedia.org/wiki/Application_of_Islamic_law_by_country.

20 https://www.theguardian.com/global-development/2017/sep/04/we-are-an-example-to-the-arab-world-tunisias-radical-marriage-proposals.

21 Siehe Pew Research Center 2013, S. 46–47.

22 Siehe https://www.dailynewsegypt.com/2013/04/28/99-3-of-egyptian-women-experienced-sexual-harassment-report/

23 Siehe Organization for Economic Cooperation and Development 2014; die Daten sind zu finden auf: https://www.genderindex.org/data/

24 Siehe World Economic Forum 2015.

25 Siehe https://www.amnesty.org/en/press-releases/2007/12/iran-execution-child-offender-makwan-moloudazdeh-mockery-justice-2007120/

26 Siehe https://www.theguardian.com/global-development-professionals-network/2017/mar/01/where-are-the-most-difficult-places-in-the-world-to-be-gay-or-transgender-lgbt.

27 Nachdem die angekündigte Einführung der Todesstrafe für Homosexuelle zu vehementer internationaler Kritik und einem von dem Schauspieler George Clooney initiierten Boykottaufruf geführt hatte, verkündete der Sultan von Brunei im Mai 2019 zwar ein Moratorium bei der Vollstreckung der Todesstrafe, sie bleibt aber Bestandteil des Gesetzes.

28 Siehe https://www.theguardian.com/world/2018/sep/06/indian-supreme-court-decriminalises-homosexuality.

29 Siehe Carroll und Ramón Mendes 2017, S. 37–40.

30 Siehe https://spartacus.gayguide.travel/gaytravelindex_2018.pdf

31 Rawls 1971.

4. Die islamischen Religionskriege

1 Siehe http://www.pewforum.org/2015/04/02/religious-projection-table/
2 Siehe Human Rights Watch 2003, 2013.
3 Siehe *New York Times*, 25.11.2002: https://www.nytimes.com/2002/11/25/
  world/hundreds-flee-nigerian-city-swept-by-riots.html
4 Siehe z. B. Harnischfeger 2008; Kendhammer 2013.
5 Kendhammer 2013, S 294.
6 Human Rights Watch 2003, S. 4; Kendhammer 2013, S. 304–305.
7 Kendhammer 2013, S. 294–295.
8 Human Rights Watch 2003, S. 4–6.
9 Siehe z. B. Adesoji 2010; Akinbi 2015.
10 Huntington 1996, S. 139–154.
11 Huntington 1993.
12 Siehe z. B. Bottici und Challand 2006.
13 Huntington 1996, S. 256–258.
14 Gurr 1994.
15 Siehe https://www.prio.org/Data/Armed-Conflict/UCDP-PRIO/
16 Eigene Kodierung des Autors auf der Basis der Namen bewaffneter Gruppen im PRIO Datensatz.
17 Siehe LaFree und Dugan 2007; die Daten und das Codebuch sind zu finden auf: http://www.start.umd.edu/gtd.
18 Siehe z. B. https://www.nytimes.com/2016/06/14/us/politics/obama-orlando-shooter-isis.html oder https://eu.usatoday.com/story/news/politics/2016/06/13/obama-orlando-terror-attack-homegrown/85824538/
19 Siehe https://twitter.com/obamawhitehouse/status/502136590601584641.
20 Siehe https://www.bmi.bund.de/SharedDocs/faqs/DE/themen/sicherheit/ islamismus/islamismus-liste.html
21 Europol 2016.
22 Siehe https://www.nrc.nl/nieuws/2015/01/16/993-procent-van-de-aanslagen-in-europa-in-de-af-1456516-a838469.
23 Siehe https://www.volkskrant.nl/wetenschap/terrorisme-bagatelliseren-met-de-keukentrap-vergelijking-hoe-legitiem-is-dat~a4515179/
24 Siehe http://statline.cbs.nl/Statweb/publication/?_sp=8521f5c2-7075-4d2f-8411-5ef2af9ddfde.1520618897340&DM=SLNL&PA=7233&D1=192-194%2C205%2C218%2C422%2C424%2C522-523%2C656%2C684%2C687-696%2C730-736%2C750-754%2C757%2C1506-1525&D2=a&D3=0&D4=l&HDR=G2%2CG1%2CG3&STB=T&VW.
25 Siehe https://www.cbs.nl/nr/rdonlyres/1fa7df00-f612-4f46-8539-e04dcfecd7ba/0/2007k4b15p53art.pdf

26 Frampton et al. 2016, S. 75–76.
27 Frampton et al. 2016, S. 78.
28 Siehe https://www.dailymail.co.uk/news/article-2908358/Turkish-president-accuses-West-Charlie-Hebdo-attacks-deliberately-blaming-Muslims-conspiracy-theories-sweep-Internet-accusing-Israel-orchestrating-it.html#ixzz5AQfo9mmZ.
29 Siehe https://www.telegraph.co.uk/news/worldnews/middleeast/saudiarabia/11430829/Moderate-Sunni-Islam-leader-blames-Zionism-and-new-colonialism-for-Middle-East-collapse.html
30 Siehe Khoury 1987.

5. Die wirtschaftliche Stagnation der islamischen Welt

1 Siehe Kuran 2004, 2015, 2018.
2 Siehe auch Ergene und Berker 2009.
3 Kuran 2018, S. 36.
4 Siehe Kumar 2004.
5 Rubin 2017.
6 Siehe Rubin 2017, S. 49–54.
7 Siehe Bowering 2012, S. 199–200, 402; Rubin 2017, S. 51–52.
8 Siehe auch Chaney 2012.
9 Zitiert in Rubin 2017, S. 69–70.
10 Siehe Rubin 2017, S. 100; Buringh und van Zanden 2009.
11 Siehe Rubin 2014.
12 Siehe Crowley 2005, S. 90–94.
13 Davison 1963, S. 22.
14 Siehe Coşgel et al. 2012.
15 Siehe Bauer 2019, S. 35.
16 Fortna 2001, S. 12.; Quataert 2000, S. 167.
17 Ilchev 2006, S. 286.
18 United Nations Educational, Scientific and Cultural Organization 1953, S. 141.
19 Siehe Lewis 2002, S. 80–81; Benoist 2009.
20 Siehe z. B. Davison 1963.
21 Siehe Davison 1961.
22 Daten der Vereinten Nationen und der Weltbank, ausgedrückt in sogenannten «current U. S. dollars», das heißt in Dollarpreisen des betreffenden Jahres. Das bedeutet, dass die Zahlen nicht für Inflation und lokale

Kaufkraft korrigiert sind. Für Kaufkraft und Inflation korrigierte Zahlen, die bis 1970 zurückgehen, sind leider nicht verfügbar. Siehe http://data.un.org/Data.aspx?q=GDP+per+capita&d=SNAAMA&f=grID%3a101 %3bcurrID%3aUSD%3bpcFlag%3a1. Für Taiwan, das in den Daten der Vereinten Nationen nicht enthalten ist, habe ich die Daten des taiwanesischen Statistikamtes verwendet; siehe https://eng.stat.gov.tw/ct.asp?xIte m=37408&CtNode=5347&mp=5.

23 Der starke Kontrast zwischen der wirtschaftlichen Entwicklung Ägyptens und Südkoreas, und in breiterer Perspektive, zwischen der arabischen Welt und Ostasien, ist auch der rote Faden in den Arab Human Development Reports (z. B. 2002, 2003).

24 Siehe z. B. Trager 2017.

25 Um den Vergleich sauber zu halten, wurden Länder, für die nicht für den gesamten Zeitraum Daten zur Verfügung standen, außer Betracht gelassen. Dies betrifft vor allem Länder wie Kroatien, Südsudan, Eritrea und Kasachstan, die seit 1970 neu entstanden sind. Die Ergebnisse sind aber nicht wesentlich anders, wenn wir diese Länder für die Jahre, in denen Daten verfügbar sind, mitzählen. Für Tschechien, Russland und den Jemen wurde für den Zeitraum vor 1990 das Pro-Kopf-Einkommen der Tschechoslowakei, der Sowjetunion und Nordjemen zugrunde gelegt.

26 Wenn wir die afrikanischen Länder mit hohen Rohstoffeinnahmen mitzählen, vergrößert sich die Divergenz noch: 1970 hatten islamische und nichtislamische afrikanische Länder nahezu das gleiche Pro-Kopf-Einkommen, während 2015 die Einwohner islamischer Länder nur noch 59 Prozent des Einkommens von Afrikanern in nichtislamischen Ländern verdienten.

27 Wenn wir die asiatischen Länder mit hohen Rohstoffeinnahmen berücksichtigen, sieht das Bild für islamische Länder durch die Ölreichtümer der Golfstaaten in absoluter Hinsicht günstiger aus. Selbst 2015 sind sie dann durchschnittlich noch etwas reicher. Aber was das Wirtschaftswachstum betrifft, ändert sich das Bild nicht: Die Wirtschaften der nichtislamischen Länder Asiens wuchsen im Zeitraum von 1970 bis 2015 mehr als zweimal so schnell wie die des islamischen Asien.

28 United Nations Development Programme 2002, S. 27.

29 Siehe z. B. Acemoğlu et al. 2014 für die These, dass Demokratie einen wichtigen Beitrag zum Wirtschaftswachstum liefert; und Ruiz Pozuelo et al. 2016 für die These, dass es keine ursächliche Beziehung zwischen Demokratie und wirtschaftlicher Entwicklung gibt.

30 Siehe Freedom House 2017.

31 Momentan gibt es nur zwei islamische Demokratien – Senegal und Tune-

sien –, die beide wirtschaftlich wenig erfolgreich sind. Umgekehrt hat der Ölreichtum Iran und den Staaten der Arabischen Halbinsel keine Demokratie gebracht.

32 Siehe United Nations Development Programme 2002, 2003.

33 Siehe United Nations Development Programme 2016.

34 Pew Research Center 2016, S. 24.

35 Pew Research Center 2014, S. 34.

36 Platas 2018.

37 United Nations Development Programme 2002, S. 54. Die erbärmliche Qualität der in muslimischen Ländern vermittelten Bildungsinhalte wird auch eindrucksvoll von Constantin Schreiber (2019) in seiner Analyse von Schulbüchern in Afghanistan, Iran, Ägypten, Palästina und der Türkei gezeigt.

38 Eigene Berechnungen auf der Grundlage von Tabelle A.2, S. 304–307 in United Nations Educational, Scientific and Cultural Organization 2016.

39 Eigene Berechnungen auf der Grundlage der Tabelle A64, S. 85–89 in World Intellectual Property Organization 2017.

40 Eigene Berechnungen auf der Grundlage von: https://ipfs.io/ipfs/QmXo ypizjW3WknFiJnKLwHCnL72vedxjQkDDPimXWo6uco/wiki/Books_ published_per_country_per_year.html

41 United Nations Human Development Programme 2003, S. 78–79.

42 Siehe http://www.unesco.org/xtrans/

43 United Nations Human Development Programme 2003, S. 67.

44 Eigene Berechnungen auf der Grundlage der Daten des CIA World Factbook 2018; Siehe https://www.cia.gov/library/publications/the-world-factbook/fields/2103.html

45 Siehe World Economic Forum 2015, S. 36.

46 Siehe Woetzel et al. 2015.

47 Siehe United Nations Development Programme 2015, S. 214–217.

48 Sieverding und Ragab 2014, S. 86.

49 Sieverding und Ragab 2014, S. 82–83.

6. Die schwierige Integration muslimischer Migranten

1 Siehe Bemmelech 2016.

2 Siehe https://www.dailytelegraph.com.au/migrants-unemployment-rate-among-new-australians-doubles/news-story/143d7c30585c9bec2cf17ceec6 851fab.

3 Collins 2005, S. 200.

4 Laut dem Zensus von 2011 ist auch der Prozentsatz der Angehörigen der in Australien geborenen zweiten Generation für libanesische Christen und Muslime identisch (55 Prozent); siehe Betts und Healy 2006, S. 27.

5 Betts und Healy 2006, S. 29.

6 Betts und Healy 2006, S. 36–38.

7 Siehe Foroutan 2008, S. 70–79.

8 Siehe z. B. Castles 2009.

9 https://www.ethnicity-facts-figures.service.gov.uk/work-pay-and-benefits/employment/employment/latest.

10 Siehe https://www.theguardian.com/money/2017/aug/07/minority-ethnic-families-earning-less-white-britons-uk-pay-gap.

11 Siehe Peach 2006.

12 Siehe Castles 2009, S. 25.

13 Siehe Change Institute 2009, S. 26–27.

14 Siehe Change Institute 2009, S. 32–35.

15 Siehe Huijnk 2018.

16 Siehe Haug, Müssig und Stichs 2009, S. 88.

17 Siehe Seebaß und Siegert 2011, S. 27.

18 Siehe Statistik Austria, S. 11, 15.

19 Sharani et al. 2010, S. 66.

20 Centraal Bureau voor de Statistiek 2016, S. 55.

21 Cijfers voor het schooljaar 2015/2016; siehe Centraal Bureau voor de Statistiek 2016, S. 45–46, 51.

22 Centraal Bureau voor de Statistiek 2016, S. 69.

23 Siehe https://www.trouw.nl/home/nederlandse-iraniers-geen-trouwe-moskee gangers~a2229336f/

24 CBS 2016, S. 32.

25 Musterd 2005.

26 Institut national de la statistique et des ét. écon. 2012, S. 180–207.

27 Brinbaum et al. 2012.

28 Siehe Dustmann und Glitz 2011.

29 Hamdani 2015, S. 24–27.

30 Baker et al. 2004, S. 14.

31 Baker et al. 2004, S. 8.

32 Für eine Übersicht siehe Zschirnt und Ruedin 2016; für Deutschland Koopmans, Veit und Yemane 2019.

33 Siehe https://www.wzb.eu/en/research/migration-and-diversity/migration-integration-transnationalization/projects/six-country-immigrant-integration-comparative-survey-sciics.

34 Chiswick und Miller 1995, S. 279.

35 Dustmann und Fabbri 2003.
36 Chiswick und Miller 1995 , S. 262–263.
37 Lancee 2010, S. 217.
38 Kalter 2006.
39 Siehe Koopmans 2016.
40 Jakobsen und Smith 2003.
41 Nauck, Diefenbach und Petri 1998. Siehe auch Chiswick 1988 für die Vereinigten Staaten.
42 Siehe dazu auch Kirsten 2006.
43 Siehe Vettenburg et al. 2011, 2013.
44 Koopmans 2015.
45 Reynié 2014.
46 Siehe Drucksache 19/6939 des Deutschen Bundestages, S. 3; herunterzuladen unter: http://dip21.bundestag.de/dip21/btd/19/069/1906939.pdf
47 Siehe https://www.bmi.bund.de/SharedDocs/downloads/DE/veroeffentlichungen/2018/pmk-2017-hasskriminalitaet-2001-2017.pdf?__blob=publicationFile&v=2.
48 Siehe Drucksache 21/16912 der Bürgerschaft der Freien Hansestadt Hamburg, S. 2; downloadbar unter: https://www.buergerschaft-hh.de/parldok/dokument/66462/kategorisierung_der_straftaten_in_der_pmk_zum_thema_antisemitismus_fuer_das_1_quartal_2019.pdf
49 European Union Agency for Fundamental Rights 2018, S. 47–54.
50 European Union Agency for Fundamental Rights 2013.
51 Bedrohungen und tatsächliche Gewalt machen jeweils 2 Prozent des Gesamtwertes aus.
52 Siehe Enstad 2017, S. 17.
53 Zick et al. 2017, S. 21.
54 European Union Agency for Fundamental Rights 2018, S. 37–39.
55 Die Europäische Agentur für Grundrechte, die so informative Daten zum Antisemitismus liefert, untersuchte auch Gewalt gegen Homosexuelle, Bisexuelle und Transgender in ganz Europa. Auch dort wurde nach den Tätern gefragt, aber anders als in der Antisemitismusstudie der Agentur wurden dort die Antwortmöglichkeiten «linksextremistisch», «rechtsextremistisch» und «islamistisch-extremistisch» nicht angeboten. In der Folge kommt die Studie zu der ziemlich inhaltsleeren Schlussfolgerung, dass die Gewalt vor allem von heterosexuellen Männern begangen wird, die ansonten vor allem zu den Kategorien «Teenager» und «Sonst jemand, den Sie nicht kannten» gehören.
56 Vettenburg et al. 2013, S. 256, 261.
57 Buijs et al. 2009.

58 Die Autoren der Studie meinen, dass Religion keine Rolle spiele, da die Täter meistens über geringe Korankenntnisse verfügen und selten in die Moschee gingen. Ähnliche Argumente werden oft zur Relativierung der religiösen Motive von Dschihadisten herangezogen, indem zum Beispiel darauf hingewiesen wird, dass die Täter Alkohol konsumierten oder Beziehungen zu nichtmuslimischen Frauen hatten. Das ist aber ein typisches Verhaltensmuster vieler junger männlicher Muslime, die sich meistens erst nach Heirat und Familiengründung ernsthaft ihren religiösen Pflichten widmen; siehe dazu Huijnk 2018, S. 27.

59 Van San und de Boom 2006.

60 Schönpflug et al. 2015, S. 4, 7, 89.

61 Bundesministerium des Innern 2017, S. 25, 32, 36.

62 Jennissen et al. 2007.

63 Jennissen et al. 2007.

64 Bijleveld und Soudijn 2008, S. 84.

65 Willemsen 2007; siehe auch van der Knaap et al. 2010.

66 Siehe Bundeskriminalamt 2017, S. 12–13.

67 Eidgenössisches Büro für die Gleichstellung von Frau und Mann 2019, S. 4–5.

68 Siehe https://www.huiselijkgeweld.nl/interventies/hulpverlening/geweldenschaamte.

69 Bundesregierung 2012, S. VI, 47.

70 Eidgenössisches Büro für die Gleichstellung von Frau und Mann 2019, S. 5.

71 Alisic et al. 2014.

72 Smit und Nieuwbeerta 2007, S. 33.

73 Siehe https://www.cbs.nl/nl-nl/nieuws/2015/35/ruim-helft-van-vermoorde-vrouwen-door-ex-of-partner-omgebracht.

7. Kann sich der Islam vom Fundamentalismus befreien?

1 Siehe Sarrazin 2018.

2 Siehe Cornell 2018; Buttler 2018.

3 *Financial Times* 30. Mai 2018: https://www.ft.com/content/83328a4e-4317-11e8-97ce-ea0c2bf34a0b.

4 Siehe Koopmans 2015.

5 Siehe Gambetta und Hertog 2016; Precht 2007.

6 Z. B. Bakker und de Bont 2016; Klausen et al. 2018.

7 Siehe Koopmans et al. 2005.

8 Carol und Koopmans 2013.

9 Siehe z. B. https://www.theguardian.com/theobserver/2004/dec/05/features.magazine77 und https://www.telegraaf.nl/nieuws/2384855/gemeente-en-politie-lieten-beruchte-moskee-ongemoeid.

10 Siehe https://www.telegraaf.nl/nieuws/241315/amsterdam-financierde-salafisme-lessen.

11 Siehe http://data.un.org/Data.aspx?q=GDP+per+capita&d=SNAAMA&f=grID%3a101%3bcurrID%3aUSD%3bpcFlag%3a1

12 Siehe United Nations Development Programme 2016, S. 198-201.

13 Chernichovsky et al. 2017, S. 13.

14 Nichtmuslimen, die den von Muslimen angebeteten Gott «Allah» statt «Gott» nennen, wird manchmal vergeworfen, dies sei ignorant oder sogar islamophob, da «Allah» nur das arabische Wort für «Gott» sei, das auch von arabischsprachigen Christen benutzt wird. Letzteres stimmt zwar, aber nichtarabischsprachige Muslime benutzen selbst meistens die Bezeichnung «Allah» statt das Wort für «Gott» in der jeweiligen Landessprache. So findet sich auch in diesem und nachfolgenden Zitaten von türkischen Islamverbänden die Bezeichnung Gottes als «Allah» sowohl im türkischsprachigen Original (das türkische Wort für «Gott» wäre «Tanrı») als auch in der deutschen Übersetzung. Wenn Muslime selbst auf der ganzen Welt von ihrem Gott als «Allah» sprechen, ist nicht nachvollziehbar, wieso es ignorant oder islamophob wäre, wenn Nichtmuslime es ihnen nachtun.

15 http://www.ditib.de/detail_predigt1.php?id=173&lang=de.

16 Verfassungsschutzbericht 2016, S. 185.

17 *Kurier* 21.3.2019: https://kurier.at/chronik/oesterreich/klare-ansage-ausweisung-von-imamen-rechtlich-unbedenklich/400442569.

18 Siehe https://remid.de/info_zahlen/islam/

Bildnachweis

Seite 21: Foto: Türkiye Cumhuriyeti Cumhurbaşkanlığı | *Seite 24:* © picture alliance/AP Images | *Seite 27:* © AFP/Getty Images | *Seite 30:* © picture alliance/ AP Photo | *Seite 58:* © picture alliance/AP Photo | *Seite 59:* Foto: flickr | *Seite 84:* © picture alliance/AP Images | *Seite 87:* © AFP/Getty Images | *Seite 115:* © picture alliance/dpa | *Seite 116:* © picture alliance/dpa | *Seite 163:* © Print Collector/Getty Images | *Seite 180:* © Charles O. Cecil/Alamy Stock Photo | *Seite 192:* © AAP/Lauren Farrow | *Seite 222:* © picture alliance/dpa | *Seite 246:* © picture alliance/Geisler-Fotopress | *Seite 251:* © picture alliance/Henning Kaiser

Literatur

Acemoğlu, Daron, Suresh Naidu, Pascual Restrepo und James A. Robinson. 2014. Democracy does cause growth. *National Bureau of Economic Research Working Papers* No. 20004.

Adesoji, Abimbola. 2010. The Boko Haram uprising and Islamic revivalism in Nigeria. *Africa Spectrum* 2: 95–108.

Ahmad, Tariq. 2016. *Bangladesh: Treatment of Religious Minorities.* Report for the US Department of Justice, LL File No. 2016-013914. Als Download verfügbar auf: https://www.justice.gov/eoir/file/882896/download

Akinbi, Joseph Olukayode. 2015. Examining the Boko Haram insurgency in Northern Nigeria and the quest for a permanent resolution of the crisis. *Global Journal of Arts, Humanities and Social Sciences* 3: 32–45.

Algemene Inlichtingen- en Veiligheidsdienst. 2004. *Saudische invloeden in Nederland. Verbanden tussen salafistische missie, radicaliseringsprocessen en islamistisch terrorisme.* Den Haag: AIVD.

Alisic, E., A. Groot, H. Snetselaar, T. Stroeken, E. van de Putte. 2014. *Zorg voor kinderen na partnerdoding.* Utrecht: Universitair Medisch Centrum.

Altemeyer, Bob und Bruce Hunsberger. 1992. Authoritarianism, religious fundamentalism, quest, and prejudice. *The International Journal for the Psychology of Religion* 2(2): 113–133.

Ayoob, Mohammed. 2017. Ghandi's role in the partition of India. *Foreign Affairs*, 19.10.2017. Als Download verfügbar auf: https://www.foreignaffairs.com/articles/south-asia/2017-10-19/gandhis-role-partition-india

Baker, Wayne, Sally Howell, Amaney Jamal, Ann Chih Lin, Andrew Shryock, Ron Stockton und Mark Tessler. 2004. *Preliminary Findings from the Detroit Arab American Study.* Ann Arbor: University of Michigan. Als Download verfügbar auf: http://webuser.bus.umich.edu/wayneb/pdfs/culture/DAAS_FINAL_REPORT.pdf

Bakker, Edwin und Roel de Bont. 2016. Belgian and Dutch jihadist foreign fighters (2012–2015): Characteristics, motivations, and roles in the war in Syria and Iraq. *Small Wars & Insurgencies* 27(5): 837–857.

Bauer, Thomas. 2019. *Warum es kein islamisches Mittelalter gab. Das Erbe der Antike und der Orient.* München: C.H.Beck.

Bemmelech, Efraim und Esteban F. Klor. 2016. What explains the flow of foreign fighters to ISIS? *National Bureau of Economics Research Working Paper* Nr. 22190.

Benoist, Cristophe. 2009. Two observatories in Istanbul: from the late Ottoman Empire to the young Turkish republic. S. 114-119 in Gudrun Wolfschmidt, Hg. *Cultural Heritage of Astronomical Observatories from Classical Astronomy to Modern Astrophysics.* Berlin: Hendrik Bäßler Verlag.

Betts, Katharine und Ernest Healey. 2006. Lebanese Muslims in Australia and social disadvantage. *People and Place* 14(1): 24-42.

Bijleveld, Catrien und Melvin Soudijn. 2008. Verdachten van een groepszedendelict. *Tijdschrift voor Seksuologie* 32: 80-89.

Bösch, Frank. 2019. *Zeitenwende 1979. Als die Welt von heute begann.* München: C.H.Beck.

Bosker, Maarten, Eltjo Buringh und Jan Luiten van Zanden. 2010. From Baghdad to London. Unraveling urban development in Europe, the Middle East and North Africa, 800-1800. *The Review of Economics and Statistics* 95: 1418-1437.

Bottici, Chiara und Benoît Challand. 2006. Rethinking political myth. The clash of civilizations as a self-fulfilling prophecy. *European Journal of Social Theory* 9: 315-336.

Bowering, Gerhard, Hg. 2012. *The Princeton Encyclopedia of Islamic Political Thought.* Princeton: Princeton University Press.

Brass, Paul R. 2003. The partition of India and retributive genocide in the Punjab, 1946-47: Means, methods, and purposes. *Journal of Genocide Research* 5: 71-101.

Brettfeld, Peter und Katrin Wetzels. 2007. *Muslime in Deutschland. Integration, Integrationsbarrieren, Religion sowie Einstellungen zu Demokratie, Rechtsstaat und politisch-religiös motivierter Gewalt.* Berlin: Bundesministerium des Innern.

Brinbaum, Yael, Laure Moguérou, Jean-Luc Primon. 2012. Les enfants d'immigrés ont des parcours scolaires différenciés selon leur origine migratoire. S. 43-59 in Institut National de Statistique et des Études Économiques, *Immigrés et descendants d'immigrés en France, édition 2012.* Malakoff: Insee.

Bruce, Steve. 2008. *Fundamentalism.* Cambridge: Polity.

Buijs, Frank, Gert Hekma und Jan Willem Duyvendak. 2009. *Als ze maar van me afblijven. Een onderzoek naar antihomoseksueel geweld in Amsterdam.* Amsterdam: Amsterdam University Press.

Bundesministerium des Innern, für Bau und Heimat (BMI). 2017. *Bericht zur polizeilichen Kriminalstatistik 2017.* Berlin: BMI.

Bundesregierung. 2012. *Bericht der Bundesregierung zur Situation der Frauenhäuser, Fachberatungsstellen und anderer Unterstützungsangebote für gewaltbetroffene Frauen und deren Kinder.* Berlin: Bundesregierung.

Buringh, Eltjo und Jan Luiten van Zanden. 2009. Charting the «rise of the West": Manuscripts and printed books in Europe, a long-term perspective from the sixth through eighteenth centuries. *The Journal of Economic History* 69: 409–445.

Butler, Daren. 2018. A pious generation. *Reuters Investigates* 20 january 2018. Als Download verfügbar auf: https://www.reuters.com/investigates/special-report/turkey-erdogan-education/

Carol, Sarah und Ruud Koopmans. 2013. Dynamics of contestation over Islamic religious rights in Western Europe. *Ethnicities* 13(2): 165–190.

Carroll, Aengus und Lucas Ramón Mendes. 2017. *State-Sponsored Homophobia. A World Survey of Sexual Orientation Laws: Criminalisation, Protection and Recognition.* Genf: International Lesbian and Gay Association (ILGA).

Castles, Stephen. 2009. Indians in Britain. *International Migration and Diaspora Studies Working Paper* Nr. 11. New Delhi: IMDS.

Centraal Bureau voor de Statistiek. 2016. *Jaarrapport Integratie 2016.* Den Haag: CBS.

Chaney, Eric. 2012. Separation of powers and the medieval roots of institutional divergence between Europe and the Islamic Middle East. S. 116–127 in Masahiko Aoki, Timur Kuran und Gérard Roland, Hg. *Institutions and Comparative Economic Development.* London: Palgrave Macmillan.

Change Institute. 2009. *The Indian Muslim Community in England. Understanding Muslim Ethnic Communities.* London: Communities and Local Government.

Chernichovsky, Dov, Bishara Bisharat, Liora Bowers, Aviv Brill und Chen Sharony. 2017. *The Health of the Arab Israeli Population.* Jerusalem: Taub Center for Social Policy Studies in Israël.

Chiswick, Barry R. 1988. Differences in education and earnings across racial and ethnic groups: Tastes, discrimination, and investments in child quality. *The Quarterly Journal of Economics* 103: 571–597.

Chiswick, Barry R. und Paul W. Miller. 1995. The endogeneity between language and earnings: International analyses. *Journal of Labour Economics* 13: 246–288.

Collins, Jock. 2005. From Beirut to Bankstown: The Lebanese diaspora in multicultural Australia. S. 187–211 in Paul Tabar, Hg. *Lebanese Diaspora. History, Racism and Belonging.* Beirut: Lebanese American University.

Cornell, Svante E. 2018. Headed East. Turkey's education system. *Turkish Policy Quarterly* 16(4): 48–56.

Coşgel, Metin M., Thomas J. Miceli und Jared Rubin. 2012. The political economy of mass printing: Legitimacy and technological change in the Otto-man Empire. *Journal of Comparative Economics* 40: 357–371.

Crowley, Roger. 2005. *Constantinple. The Last Great Siege, 1453*. London: Faber and Faber.

Dalen, Harry van. 2015. Demografie en religie: de invloed van fundamenta-lisme. *Demos* 31(8): 5–7.

Davison, Roderic H. 1961. Westernized education in Ottoman Turkey. *The Middle East Journal* 15(3):289–301.

Davison, Roderic H. 1963. *Reform in the Ottoman Empire, 1856–1876*. Princeton: Princeton University Press.

Deen, Adam. 2017. Are Saudi-funded mosques really a problem in the UK? *Huffington Post* 4.6.2017.

Dustmann, Christian und Francesca Fabbri. 2003. Language proficiency and labour market performance of immigrants in the UK. *The Economic Journal* 113: 695–717.

Dustmann, Christian und Albrecht Glitz. 2011. Migration and education. *Norface Discussion Paper* 2011–11.

Eidgenössisches Büro für die Gleichstellung von Frau und Mann (EBG). 2019. *Zahlen zu häuslicher Gewalt in der Schweiz*. Bern: EBG.

Enstad, Johannes Due. 2017. *Antisemitic Violence in Europe, 2005–2015. Exposure and Perpetrators in France, UK, Germany, Sweden, Norway, Denmark and Russia*. Oslo: Center for Research on Extremism.

Ergene, Boğaç A. und Ali Berker. 2009. Inheritance and intergenerational wealth transmission in eighteenth-century Ottoman Kastamonu: An empirical investigation. *Journal of Family History* 34: 25–47.

European Union Agency for Fundamental Rights (FRA). 2013. *Discrimination and hate crime against Jews in EU Member States: Experiences and perceptions of antisemitism*. Wien: FRA.

European Union Agency for Fundamental Rights (FRA). 2018. *Experiences and perceptions of antisemitism. Second survey on discrimination and hate crime against Jews in the EU*. Luxemburg: Publications Office of the European Union.

Europol. 2016. *European Union Terrorism Situation and Trend Report*. Den Haag: Europol.

Fish, Steven. 2002. Islam and authoritarianism. *World Politics* 55: 4–37.

Foroutan, Yaghoob. 2008. Women's employment, religion and multicultura-lism: Socio-demographic emphasis. *Journal of Population Research* 25: 63–90.

Fortna, Benjamin C. 2001. Education and autobiography at the end of the Ottoman Empire. *Die Welt des Islam* 41(1): 1–31.

Fox, Jonathan. 2015. *Political Secularism, Religion and the State: A Time Survey Analysis of Worldwide Data*. New York: Cambridge University Press.

Fox, Jonathan. 2016. *The Unfree Exercise of Religion: A World Survey of Religious Discrimination against Religious Minorities*. New York: Cambridge University Press.

Frampton, Martyn, David Goodhart und Khalid Mahmood. 2016. *Unsettled Belonging. A Survey of Britain's Muslim Communities*. London: Policy Exchange.

Freedom House. 2017. *Freedom on the Net 2017. Manipulating Social Media to Undermine Democracy*. Washington: Freedom House.

Fukuyama, Francis. 1992. *The End of History and the Last Man*. New York: Free Press.

Gambetta, Diego und Steffen Hertog. 2016. *Engineers of Jihad. The Curious Connection between Violent Extremism and Education*. Princeton: Princeton University Press.

Genç, Kaya. 2013. Turkey's glorious hat revolution. *Los Angeles Review of Books*. Als Download verfügbar auf: https://lareviewofbooks.org/article/turkeys-glorious-hat-revolution/#!

Ghemawat, Pankaj und Joan E. Ricart i Costa. 1993. The organizational tension between dynamic and static efficiency. *Strategic Management Journal* 14: 59–73.

Glock, Charles Y. und Rodney Stark. 1966. *Christian Beliefs and Anti-Semitism*. New York: Harper & Row.

Grim, Brian J. und Roger Finke. 2006. International Religion Indexes: Government Regulation, Government Favoritism, and Social Regulation of Religion. *Interdisciplinary Journal of Research on Religion* 2: 1–40.

Griswold, Eliza. 2015. Is This the End of Christianity in the Middle East? *The New York Times Magazine*, 22 juli 2015. Als Download verfügbar auf: https://www.nytimes.com/2015/07/26/magazine/is-this-the-end-of-christianity-in-the-middle-east.html

Gurr, Ted Robert. 1994. Peoples against states: Ethnopolitical conflict and the changing world system. *International Studies Quarterly* 38: 347–377.

Gurr, Ted Robert. 2000. *Peoples versus States. Minorities at Risk in the New Century*. Washington: United States Institute of Peace Press.

Hamdani, Daood. 2015. *Canadian Muslims: A Statistical Review*. Thornhill: The Canadian Dawn Foundation.

Harnischfeger, Johannes. 2008. *Democratization and Islamic Law. The Sharia Conflict in Nigeria*. Frankfurt: Campus.

Haug, Sonja, Stephanie Müssig und Anja Stichs. 2009. *Muslimisches Leben in Deutschland*. Nürnberg: Bundesamt für Migration und Flüchtlinge.

Hegghammer, Thomas. 2010a. *Jihad in Saudi Arabia. Violence and Pan-Islamism since 1979*. Cambridge: Cambridge University Press.

Hegghammer, Thomas. 2010b. The rise of Muslim foreign fighters. Islam and the globalization of Jihad. *International Security* 35: 53–94.

Hegghammer, Thomas und Stéphane Lacroix 2007. Rejectionist Islamism in Saudi Arabia: The story of Juhayman Al-'Utaibi revisited. *International Journal of Middle Eastern Studies* 39: 103–122.

Huijnk, Willem. 2018. *De religieuze beleving van moslims in Nederland. Diversiteit en verandering in beeld.* Den Haag: Sociaal en Cultureel Planbureau.

Human Rights Watch. 2002. *Erased in a Moment: Suicide Bombing Attacks against Israeli Civilians.* New York: Human Rights Watch.

Human Rights Watch. 2003. Nigeria. The «Miss World riots»: Continued impunity for killings in Kaduna. *Human Rights Watch Reports*, vol. 15, no. 13 (A). Als Download verfügbar auf: https://www.hrw.org/sites/default/files/reports/nigeria0703_full.pdf

Human Rights Watch. 2013. *«Leave Everything to God». Accountability for Inter-Communal Violence in Plateau and Kaduna States, Nigeria.* New York: Human Rights Watch.

Humphreys, Macartan, Jeffrey D. Sachs und Joseph E. Stiglitz, Hg. 2007. *Escaping the Resource Curse.* New York: Columbia University Press.

Huntington, Samuel P. 1993. The clash of civilizations? *Foreign Affairs* 72(3): 22–49.

Huntington, Samuel P. 1996. *The Clash of Civilizations and the Remaking of World Order.* London: Penguin.

Ilchev, Ivan. 2006. To call you a Bulgarian is the greatest joy for me. S. 275–287 in Steven G. Ellis, Gudmundur Halfdnarson und Ann Katherine Isaacs, Hg. *Citizenship in Historical Perspective.* Pisa: Pisa University Press.

Inglehart, Ronald. 1977. *The Silent Revolution. Changing Values and Political Styles among Western Publics.* Princeton: Princeton University Press.

Institut National de la Statistique et des Études Économiques. 2012. *Immigrés et descendants d'immigrés en France, édition 2012.* Malakoff: Insee.

International Center for Religion & Diplomacy. 2012. *The State of Curriculum Reform in the Kingdom of Saudi Arabia.* Washington: ICRD.

International Humanist and Ethical Union. 2015. *The Freedom of Thought Report 2015. A Global Report on the Rights, Legal Status, and Discrimination against Humanists, Atheïsts and the Non-Religious.* Londen: IHEU. Als Download verfügbar auf: https://freethoughtreport.com/download-the-report/

Ispahani, Farahnaz. 2018. Constitutional issues and the treatment of Pakistan's religious minorities. *Asian Affairs* 49: 222–237.

Jakobsen, Vibeke und Nina Smith. 2003. The educational attainment of the children of Danish guest worker immigrants. *IZA Discussion Paper Series* Nr. 749.

Jennissen, Roel, Annemarije Oosterwaal und Martine Blom. 2007. Geregistreerde criminaliteit onder niet-westerse allochtonen en autochtonen. Bijlage bij

Jaco Dagevos und Mérove Gijsberts. *Jaarrapport integratie 2007*. Den Haag: Sociaal en Cultureel Planbureau.

Joshi, A. P., M. D.Srinivas und J. K.Bajaj. 2003. *Religious Demography of India.* Centre for Policy Studies, Chennai. Kurzversion als Download verfügbar auf: http://www.cpsindia.org/dl/religious/summary3c.pdf

Kalter, Frank. 2006. Auf der Suche nach einer Erklärung für die spezifischen Arbeitsmarktnachteile von Jugendlichen türkischer Herkunft. *Zeitschrift für Soziologie* 35(2): 144–160.

Kanol, Eylem, Ruud Koopmans, Anselm Rink und Dietlind Stolle. 2018. *Scriptural Legitimation Can Mobilize Support for Religious Violence: Survey-Experimental Evidence across Three Religions and Seven Countries.* Unveröffentlichter Aufsatz. Berlin: Wissenschaftszentrum Berlin für Sozialforschung.

Kechichian, Joseph A. 1986. The role of the ulama in the politics of an Islamic state: The case of Saudi Arabia. *International Journal of Middle Eastern Studies* 18: 53–71.

Kendhammer, Brendon. 2013. The sharia controversy in Northern Nigeria and the politics of Islamic law in new and uncertain democracies. *Comparative Politics* 45: 291–311.

Kennedy, Charles H. 1990. Islamization and legal reform in Pakistan, 1979–1989. *Pacific Affairs* 63: 62–77.

Khoury, Philip Shukry. 1987. *Syria and the French Mandate. The Politics of Arab Nationalism, 1920–1945.* Princeton: Princeton University Press.

Kirsten, Cornelia. 2006. Ethnische Diskriminierung im deutschen Schulsystem? Theoretische Überlegungen und empirische Ergebnisse. *WZB Discussion Paper* Nr. SP IV 2006–601. Berlin: Wissenschaftszentrum Berlin für Sozialforschung.

Klausen, Jytte, Rosanne Libretti, Benjamin W. K. Hung und Anura P. Jayasumana. 2018. Radicalization trajectories: An evidence-based computational approach to dynamic risk assessment of «homegrown» Jihadists. *Studies in Conflict & Terrorism.* DOI: 10.1080/1057610X.2018.1492819.

Koopmans, Ruud. 2002. Nederland is geen land voor lange tenen. *De Volkskrant,* 16.11.2004.

Koopmans, Ruud. 2015. Religious fundamentalism and hostility against outgroups. A comparison of Christians and Muslims in Western Europe. *Journal of Ethnic and Migration Studies* 41: 33–57.

Koopmans, Ruud. 2016. Does assimilation work? Sociocultural determinants of labour market participation of European Muslims. *Journal of Ethnic and Migration Studies* 42: 197–216.

Koopmans, Ruud, Paul Statham, Marco G. Giugni und Florence Passy. 2005.

Contested Citizenship. Immigration and Cultural Diversity in Europe. Minneapolis: University of Minnesota Press.

Koopmans, Ruud, Susanne Veit und Ruta Yemane. 2019. Taste or statistics? A correspondence study of ethnic, racial and religious labor-market discrimination in Germany. *Ethnic and Racial Studies* 42: 233–252.

Kuran, Timur. 2004. Why the Middle East is economically underdeveloped: Historical mechanisms of institutional stagnation. *Journal of Economic Perspectives* 18(3): 71–90.

Kuran, Timur. 2015. *The Long Divergence: How Islamic Law Held Back the Middle East.* Princeton: Princeton University Press.

Kuran, Timur. 2018. Islam and economic performance. Historical and contemporary links. *Journal of Economic Literature* 56, 4: 1292–1359.

LaFree, Gary und Laura Dugan. 2007. Introducing the Global terrorism database. *Terrorism and Political Violence* 19: 181–204.

Lancee, Bram. 2010. The economic returns of immigrants' bonding and bridging social capital: The case of the Netherlands. *International Migration Review* 44: 202–226.

Laythe, Brian, Deborah G. Finkel, Robert G. Bringle und Lee A. Kirkpatrick. 2002. Religious fundamentalism as a predictor of prejudice: a two-component model. *Journal for the Scientific Study of Religion* 41: 623–635.

Lewis, Bernard. 1988. *The Political Language of Islam.* Chicago: University of Chicago Press.

Lewis, Bernard. 2002. *What Went Wrong? The Clash between Islam and Modernity in the Middle East.* New York: Perennial.

Marsden, George M. 1980. *Fundamentalism and American Culture: The Shaping of Twentieth Century Evangelicalism 1870–1925.* New York: Oxford University Press.

Marshall, Monty G., Ted Robert Gurr und Keith Jaggers. 2017. *Polity IV Project. Political Regime Characteristics and Transitions, 1800–2016. Data Users' Manual.* Vienna, USA: Center for Systemic Peace.

Maslow, Abraham H. 1943. A theory of human motivation. *Psychological Review* 50: 370–396.

Middle East Research and Information Project. 1980. Iran's revolution: the first year. *MERIP Reports* 88.

Mirza, Munira, Abi Senthilkumaran und Zein Ja'far. 2007. *Living Apart Together. British Muslims and the Paradox of Multiculturalism.* London: Policy Exchange.

Mushtaq, Fathima. 2014. Tumult in the Maldives. *Journal of Democracy* 25: 164–170.

Musterd, Sako. 2005. Social and ethnic segregation in Europe: Levels, causes, and Effects. *Journal of Urban Affairs* 27: 331–348.

Naipaul, V. S. 1981. *Among the Believers. An Islamic Journey*. Londen: André Deutsch (auf Deutsch erschienen unter dem Titel *Eine islamische Reise*).

Naipaul, V. S. 1998. *Beyond Belief. Islamic Excursions among the Converted Peoples*. New York: Random House (auf Deutsch erschienen unter dem Titel *Jenseits des Glaubens*).

National Foreign Assessment Center. 1980. *Iran: Exporting the Revolution. An Intelligence Assessment*. Langley: CIA. Als Download verfügbar auf: https://www.cia.gov/library/readingroom/docs/CIA-RDP81B00401R000500 100001-8.pdf

Nauck, Bernhard, Heike Diefenbach und Kornelia Petri. 1998. Intergenerationale Transmission von kulturellem Kapital unter Migrationsbedingungen. Zum Bildungserfolg von Kindern und Jugendlichen aus Migrantenfamilien in Deutschland. *Zeitschrift für Pädagogik* 44: 701–722.

Organization for Economic Cooperation and Development. 2014. *Social Institutions & Gender Index. Synthesis Report*. Paris: OECD.

Pandey, Gyanendra. 2001. *Remembering Partition. Violence, Nationalism and History in India*. Cambridge: Cambridge University Press.

Paracha, Nadeem F. 2015. Pakistan's contrary years (1971–1977). A cultural history of the Bhutto era. *Dawn* 4.12.2015. Als Download verfügbar auf: https://www.dawn.com/news/1223761

Peach, Ceri. 2006. Muslims in the 2001 census of England and Wales: Gender and economic disadvantage. *Ethnic and Racial Studies* 29: 629–655.

Pew Research Center 2006. *The Great Divide: How Westerners and Muslims See Each Other*. Washington: PRC.

Pew Research Center 2007. *Muslim Americans. Middle Class and Mostly Mainstream*. Washington: PRC. http://www.pewforum.org/2016/12/13/muslim-educational-attainment/

Pew Research Center. 2011. *Muslim-Western Tensions Persist*. Washington: PRC.

Pew Research Center. 2013. *The World's Muslims: Religion, Politics and Society*. Washington: PRC.

Pew Research Center. 2016. *Religion and Education around the World*. Washington: PRC. Als Download verfügbar auf: http://www.pewforum.org/2016/12/13/muslim-educational-attainment/

Platas, Melina R. 2018. *Culture and the Persistence of Educational Inequality: Lessons from the Muslim-Christian Education Gap in Africa*. Working Paper, New York University Abu Dhabi.

Popper, Karl L. 1972. *Objective Knowledge: An Evolutionary Approach*. Oxford: Oxford University Press.

Precht, Tomas. 2007. *Home Grown Terrorism and Islamist Radicalisation in Europe. From Conversion to Terrorism. An Assessment of the Factors Influencing*

Violent Islamist Extremism and Suggestions for Counter-Radicalisation Measures. Kopenhagen: Ministry of Justice.

Quataert, Donald. 2000. *The Ottoman Empire, 1700–1922.* Cambridge, MA: Cambridge University Press.

Rawls, John. 1971. *A Theory of Justice.* Cambridge, MA: Harvard University Press.

Reynié, Dominique. 2014. *L'antisémitisme dans l'opinion publique française: Nouveaux éclairages.* Paris: Fondapol.

Richter, William L. 1979. The Political Dynamics of Islamic Resurgence in Pakistan. *Asian Survey* 19: 547–557.

Roex, Ineke, Sjef van Stiphout und Jean Tillie. 2010. *Salafisme in Nederland: aard, omvang en dreiging.* Amsterdam: Instituut voor Migratie en Etnische Studies.

Ross, Michael L. 1999. The political economy of the resource curse. *World Politics* 51: 297–322.

Rubin, Jared. 2014. Printing and Protestants: an empirical test of the role of printing in the Reformation. *Review of Economics and Statistics* 96: 270–286.

Rubin, Jared. 2017. *Rulers, Religion and Riches. Why the West Got Rich and the Middle East Did Not.* Cambridge: Cambridge University Press.

Ruiz Pozuelo, Julia, Amy Slipowitz und Guillermo Vuletin. 2016. Democracy does not cause economic growth: The importance of endogeneity arguments. *Inter-American Development Bank Working Paper Series* Nr. IDB-WP-694.

Sachs, Jeffrey D. und Andrew M. Warner. 2001. The curse of natural resources. *European Economic Review* 45: 827–838.

Said, Edward A. 1997. *Covering Islam. How the Media and the Experts Determine How We See the Rest of the World.* New York: Vintage Books.

San, Marion van und Jan de Boom. 2006. *Geweld tegen homoseksuelen.* Rotterdam: RISBO.

Sarrazin, Thilo. 2018. *Feindliche Übernahme. Wie der Islam den Fortschritt behindert und die Gesellschaft bedroht.* München: Finanzbuch Verlag.

Schönpflug, Karin, Roswitha Hofmann, Christine M. Klapeer, Clemens Huber und Viktoria Eberhardt. 2015. «*Queer in Wien*». *Stadt Wien Studie zur Lebenssituation von Lesben, Schwulen, Bisexuellen, Transgender-Personen und Intersexuellen (LGBTIs).* Wien: Institut für höhere Studien.

Schreiber, Constantin. 2019. *Kinder des Koran. Was muslimische Schüler lernen.* Berlin: Econ.

Seebaß, Katharina und Manuel Siegert. 2011. Migranten am Arbeitsmarkt in Deutschland. *Working Paper der Forschungsgruppe des Bundesamtes für Migration und Flüchtlinge* Nr. 36. Neurenberg: BAMF.

Shane, Scott. 2016. Saudis and extremism: «both the arsonists and the fire-fighters». *New York Times* 25.8.2016.

Sharani, Barbara Burri et al. 2010. *Die kosovarische Bevölkerung in der Schweiz.* Bern: Bundesamt für Migration.

Sieverding, Maia und Ahmed Ragab. 2014. Marriage and family formation trends among youth in Egypt. S. 81–93 in Rania Roushdy und Maia Sieverding, Hg. *Panel Survey of Young People in Egypt 2014. Generating Evidence for Policy, Programs and Research.* Cairo: Population Council. Als Download verfügbar auf: https://www.popcouncil.org/uploads/pdfs/2015PGY_SYPE-PanelSurvey.pdf

Smit, Paul R. und Paul Nieuwbeerta. 2007. Moord en doodslag in Nederland. 1998 en 2002–2004. *WODC Cahiers* 2007-15. Den Haag: WODC

Statistik Austria. 2017. *Migration & Integration. Zahlen, Daten, Indikatoren 2017.* Wien: Kommission für Migrations- und Integrationsforschung der Österreichischen Akademie der Wissenschaften.

Stepan, Alfred und Graeme B. Robertson. 2003. An «Arab» more than a «Muslim» electoral gap. *Journal of Democracy* 14: 30–44.

Stuyck, Karen, Gerlinde Doyen, Yinthe Feys, Jo Noppe, Annelies Jacques und Philippe Buysschaer. 2018. *Survey Samenleven in Diversiteit 2017.* Brüssel: Agentschap Binnenlands Bestuur.

Trager, Eric. 2017. The Muslim Brotherhood is the root of the Qatar crisis. *The Atlantic,* 2.7.2017. Als Download verfügbar auf: https://www.theatlantic.com/international/archive/2017/07/muslim-brotherhood-qatar/532380/

Tweede Kamer. 1989. *Brief van de Minister van Justitie aan de Voorzitter van de Tweede Kamer der Staten-Generaal.* vergaderjaar 1988–1989, 20 800 Kap. VI Nr. 25. Den Haag: SDU.

Trofimov, Yaroslav. 2007. *The Siege of Mecca. The Forgotten Uprising in Islam's Holiest Shrine and the Birth of Al Qaeda.* New York: Doubleday.

United Nations Development Programme. 2002. *Arab Human Development Report 2002. Creating Opportunities for Future Generations.* New York: UNDP Regional Bureau for Arab States.

United Nations Development Programme. 2003. *Arab Human Development Report 2003. Building a Knowledge Society.* New York: UNDP Regional Bureau for Arab States.

United Nations Development Programme. 2016. *Human Development Report 2016.* New York: UNDP.

United Nations Educational, Scientific and Cultural Organization. 1953. *Progress of Literacy in Various Countries. A Preliminary Statistical Study of Available Census Data Since 1900.* Paris: UNESCO.

United Nations Educational, Scientific and Cultural Organization. 2016.

World Social Science Report 2016. Challenging Inequalities: Pathways to a Just World. Paris: UNESCO.

Vallely, Paul. 2007. Wahhabism: a deadly scripture. *The Independent* 1.11.2007.

Vettenburg, Nicole, Mark Elchardus und Johan Put. 2011. *Jong in Brussel. Bevindingen uit de JOP-monitor Brussel*. Leuven: Acco.

Vettenburg, Nicole, Mark Elchardus, Johan Put und Stefaan Pleysier. 2013. *Jong in Antwerpen en Gent. Bevindingen uit de JOP-monitor Antwerpen-Gent*. Leuven: Acco.

Wake Carroll, Barbara und Terence Carroll. 2010. Accommodating ethnic diversity in a modernizing democratic state: theory and practice in the case of Mauritius. *Ethnic and Racial Studies* 23: 120–142.

Willemsen, Frank. 2007. Huiselijk geweld en herkomstland. Een verkennend onderzoek naar de incidentie van huiselijk geweld en allochtone daders en slachtoffers. *WODC Cahiers* 2007-17. Den Haag: WODC.

Wilson, Tom. 2017. Foreign funded Islamic extremism in the UK. *Center for the Response to Radicalisation and Terrorism Research Paper* Nr. 9. London: Henry Jackson Society.

Woetzel, Jonathan et al. 2015. *The Power of Parity. How Advancing Women's Equality Can Add $12 Trillion to Global Growth*. London: McKinsey Global Institute. Als Download verfügbar auf: https://www.mckinsey.com/featured-insights/employment-and-growth/how-advancing-womens-equality-can-add-12-trillion-to-global-growth

Woodberry, Robert D. und Christian S. Smith. 1998. Fundamentalism et al: Conservative Protestants in America. *Annual Review of Sociology* 24: 25–56.

World Economic Forum. 2015. *The Global Gender Gap Report*. Genève: WEF. Als Download verfügbar auf: http://reports.weforum.org/global-gender-gap-report-2015/

World Intellectual Property Organization. 2016. World Intellectual Property Indicators 2016. Genève: WIPO. Als Download verfügbar auf: http://www.wipo.int/edocs/pubdocs/en/wipo_pub_941_2016.pdf

Zakaria, Fareed. 2004. Islam, democracy, and constitutional liberalism. *Political Science Quarterly* 119: 1–20.

Zick, Andreas, Andreas Hövermann, Silke Jensen und Julia Bernstein. 2017. *Jüdische Perspektiven auf Antisemitismus in Deutschland. Ein Studienbericht für den Expertenrat Antisemitismus*. Bielefeld: Institut für Konflikt- und Gewaltforschung.

Zschirnt, Eva und Didier Ruedin. 2016. Ethnic discrimination in hiring decisions: A meta-analysis of correspondence tests 1990–2015. *Journal of Ethnic and Migration Studies* 42: 1115–1134.

Personenregister

Sachregister